Titel

Wirtschaftsstandort Darmstadt

Chancen und Perspektiven einer Stadt

MEDIA TEAM GmbH
Wissenschaftsstadt Darmstadt
1997

Vorwort

Sehr geehrte Damen und Herren,

Weltweit konkurrieren die Städte heute um die Gunst der Investoren. Dabei wird es immer wichtiger, sich von anderen Wirtschaftsstandorten durch seine standorteigenen Vorteile positiv zu unterscheiden. Jeder Unternehmensstandort in Deutschland bietet spezielle Vorteile für die Ansiedlung von neuen Betrieben und nationalen und internationalen Investoren. In der Vielzahl von miteinander konkurrierenden Regionen liegt auch die Chance einer Stadt, durch besondere Qualifikationen die Entscheidung zur Standortwahl positiv für sich zu beeinflussen.

Die Wissenschaftsstadt Darmstadt zeichnet sich nicht nur durch ihre Forschungseinrichtungen und -Institute aus, sondern besticht gerade auch durch die Vielzahl von unterschiedlichen, innovativen und leistungsstarken Betrieben.
Telekommunikation, Nachrichtentechnik, Softwaretechnologien, Maschinenbau, Pharmazie, Elektrotechnik, Verlagswesen und Raumfahrt, um die wichtigsten Bereiche zu nennen, bilden das Fundament für eine starke wirtschaftliche Basis. Zusammen mit diesen ausgezeichneten Standortkriterien bietet Darmstadt die ideale Kombination für national und international ausgerichtete Unternehmen.

Dieses Buch will dem interessierten Leser Darmstadt aus verschiedenen Perspektiven näher bringen. Es beleuchtet sämtliche wirtschaftlichen Faktoren und porträtiert neben einer repräsentativen Auswahl von in Darmstadt ansässigen Unternehmen ebenso Kultur, Kunst und Landschaft. Gerade durch die Kunst hat sich Darmstadt weltweit einen Namen gemacht. Die Künstlerkolonie auf der Mathildenhöhe, die Sinnbild für den Jugendstil in Deutschland ist oder auch das Staatstheater, das bundesweit durch seine Inszenierungen Anerkennung findet, repräsentieren heute unsere Stadt in der Welt.

Als Darmstädter Unternehmer liegt es mir daher besonders am Herzen, eine Lanze für unsere Stadt zu brechen.

Dieses, in Zusammenarbeit mit der Stadt Darmstadt entstandene Werk, soll neben dem informativen und unterhaltenden Stellenwert auch eine praktische Aufgabe erfüllen. Es soll Kooperationen, Geschäftskontakte und Erfahrungsaustausch mit den in diesem Buch präsentierten Firmen und Ihnen als Leser dieses Werkes fördern.
Vielleicht ist Darmstadt ja auch Ihr Unternehmensstandort der Zukunft?!

Christian Kirk
Geschäftsführer der MEDIA TEAM
Gesellschaft für Kommunikation mbH

Vorwort

Sehr geehrte Damen und Herren,

Hessen ist wirtschaftlich die Nummer 1 in Deutschland. Das Wirtschaftswachstum unseres Landes betrug 1996 2,4 Prozent. Damit liegt Hessen um 1,1 Prozent über dem Durchschnitt der westdeutschen Bundesländer. Mit dem hohen Wachstum ist auch der Vorsprung Hessens in der Wirtschaftskraft je Einwohner weiter gewachsen. Pro Kopf erwirtschaftete im vergangenen Jahr jeder Hesse 117.274 DM. Auf Platz 2 der Flächenländer folgt, bereits mit weitem Abstand, Baden-Württemberg mit 97.781 DM. In Hessen ist übrigens der Regierungsbezirk Darmstadt die wirtschaftsstärkste Region. Hier liegt die Wirtschaftskraft um über zehn Prozent über dem hessischen Durchschnitt.

Die Attraktivität unseres Bundeslandes läßt sich auch an den ausländischen Investitionen in Hessen bemessen. Jährlich werden über 60 Milliarden DM von ausländischen Unternehmen in Hessen investiert. Damit wurden 22 Prozent aller ausländischen Investitionen in Deutschland in unserem Bundesland angelegt.

Wenn unsere Wirtschaft vorn bleiben will, müssen wir neue Technologien entwickeln. In Hessen arbeiten rund 31.000 Menschen im Sektor Forschung und Entwicklung. Mit 361 DM staatlicher Aufwendung für Wissenschaft und Forschung auf jeden Einwohner Hessens ist unser Bundesland auch in diesem Bereich vorn. Das Ergebnis ist eine gut ausgebaute Technologieinfrastruktur in allen hessischen Regionen. Und Darmstadt hat einen großen Anteil daran.

Darmstadt ist eine Stadt mit einer modernen, zukunftsweisenden Wirtschaftsstruktur. Die Wissenschaftsstadt Darmstadt ist der zentrale Forschungs-, Technologie- und Qualifikationsstandort in Hessen. Neben der Technischen Universität, einer Bildungseinrichtung mit Weltruf, besitzt Darmstadt zahlreiche internationale und nationale Forschungseinrichtungen. Hier haben zahlreiche forschungs- und entwicklungsorientierte Unternehmen und Einrichtungen ihren Sitz. Hier werden aber auch Ideen bzw. Forschungs- und Entwicklungsergebnisse schnell in die Praxis und in Produkte umgesetzt. So ist die Region Darmstadt das Softwarezentrum in Deutschland geworden. Wissenschaft und Forschung sind für unser Bundesland von zentraler Bedeutung, denn Hessen ist die „Apotheke der Welt". Wichtige chemisch-pharmazeutische Unternehmen haben in Hessen ihren Sitz. Deshalb ist Hessen und vor allem die Region Rhein-Main ein Spitzenstandort für den Zukunftsmarkt der Biotechnologie. In keiner anderen deutschen Region gibt es mehr Biotechnologieunternehmen als in der Region Rhein-Main. Im Ranking führt die Rhein-Main-Region deutlich vor den Konkurrenten Berlin/Brandenburg, Heidelberg, München und Köln/Düsseldorf. Auch Darmstadt wird mit seinen zahlreichen biotechnologischen Forschungseinrichtungen und Unternehmen von diesem wachsenden Markt profitieren.

Das innovationsfreundliche Umfeld in der Darmstädter Region sorgt nicht nur dafür, daß viele junge Unternehmen gerade hier ihren Standort wählen. Es stellt auch die Voraussetzung dafür dar, daß Arbeitsplätze in Zukunftsbereichen entstehen können und sich neue Berufsfelder entwickeln. Daher hat Darmstadts Wirtschaft die besten Aussichten in den nächsten Jahren.

Lothar Klemm
Hessischer Minister für Wirtschaft, Verkehr und Landesentwicklung

Inhalt

Wirtschaftsstandort Darmstadt

Christian Kirk	**Vorwort** Geschäftsführender Gesellschafter der MEDIA TEAM GmbH	3
Lothar Klemm	**Vorwort** Hessischer Minister für Wirtschaft, Verkehr und Landesentwicklung	5
Peter Benz	**Stadt der Wirtschaft, Wissenschaft und der Künste** Oberbürgermeister der Stadt Darmstadt	8
Werner Vauth	**Wissenschaftsstadt Darmstadt - der zukunftsweisende moderne Technologiestandort** Amt für Wirtschaftsförderung der Stadt Darmstadt	10
Dr. Volker Merx	**Wirtschaftskraft und Wirtschaftsstruktur von Stadt und Region** Industrie- und Handelskammer Darmstadt	16
Klaus Gruber	**Profil eines Standortes - Zukunft der Industrie in Darmstadt** Gesamtverband der Arbeitgeber Südhessens e.V.	24
Dr. Jürgen Schwappach	**Für Handwerksbetriebe ein Standort mit Tradition und nach wie vor hoher Attraktivität** Handwerkskammer Rhein-Main	34
Horst Kreutzberger	**Darmstadt - Oberzentrum der Region Starkenburg** Stadt- und Regionalmarketing e.V. Darmstadt	42
Prof. Dr.-Ing. Johann-D. Wörner	**Hochschulregion und anerkanntes Zentrum wissenschaftlicher Forschung** Technische Universität Darmstadt	46
Prof. Dr. Hans J. Specht Dr. jur. utr. Helmut Zeitträger	**Wissenschaftliche Forschung von superschweren Elementen bis zur Tumortherapie** Gesellschaft für Schwerionenforschung Darmstadt	50
Dr. Volker Thiem Herwig Laue	**Darmstadt - Zentrum der Weltraumfahrt Europas** EUMETSAT, ESOC	58
Prof. José Encarnação Dr.-Ing. Wolfgang Felger	**Zentrum des internationalen Netzwerkes der Graphischen Datenverarbeitung** Fraunhofer-Institut für Graphische Datenverarbeitung	64
Prof. Dr. Heinz Thielmann	**Forschung auf den Schlüssel-Gebieten der modernen Informationstechnik** GMD - Forschungszentrum Informationstechnik	76

Inhalt

Prof. Dr. Eckart Raubold	Heimat zahlreicher Produkte und Dienstleistungen der Deutsche Telekom AG Forschungs- und Technologiezentrum der Deutsche Telekom AG	82
Dr. Peter Engels	Darmstadt von den Anfängen bis zur Gegenwart - die wechselvolle Geschichte einer deutschen Stadt Stadtarchiv Stadt Darmstadt	90
Dr. Klaus Wolbert	In Darmstadt leben die Künste - ein Slogan wird täglich bestätigt und geht millionenfach in die Welt Institut Mathildenhöhe	98
Dr. Uwe Wullkopf	Stadt mit hohem Wohn- und Freizeitwert Institut Wohnen und Umwelt	104
Dr. Klaus-Dieter Jung	Darmstadt - die Stadt im Wald Institut für Naturschutz - Umweltamt Stadt Darmstadt	108
Prof. Bernd Meurer	Die Erneuerung der Weststadt - Darmstädter Modelle städtischer Lebens- und Wirtschaftswelt Laboratorium der Zivilisation Darmstadt - Akademie Deutscher Werkbund	110
Dieter Krage	Darmstädter - berühmte Persönlichkeiten, die das Bild der Stadt geprägt haben Chefredakteur der MEDIA TEAM GmbH	114
	Verzeichnis der vorgestellten Unternehmen	118
	Impressum	120

Einleitung

Stadt der Wirtschaft, Wissenschaft und der Künste

Einer der bedeutendsten Lyriker dieses Jahrhunderts, Büchner-Preisträger Karl Krolow, hat sich wie viele andere Schriftsteller und Künstler in Darmstadt niedergelassen. Die Mischung aus Lebendigkeit, Neugier und Gelassenheit fördert das städtische Klima, oder wie Karl Krolow sagte: „Darmstadt ist eine der urbansten deutschen Städte, die ich kenne. Es läßt gelten, was sich regt, sofern es gescheit ist und nicht in Selbstgefälligkeit ausartet."

Das also ist der Nährboden einer Stadt, die in den vorigen Jahrhunderten Residenz mit künstlerischen Neigungen war und nach dem 1. Weltkrieg ihren letzten Großherzog Ernst Ludwig, der Darmstadt den Jugendstil auf der Mathildenhöhe schenkte, in Pension schickte, um als Landeshauptstadt Hessens Demokratie zu lernen. Es gab leider sehr schnell Gelegenheit, diese gegen die alles zerstörende Diktatur verteidigen zu müssen. Darmstadts Widerstandskämpfer gehören zum Rückgrat der Stadt, deren Geist am kürzesten mit Namen wie Justus von Liebig, Georg Christoph Lichtenberg, Georg Büchner, Luise Büchner und Ernst-Elias Niebergall zu umschreiben ist.

Bis ins Fundament im 2. Weltkrieg zerstört, hat sich die Stadt mit pragmatischer Verve eine Zukunft geschaffen, die heute, am Ende des Jahrhunderts, noch beste Voraussetzungen für eine neue Zeit in einem neuen Jahrhundert abgibt. Zu diesen besten Voraussetzungen gehört die Technische Hochschule Darmstadt, die heute Technische Universität heißt und deren Impulse die Entwicklung zu einem außergewöhnlichen Zentrum für Software-Unternehmen internationalen Ranges gefördert hat. Wissenschaft und Forschung geben der Stadt bereits heute eine Internationalität, die anderswo erst geschaffen werden muß, um in der Konkurrenz der globalen Vernetzung mithalten zu können. Die Gesellschaft für Schwerionenforschung (GSI), die Gesellschaft für Mathematik und Datenverarbeitung (GMD), das Zentrum für Graphische Datenverarbeitung (ZGDV), zwei Fraunhofer-Institute, die technischen Zentren der Bundespost und der Deutschen Telekom sowie die internationalen Einrichtungen der Weltraumtechnik ESOC und EUMETSAT (Europäische Organisation für Wettersatelliten) haben Darmstadt zu ihrem Standort gewählt und fühlen sich hier beheimatet.

Sie wissen warum. Die Stadt hat eine außergewöhnlich günstige Lage mitten in Europa: Noch keine halbe Stunde vom Weltflughafen Rhein-Main entfernt, ein paar Minuten zu den wichtigsten europäischen Autobahnen und starke ÖPNV-Verbindungen.

Darmstadt profitiert nicht nur vom drittstärksten Wirtschaftsraum Europas, es prägt ihn mit. Das wäre nicht möglich ohne solide wirtschaftliche Potenz.

Über 100.000 Arbeitsplätze in der Stadt

Die Stadt bietet mehr als 100.000 Arbeitsplätze, fast annähernd so viele wie sie Einwohner zählt (138.000). Die Chemische Industrie, der Maschinenbau, Graphisches Gewerbe und Elektrotechnik sind durch große Arbeitgeber wie E. Merck, Carl Schenck AG, Röhm GmbH, Software AG, Wella AG und viele andere präsent.

Das alles sind gute Voraussetzungen, die sich aber nicht von selbst in die gewünschte Richtung entwickeln. Die städtische Politik arbeitet daran, Stabilität und Fortschritt zu erhalten, vor allem für die Lebensqualität der Bürgerschaft. Die Darmstädter Mischung von Wirtschaft, Wissenschaft und Kunst wird von einem Geist getragen, den der Leiter des Deutschen Polen-Instituts, Karl Dedecius, auf seinen Vorträgen in der ganzen Welt gern verkündet: „Darmstadt ist eine Perle und ein Symptom für Bürgersinn, für den ich immer einstehe".

Die Ludwigssäule auf dem Luisenplatz.

Der Autor

Peter Benz

Der Autor wurde 1942 in Darmstadt geboren, studierte in Frankfurt am Main Germanistik, Politologie, Philosophie und Soziologie. Von 1970 bis 1974 Studienrat an der Justus-Liebig-Schule und am Oberstufengymnasium Bertolt-Brecht-Schule in Darmstadt. 1974 bis 1976 Mitglied des Hessischen Landtages. 1976 Wahl zum hauptamtlichen Beigeordneten (Stadtrat).

1983 Bürgermeister der Stadt Darmstadt. Seit 1993 erster direkt von den Bürgerinnen und Bürgern gewählter Oberbürgermeister der Stadt Darmstadt.

Einleitung

Das hessische Landesmuseum.

Nichts ehrt den Menschen mehr als seine Kultur und nichts fördert den Frieden und das Wohlergehen so sehr wie die Kultur. Schon früh haben sich die Darmstädter mit der Förderung der Künste ihre Individualität erhalten. Sie haben immer dafür gesorgt, daß der Kulturhaushalt keine Vernachlässigungen erlaubt und sie waren immer offen für Neues. Beste Beispiele gaben der Darmstädter Expressionismus, der das Landestheater in die Schlagzeilen brachte und die Künstlervereinigung Darmstädter Sezession entstehen ließ.

Künstlerkolonie machte den Jugendstil berühmt

Die Künstlerkolonie auf der Mathildenhöhe hatte den Jugendstil in Deutschland berühmt gemacht, und hinter den dekorativen Fassaden war es ihr reformerischer Geist, der sich den avantgardistischen Entwicklungen öffnete, was sich unter anderem gleich nach dem Ende des Zweiten Weltkriegs in den „Darmstädter Gesprächen" und den „Ferienkursen für Neue Musik" ausdrückte. Das Darmstädter Theater förderte seinen im Expressionismus erworbenen Ruhm in den fünfziger und sechziger Jahren mit aufregenden, damals auch skandalösen Inszenierungen unter Gustav Sellner.

Die Deutsche Akademie für Sprache und Dichtung, die mit der Stadt Darmstadt gemeinsam jährlich den ersten Deutschen Literaturpreis, den Georg-Büchner-Preis, verleiht, das Deutsche Polen-Institut, der westdeutsche Pen-Club, das Hessische Design-Zentrum und das Institut für Neue Technische Form haben sich in Darmstadt niedergelassen und tragen den Geist der Stadt in die ganze Welt.

Es liegt auf der Hand, diese Schätze auch als Standortvorteile für die sich hier niedergelassenen Wirtschaftszweige zu nutzen. Weder können Wirtschaft noch Kultur noch Wissenschaft getrennt voneinander existieren. Wie gesagt, es kommt auf die Mischung an. Wir haben gute Anlagen, gute Köpfe und gute Ideen, um die Aufgaben des vor uns liegenden Jahrhunderts zu bewältigen.

Und wir haben Aktivität gegen Reduzierung gesetzt: In den letzten Jahren - während viele andere Städte sich gezwungen sahen, Einrichtungen zu schließen - wurde der Kern der Darmstädter Innenstadt erneuert und mit dem Carree ein attraktiver bürgerlicher Treffpunkt geschaffen, der enorme Impulse freigesetzt hat - für die Stadt und für die Region, deren Oberzentrum Darmstadt ist. Kommerz und Kultur sind für die beiden historischen „Heag-Hallen" bestimmt, und schon heute hat dieses Konzept das städtische Leben aktiviert.

Neues Zentrum um den Hauptbahnhof

Daß mobile, ökologisch verantwortungsbewußte Gesellschaften Konzepte brauchen, um ihre Beweglichkeiten zu koordinieren, wissen wir und haben deshalb den (auch als Kulturdenkmal markanten) Hauptbahnhof als neues Verkehrszentrum geplant. Mit ihm dreht sich der Schlüssel der Zukunft in den Westen der Stadt. Dort entsteht ein neues Stadtquartier, das Wirtschaft, Technologie und Dienstleistung, Wohnen, Arbeiten und Leben in einem zukunftsweisenden Modell innovativer Vernetzung gestalten will. Dafür werden der Hauptbahnhof nach Westen geöffnet, die Verkehrssituation neu geordnet und der Zukunft Weichen gestellt für eine Wirtschaft, die der Stadt und ihren Menschen im Zeitalter der Information und Dienstleistung neue Perspektiven eröffnet.

So, wie sich vor hundert Jahren auf der Ostseite der Stadt die Künstlerkolonie entfaltet hat, um Ästhetik in Handwerk und Massenproduktion zu gestalten, so wird an der Schwelle zum nächsten Jahrhundert die Weststadt eine Chance für Darmstadt sei, ihren gestalterischen Willen darzustellen.

Die Russische Kapelle auf der Mathildenhöhe.

Wirtschaftsförderung

Wissenschaftsstadt Darmstadt - der zukunftsweisende moderne Technologiestandort

Der Standort

In der Presse wird Darmstadt seit Jahren als einer der herausragenden Standorte für Wirtschaft und Technologie dargestellt; da ist zum Beispiel zu lesen
- „In Europa ist Darmstadt Spitze …" (Impulse)
- „Darmstadt, eines der bedeutendsten europäischen Weltraumzentren" (Internationales Verkehrswesen)
- „Die heimliche Software-Residenz Darmstadt: Mekka der deutschen Programmier-Prominenz" (Industriemagazin).

Bei statistischen Veröffentlichungen der Europäischen Union zu Wirtschaftskraft, Entwicklungsdynamik oder Kaufkraft in Europa belegt die Region Darmstadt stets einen der ersten Plätze. Darmstadt verfügt über eine ausgewogene und zukunftsorientierte Wirtschaftsstruktur und bietet zudem eine außerordentlich hohe Zahl an qualifi-

Die Lage

zierten Arbeitsplätzen. Bei annähernd 140.000 Einwohnern (1997) finden hier rund 100.000 Personen Beschäftigung; mit diesem Verhältnis belegt Darmstadt einen der vorderen Plätze unter den deutschen Großstädten.

Darmstadt erfreut sich einer zentralen und verkehrsgünstigen Lage in der Mitte der „Europäischen Banane", des breiten Entwicklungsbandes, das sich von London über Brüssel, Köln, Frankfurt bis nach Mailand erstreckt. Auch innerhalb der wachstumsstarken Region Rhein-Main-Neckar liegt Darmstadt wiederum zentral zwischen den Städten Frankfurt, Wiesbaden, Mannheim und Heidelberg. Der internationale Flughafen Frankfurt ist in 15 Autominuten erreichbar. Darmstadt ist damit aus aller Welt bestens zu erreichen; Manager und Dienstleister aus Darmstadt sind umgekehrt schnell bei Kunden und Gesprächspartnern weltweit.

Auf mittleren Distanzen bieten sich die zahlreichen ICE-, IC- und IR-Verbindungen der Deutschen Bahn AG an. Das dichte Autobahnnetz („Darmstädter Kreuz")

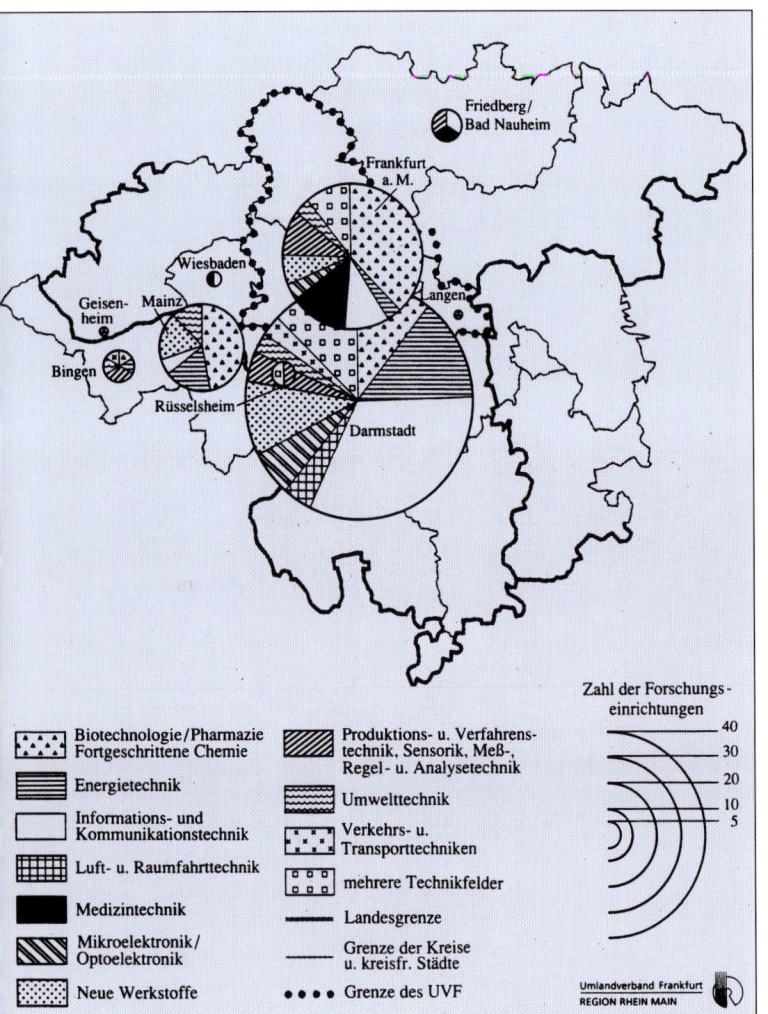

Verteilung der Forschungseinrichtungen in der Rhein-Main-Region.

Der Autor

Werner Vauth

Der Autor wurde 1941 in Landau/Pfalz geboren. Einer Offizierslaufbahn folgte das Studium der Volkswirtschaftslehre an der Universität Erlangen-Nürnberg, wo er anschließend als Forschungsassistent bei Prof. Dr. J. Klaus tätig war. Es folgten eine Dekanatsassistenz an der Universität Erlangen-Nürnberg und die Tätigkeit als Leiter der Presse- und Informationsstelle der Universität-Gesamthochschule Siegen.

Nach einer siebenjährigen Tätigkeit als Leiter der Abteilung Wirtschaftsförderung beim Magistrat der Stadt Kassel wurde er 1987 Referent für Wirtschaftsförderung und Leiter des Amtes für Wirtschaftsförderung beim Magistrat der Stadt Darmstadt.

verbindet Darmstadt mit allen Metropolen Europas. Trotz seiner Verkehrsgunst vermeidet Darmstadt durch seine Lage am Fuße des Odenwalds weitgehend die Nachteile vieler Städte in Ballungsräumen, die mit mangelnder Wohn- und Lebensqualität und Umweltproblemen zu kämpfen haben.

In Darmstadt beginnt die reizvolle Bergstraße – die römische „strata montana" –, die mit vielen schönen Weinstädtchen am Fuße des Odenwaldes bis Heidelberg verläuft und zu zahlreichen Ausflügen lockt.

Die Wirtschaft in Darmstadt

Günstige Wirtschaftsstruktur und hohes Beschäftigungsniveau stehen in einem positiven wechselseitigen Zusammenhang: Auf der Basis einer starken Industrie (mit rund 25 Prozent der Arbeitsplätze; im produzierenden Gewerbe insgesamt sind es rund 33 Prozent) hat sich Darmstadt

Wirtschaftsförderung

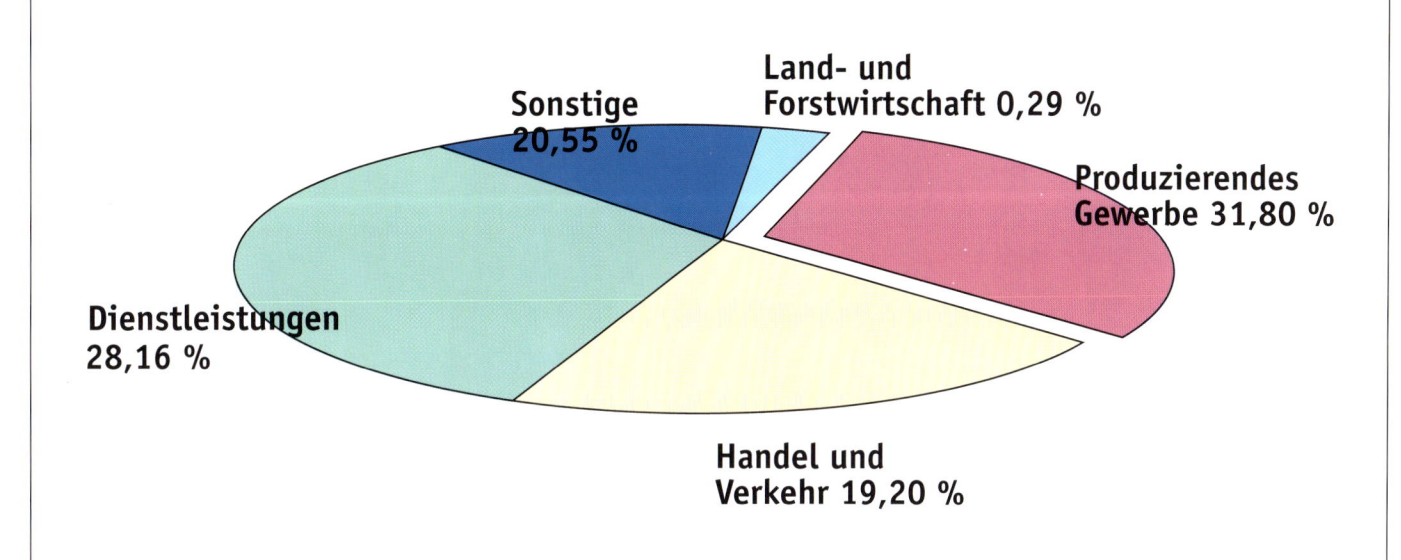

Verteilung der sozialversicherungspflichtig Beschäftigten nach Wirtschaftsbereichen (1995)

- Sonstige 20,55 %
- Land- und Forstwirtschaft 0,29 %
- Produzierendes Gewerbe 31,80 %
- Dienstleistungen 28,16 %
- Handel und Verkehr 19,20 %

eine breit gefächerte Handels- und Dienstleistungspalette entwickeln können.

Die Industrie ist in Darmstadt mit weltbekannten Firmen vertreten, wie

· Merck (Pharma, Chemie)
· Röhm (Pharma, Plexiglas)
· Schenck (Auswuchttechnik, Wägeanlagen)
· Hottinger-Baldwin (Meßtechnik)
· Goebel (Spezial-Druckmaschinen)
· Wella (Haarkosmetik, Friseurbedarf)
· Kao/Goldwell (Haarkosmetik, Friseurbedarf)

Darmstädter Industrieunternehmen operieren auf den Weltmärkten, entsprechend hoch ist die Exportquote und damit die weltwirtschaftliche Verflechtung: Rund 40 Prozent des Industrieumsatzes, beim Maschinenbau sogar 60 Prozent des Umsatzes, werden im Ausland erwirtschaftet.
Vorteilhaft für Darmstadt ist insbesondere, daß es sich bei den hiesigen Industriebetrieben nicht um sogenannte „verlängerte Werkbänke" mit vorwiegend Massenfertigung handelt, sondern daß hier Verwaltung, Forschungs- und Entwicklungseinrichtungen sowie Einzelfertigungen konzentriert sind. „Abgerundet" wird die Darmstädter Industriestruktur durch Betriebe der Bekleidungs- (Fink-Modelle) und der Ernährungsindustrie (Döhler), des Baugewerbes und zahlreicher weiterer Branchen.

Als positives Ergebnis der weitsichtigen Planungen der städtischen Wiederaufbau-Gesellschaft in den 50er und 60er Jahren beherbergt Darmstadt im sogenannten „Verlagsviertel" eine Vielzahl von Verlagen und Druckereien (mehr als 60 Betriebe, darunter A. Springer-Tiefdruck, Verlag Hoppenstedt, ABC der deutschen Wirtschaft - Verlagsgesellschaft).

Stark ausgeprägt ist in Darmstadt der Dienstleistungssektor einschließlich Handel und Verkehr: Hier finden zwei Drittel der in Darmstadt Erwerbstätigen ihren Arbeitsplatz. Eine wichtige „Säule" des Dienstleistungsbereichs sind öffentliche Verwaltungen, wie das Gerichtswesen, der Regierungspräsident und zahlreiche weitere Einrichtungen des Landes Hessen.

Von besonderer Bedeutung sind in Darmstadt technologieorientierte, unternehmensbezogene Dienstleistungen mit hohen Wachstumspotentialen, vornehmlich Unternehmen der Softwarebranche:

• Software AG (SAG)
• Computer Associates (CA)
• und annähernd 100 weitere Software-Unternehmen.

Die positive Entwicklung gerade dieser Branche ist zurückzuführen auf das hohe Wissenschafts-

potential der Stadt mit der renommierten, über hundert Jahre alten

• Technischen Universität Darmstadt (TUD) und der
• Fachhochschule (FHD)

sowie zahlreichen Forschungsinstitutionen von internationalem Rang; hierzu zählen

• die Gesellschaft für Schwerionenforschung (GSI)
• das Forschungszentrum Informationstechnik (GMD)
• das Zentrum für Graphische Datenverarbeitung (ZGDV)
• das Fraunhofer-Institut für Graphische Datenverarbeitung (FhG-IGD)
• das Fraunhofer-Institut für Betriebsfestigkeit (FhG-LBF)
• die hier konzentrierten Forschungseinrichtungen der Deutsche Telekom AG
• die internationalen Einrichtungen der Weltraumtechnik ESOC (European Space Operations Centre of the European Space Agency (ESA)
• und der Meteorologie EUMETSAT (European Organisation for the Exploitation of Meteorological Satellites).

Wegen der außerordentlichen Dichte an Einrich-

Wirtschaftsförderung

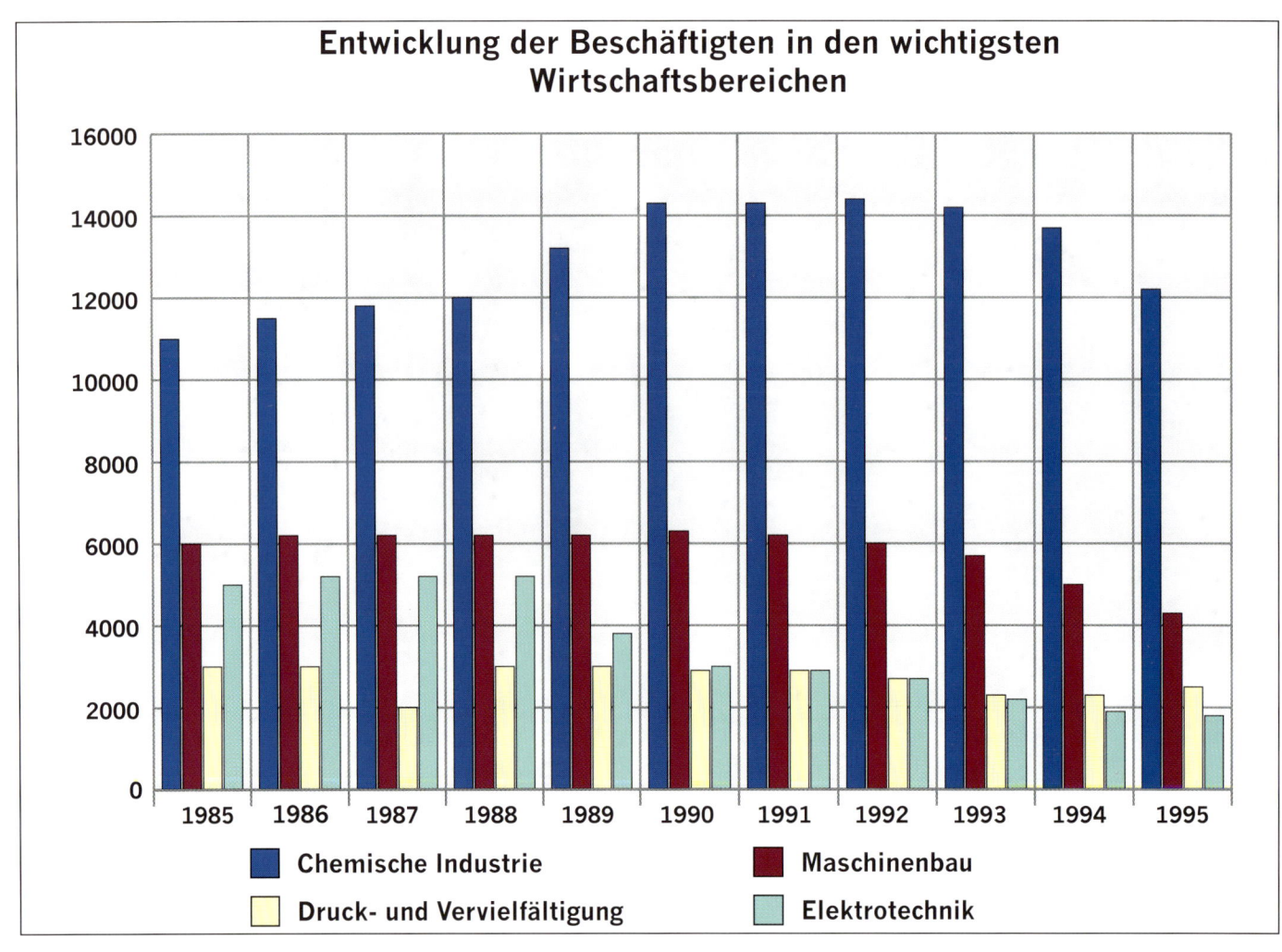

Entwicklung der Beschäftigten in den wichtigsten Wirtschaftsbereichen

Chemische Industrie · Maschinenbau · Druck- und Vervielfältigung · Elektrotechnik

tungen von Wissenschaft und Forschung wurde Darmstadt in 1997 vom Hessischen Innenminister die Bezeichnung „Wissenschaftsstadt Darmstadt" verliehen.

Handel, Gastronomie und Hotellerie – bis zum First-Class-Hotel im Jagdschloß Kranichstein sind alle Hotel-Kategorien vertreten – runden das hohe Leistungsangebot der Darmstädter Wirtschaft ab. Den Anforderungen der international operierenden Firmen wird Darmstadt ebenso gerecht wie den Wünschen seiner Bevölkerung und des Umlandes: Darmstadt nimmt für den südhessischen Raum – die Region „Starkenburg" – die Funktion des Oberzentrums wahr. Den Wettbewerb mit den bei Handel und Dienstleistungen konkurrierenden Zentren Frankfurt, Wiesbaden, Mainz und Mannheim sowie den mittelgroßen Städten der Region hat Darmstadt deshalb gut bestehen können.

Eine nachhaltige Kaufkraftbindung aus der Region wird durch weitreichende Maßnahmen zur Attraktivitätssteigerung der City erreicht; die Eröffnung des „Carrée" als neuem „Herzen der Stadt" – mit Markthalle, Kulturhalle (ab 1998), zahlreichen Läden und Straßencafés – sowie eine großzügige Neugestaltung des historischen Marktplatzes haben den Besucherstrom in Darmstadt anschwellen lassen; weitere Maßnahmen zur Verschönerung der City sind bereits geplant. Mit einer Einzelhandelsfläche von rund 130.000 Quadratmetern bietet die Darmstädter City ein außerordentlich breites und qualitativ hochwertiges Spektrum an Waren des Einzelhandels für eine Region von rund einer Million potentieller Kunden.

Standort für lohnende Investitionen

Von der nachhaltigen Rezession der Bauwirtschaft in Westdeutschland in den 90er Jahren ist in Darmstadt wenig zu spüren. Zwar ist auch hier der Markt „schwieriger" geworden, doch zeigen zahlreiche Unternehmer und Investoren, daß es sich lohnt, in Darmstadt zu investieren. Dies gilt sowohl für größere Investitionsprojekte, wie Büro- und Gewerbeparks, wie auch für Erweiterungsmaßnahmen bereits am Standort ansässiger Betriebe und für die Ansiedlung neuer Unternehmen von außerhalb. In diesem Jahrzehnt werden in Darmstadt mehrere Großprojekte mit einer Investitionssumme von insgesamt mehr als 1,5 Milliarden DM realisiert.
Die wichtigsten Projekte sind:

„Carrée"

Projekt eines Einzelhandels- und Kulturzentrums in der City, angrenzend an Luisenplatz/ Luisencenter, unter Einbeziehung der unter Denkmalschutz stehenden „Heag-Hallen".
Rund 8.000 Quadratmeter Einzelhandels-, Gastronomie- und Büroflächen; weitere Handelsflächen sind in Kürze mit der Neubebauung des angrenzenden „Fina-Blocks" geplant. Die Teileröffnung erfolgte im Frühjahr 1997.

„Rheinstraße"

Projekt eines Handels- und Dienstleistungszentrums an der Rheinstraße – der zentralen Verbindungsachse der City mit dem Autobahnkreuz Darmstadt –, in unmittelbarer Nähe des Hauptbahnhofs.
Errichtet werden annähernd 50.000 Quadratmeter Bürofläche einschließlich eines 2- bis 3-Sterne-Hotels und eines Einzelhandelszentrums. Die Realisierung beginnt 1997.

Wirtschaftsförderung

„Bürgerparkviertel"

Bebauung des ehemaligen Schlachthofes an der Frankfurter Straße (Darmstadt-Nord) mit ca. 30.000 Quadratmeter Bürofläche zuzüglich Wohnen (u. a. ein „Hundertwasserhaus"). Teilflächen (Büro) wurden im Frühjahr 1997 bezogen; die endgültige Fertigstellung ist für 1998 geplant.

„Kowe"

Projekt eines Gewerbekomplexes an der Frankfurter Landstraße (Darmstadt-Nord) auf einer Grundstücksfläche von ca. 50.000 Quadratmetern. Hauptmieter sind die Niederlassung der Deutsche Telekom AG und die Firma Merck. Die ersten beiden Bauabschnitte sind in 1996/97 fertiggestellt worden.

„Bosch/Weststadt"

Projekt eines neuen städtebaulichen Schwerpunktes in Darmstadts Westen, unmittelbar an den Hauptbahnhof angrenzend, an der Rheinstraße/Robert-Bosch-Straße, mit einer Grundstücksfläche von ca. 155.000 Quadratmeter.
Die Planungen für die Reaktivierung des Areals basieren auf einem städtebaulichen Wettbewerb vom Sommer 1996.

Der geplante Technologiepark mit Handels- und Freizeitfunktionen einschließlich Wohnen wird Bauinvestitionen von 600 bis 800 Millionen DM umfassen; darunter voraussichtlich eine Weltraum-Expo, ein Multiplex-Kino und ein Technologie- und Gründerzentrum. Baubeginn wird voraussichtlich 1998 sein.

Mit der Realisierung dieser und weiterer Projekte wird die zukünftige Entwicklung Darmstadts in dreifacher Hinsicht nachhaltig gestärkt:
· höhere Attraktivität der Innenstadt
· Ausbau des gesamten Bahnhofsbereichs
· Modernisierung der bestehenden Gewerbegebiete der Weststadt.

Die Attraktivität eines Standortes zeigt sich nicht zuletzt in der Ansiedlung von neuen Unternehmen. In Darmstadt konnten in den 90er Jahren – die in Westdeutschland allgemein eher durch Abbau von Betrieben als durch Neuinvestitionen gekennzeichnet waren – neue Unternehmen angesiedelt werden, darunter (Auswahl):

· Computer Associates (CA)
· Deutsche Telekom / Online Pro-Dienste
· DIDACTA-Verband
· FILA Deutschland
· Granada Computer Services
· Guhl (KAO Corporation)
· Instron Schenck Testing Systems (IST)
· Karstadt /„LIVING"
· MLP Finanzdienstleistungen
· Spectral Diagnostic Europe

Zukunftsperspektiven

Der Standort Darmstadt verfügt über gute Chancen für eine weitere positive Entwicklung in der Zukunft; die wesentlichen Gründe dafür sind:
· Starke, vielfältige Wirtschaftsstruktur
· hoher Anteil von Forschung und Entwicklung
· großes Potential hochqualifizierter und hochmotivierter Unternehmer, Forscher und Beschäftigter
· günstige Lage in Europas dynamischstem Wirtschaftsraum
· Nähe zum Flughafen Frankfurt.

Schwerpunkte der Wirtschaftsförderung sind

· Werbung für den Wirtschaftsstandort Darmstadt einschließlich eines verstärkten nationalen wie internationalen Standortmarketings für die „Wissenschaftsstadt Darmstadt"
· Beratung und Information von Unternehmen in Standortfragen; insbesondere in Fragen der Erweiterung und Verlagerung von Betriebsstätten
· Akquisition weiterer Unternehmen (Neuansiedlungen) unter besonderer Berücksichtigung ausgewählter Branchen entsprechend des Ansiedlungskonzeptes
· Mitwirkung an der Entwicklung der „Weststadt" einschließlich des „Bosch-Geländes" und weiterer örtlicher Schwerpunkte zur Schaffung

Modell des Darmstädter Architekturbüros „AG5" zur zukunftsorientierten Bebauung des „Bosch-Geländes" am Hauptbahnhof, unmittelbar angrenzend an das ESOC-Raumfahrtzentrum.

Wirtschaftsförderung

Rund 8.000 Quadratmeter groß ist das Carrée, Darmstadts neuestes Einkaufs- und Kulturzentrum in der City.

neuer Arbeitsplätze
- Unterstützung von Existenzgründungen, vornehmlich aus den ansässigen Wissenschaftsinstitutionen und den Forschungsbereichen heraus mit dem Ziel, neue technologie- und zukunftsorientierte Unternehmen in Darmstadt zur Entwicklung zu bringen
- Aufbau eines Technologie- und Gründerzentrums zur gezielten Ansiedlung technologie orientierter Unternehmensgründungen und anderer junger Technologieunternehmen in Darmstadt
- Verstärkte Zusammenarbeit mit den Wissenschaftsinstitutionen zum weiteren Ausbau des Technologiestandortes Darmstadt und zur verstärkten Nutzung von Synergieeffekten
- Ausbau der regionalen Kooperationen zur besseren Abstimmung von Maßnahmen der Wirtschaftsförderung innerhalb der Region Starkenburg sowie mit Institutionen der Nachbarregionen Rhein-Main und Rhein-Neckar
- Informationen zum Standort Darmstadt

Wirtschaftsförderung in Darmstadt, das ist der Service für die Wirtschaft

- Beratung von Unternehmen in Standortfragen
- Beratung bei Existenzgründungen
- Vermittlung gewerblicher Grundstücke und Objekte
- Bürokratieberatung – Lotse durch die Verwaltung
- Maßnahmen zur Verbesserung der wirtschaftsnahen Infrastruktur

Ansprechpartner für die Wirtschaftsförderung:

Werner Vauth
Diplom-Volkswirt, Amtsleiter
Tel. (06151) 13-2044

Herbert Fleck
Magistratsrat
Tel. (06151) 13-2389

Ulrich Mathias
Diplom-Verwaltungswirt
Tel. (06151) 13-2051

Ulrike Bender
Sekretariat, Information
Tel. (06151) 13-2045
Fax (06151) 13-3455

Magistrat der Stadt Darmstadt
Amt für Wirtschaftsförderung
Luisenplatz 5 A
64283 Darmstadt
Internet: http://www.darmstadt.de

Unternehmensportrait

Die Werbe- und Kommunikationsprofis

Optimale Strategien für jedes Produkt und jede Anforderung - kompetent, zuverlässig und aus einer Hand

Kreativität braucht eine entsprechende Umgebung - ein ehemaliger Gutshof im Herzen von Darmstadt beherbergt das Unternehmen

Kommunikation ist das Schlüsselwort in unserem heutigen Informationszeitalter. Kunden haben immer weniger Zeit, um immer mehr Informationen und Eindrücke zu verarbeiten. Langatmige Werbestrategien mit hyperkreativem Anspruch, den oft nur die „Kreativen" selbst verstehen, gehören der Vergangenheit an.

Erfolg ist kein Zufall

Gute Werbung - egal in welchem Bereich und in welcher Form - muß unterhalten und zugleich informieren. Den Vorsprung gegenüber dem Mitbewerber bekommt nur das Unternehmen, das innovativ und kompetent seine Botschaft auf den sprichwörtlichen Punkt bringt.

Die richtige Leistung

Genau diese Leistung in Verbindung mit Effektivität, dem Blick für das Wesentliche und einem gesunden Kosten-Nutzen-Verhältnis zeichnet das junge Team von Profis in den Bereichen Akquisition, Klassische Werbung, Media-Planung, Neue Medien, Produktion, Promotion, Public Relations, Strategie, Telemarketing, Verlagswesen, Vertrieb und VKF aus.

Transparente Werbung

Die Zukunft der Werbe- und Marketingagenturen liegt in der Transparenz ihrer Leistungen. Der Kunde soll wissen, was und wofür er bezahlt. Werbebudgets müssen klar definiert und strikt eingehalten werden. Hierfür ist vor jedem Projekt eine genaue Bedarfsanalyse erforderlich. Zu erbringende Leistungen, der erwartete Erfolg und der Weg zum Ziel, mit den voraussichtlichen Investitionen, werden in einem Gespräch zwischen dem Kunden und MEDIA TEAM festgelegt und analysiert.

Partner der Wirtschaft

Nur wenn der Kunde von der Konzeption der Darmstädter Agentur überzeugt ist, fallen Kosten an und wird ein Auftrag erteilt. Zu ihren Kunden zählen genauso international tätige Konzerne wie der Mittelstand und Kleinbetriebe.

Das Team in der Kundenbetreuung

MEDIA TEAM

MEDIA TEAM
Gesellschaft für Kommunikation mbH

Geschäftsführer:
Christian Kirk

Gründungsjahr: 1992

Mitarbeiter: 21

Leistungen:
Elektronische Medien
Klassische Werbung
Media-Planung
Produktion
Promotion
Public Relations
Telemarketing
Verlag
VKF

Kunden: europaweit

Anschrift:
Eichbergstraße 1-3
64285 Darmstadt
Telefon   (06151) 1770-0
Telefax   (06151) 1770-10
email   media.team@t-online.de

Wirtschaftskraft

Wirtschaftskraft und Wirtschaftsstruktur von Stadt und Region

Die räumliche Lage und das historische Schicksal der Stadt Darmstadt und ganz Deutschlands in den letzten hundert Jahren bestimmen bis heute die Wirtschaftskraft und die Entwicklungschancen Südhessens und seines Oberzentrums. Die industrielle Entwicklung setzte in Darmstadt mit wenigen Ausnahmen, zu denen das Weltunternehmen Merck mit einer über 300jährigen Geschichte gehört, erst spät ein. Das benachbarte Offenbach bildete sich neben der Kaufmannsstadt Frankfurt viel eher als industrieller Kern aus, litt aber in den letzten Jahrzehnten auch weit stärker unter dem Strukturwandel als Darmstadt, das moderne Industrien aufweist und einen Teil seiner Kraft aus seiner Rolle als Einkaufs- und Dienstleistungszentrum für große Teile Südhessens schöpft.

Das unbestrittene Oberzentrum

Diese Versorgungsaufgabe wuchs stetig, gestärkt dadurch, daß Darmstadt Residenzstadt war und deshalb die Bevölkerung der südhessischen Provinz Starkenburg auch aus anderen Gründen hierher ihren Weg nehmen mußte. So konnte eine eigenständige Position gegenüber den viel stärker wachsenden Zentren außerhalb Südhessens – Mannheim, Mainz, Wiesbaden, Frankfurt am Main – ausgebaut werden. In vielen Perioden haben beispielhafte Kulturleistungen das Ihre dazu getan. Darmstadt ist mit 140.000 Einwohnern nur eine kleinere Großstadt, aber es ist ein unbestrittenes Oberzentrum mit voll ausgebauter wirtschaftlicher, sozialer, wissenschaftlicher, kultureller und medizinischer Struktur, mit der alle Aufgaben für die Bevölkerung und das Gewerbe der Stadt und des Umlandes erfüllt werden können.

Darmstadt galt eine Zeit lang als größte süddeutsche Garnison. Dies behinderte bis zum Anfang dieses Jahrhunderts die industriell-gewerbliche Entwicklung durchaus. Als aber nach dem Zweiten Weltkrieg die riesigen, fast unversehrt gebliebenen Kasernenflächen und das Exerzierplatzgelände zur Neunutzung bzw. Besied-

Versammlung des Verbandes Deutscher Post-Ingenieure in Darmstadt

Der Autor

Dr. Volker Merx

Der Autor wurde 1939 in Berlin geboren und studierte von 1962 bis 1966 Volkswirtschaft in Göttingen und Köln, 1972 promovierte er zum Dr. rer. pol. Nach einer sechsjährigen Tätigkeit als Forschungsassistent im Institut für Wirtschaftspolitik an der Universität zu Köln war er Abteilungsleiter bzw. Hauptgeschäftsführer der IHK in Stade und in Offenbach am Main. Seit Juni 1986 ist er Hauptgeschäftsführer der Industrie- und Handelskammer Darmstadt. Der Autor ist Mitglied des Forums Wissenschaft-Wirtschaft der hessischen Landesregierung.

Wirtschaftskraft

Die WBG, ein Darmstädter Unternehmen, daß in den letzten Jahren stark expandierte.

lung frei wurden, hat Darmstadt seine Chancen hervorragend genutzt, moderne Produktions- und Dienstleistungsbetriebe anzuziehen. Rauchlose Industrien, insbesondere das Verlagsgewerbe, wurden der eine wirtschaftliche Schwerpunkt, die meist aus Berlin ausgelagerten wissenschaftlich-technischen Einrichtungen der Deutschen Bundespost für Fermelde- und Posttechnik bildeten einen zweiten. Die High-Tech-Entwicklung dort verband sich mit den Kraftströmen, die von der Technischen Hochschule Darmstadt ausgingen. Sie wurde in den Gründungs- und Aufklärungsjahren nach dem deutsch-französischen Krieg von 1870/71 als erste deutsche Ausbildungsstätte für Ingenieure und Naturwissenschaftler gegründet. Der enge Kontakt zur Wissenschaft befruchtet seither die ansässige und stärker werdende chemische und metallverarbeitende Industrie.

Ehemalige Studenten werden Unternehmer

Eine Reihe inzwischen weltbekannter Unternehmen hat seinen Ausgangspunkt in jungen Wissenschaftlern der heute Technischen Universität Darmstadt – von der Steuerungstechnik über weite Bereiche moderner Datenverarbeitungs- und Kommunikationstechnologien bis hin zur Biotechnologie. In den letzten Jahren trat die Ansiedlung großer außeruniversitärer Forschungseinrichtungen hinzu, die ihren Schwerpunkt in der Raumfahrt und insbesondere in der Informa-

Die europäische Raumfahrtzentrale sitzt ebenfalls in Darmstadt.

Wirtschaftskraft

Das Gelände der Merck KGaA in Darmstadt

tionstechnik haben. Es gibt kaum eine andere deutsche Stadt, die einen so hohen Anteil an Beschäftigten in Forschung und Entwicklung hat, nämlich ca. 8.000 von insgesamt über 90.000. Bei den modernen Dienstleistungen liegt heute ein besonderer Schwerpunkt in der erfolgreichen Softwareindustrie.

Leistungsfähige Einkaufs- und Industriestadt

Als Deutschland nach dem Wiederaufbau die lange Vollbeschäftigungsphase erreichte, konnte sich das südhessische Zentrum Darmstadt als eine leistungsfähige Einkaufs- und Industriestadt präsentieren, die zunehmend von der Gunst der Lage im Raum profitierte:

· im Zentrum Europas, das zu einem einheitlichen Binnenmarkt zusammenwächst,
· weniger als eine halbe Stunde vom Flughafen Rhein-Main entfernt, dem zentralen Transitflughafen in Europa,
· angebunden an leistungsfähige Auto- und Eisenbahnstrecken.

Der nordwestlich benachbarte Kreis Groß-Gerau war stark industriell geprägt durch die Adam Opel AG in Rüsselsheim, die kurz nach der Mitte des vorigen Jahrhunderts als Nähmaschinenfabrik gegründet wurde. Aber er erhielt zunehmend eine Prägung durch industrielle Neuanlagen, zum Beispiel von Merck in Gernsheim.

Statistisch besteht diese industrielle Prägung heute noch, wobei aber in der Realität ein Großteil der industriell Beschäftigten längst interne Dienstleister sind, so mehr als ein Drittel der insgesamt 25.000 Opel-Angehörigen, von denen die meisten im weltweit tätigen Entwicklungszentrum arbeiten.

Der Kreis Bergstraße, dessen Bevölkerung nach wie vor in starken und engen Pendlerbeziehungen zu den benachbarten Industrie-, Wissenschafts- und Handelszentren von Heidelberg, Mannheim und Weinheim steht, gewann an Bedeutung durch Neuansiedlungen parallel zur römischen Bergstraße entlang der B 3, A 5 und A 67. Der Odenwaldkreis, lange verkehrstechnisch nicht begünstigt, hat eine traditionell starke Industriestruktur mit einem früheren Schwergewicht in der Tuchindustrie, heute in Metallverarbeitung, Steuerungstechnik und insbesondere der Reifen- und Gummiindustrie. Bis vor kurzer Zeit hatte er eine auf den ersten Blick eher ungewöhnlich niedrige Arbeitslosenrate und eine per Saldo recht niedrige Auspendlerquote. Den Herausforderungen des Strukturwandels ist man hier mit einer betonten Hinwendung zu den neuen Kommunikationstechnologien und einer Verbesserung der Infrastruktur – Glasfasernetz – energisch entgegengetreten. Bestrebungen, den traditionellen Sommerfrische-Urlaub im naturnahen Odenwald zu modernisieren und auch für weitere Schichten attraktiv zu machen, werden von phantasiereichen und aktiven jungen Gastronomen hier und an der Bergstraße forciert. Das stärkt natürlich auch die Position Darmstadts.

Der die alte Stadt Darmstadt umfassende Landkreis Darmstadt-Dieburg profitiert von seiner hervorragenden Qualität als Wohnstandort: Viele der gut verdienenden Darmstädter, aber auch Flughafenbeschäftigte, wohnen in den kleineren und mittleren Gemeinden und stärken mit ihrem Einkommen die örtliche Kaufkraft, insbe-

Das Auerbacher Schloß an der Bergstraße

Wirtschaftskraft

sondere aber auch die Steuerkassen der Gemeinden. Der Kreis Darmstadt-Dieburg profitierte davon, daß sich bei der Gemeindereform von 1977 zwischen Darmstadt und seinen Nachbargemeinden wenig verschob.

Fast 60.000 Einpendler kommen täglich

Das hat aber zur Folge, daß die flächenintensive Expansion des Gewerbes sich nur außerhalb Darmstadts realisieren konnte. Trotzdem blieb Darmstadt der Hauptarbeitsort. Von seinen 95.000 Arbeitsplätzen (1995) wurden 59.000 von Einpendlern besetzt, denen nur 15.000 erwerbstätige Darmstädter gegenüberstanden, die meist in den Umlandgemeinden, zu einem kleinen Teil auch in Frankfurt arbeiten.

In den vergangenen zwanzig Jahren ist der Wandel von der industriell geprägten Region zur Dienstleistungsregion vollzogen worden. Er wurde stark beschleunigt durch die strukturellen Verluste der südhessischen Industrie nach dem Überschreiten des Wiedervereinigungsbooms von 1992. Am weitesten fortgeschritten ist er in Darmstadt, wo heute nur noch weniger als ein Viertel der Erwerbstätigen ihren Arbeitsplatz in der Industrie haben.

Wandel zur Dienstleistungsregion

Darmstadt ist trotz der eingetretenen strukturellen und konjunkturellen Krise der letzten Jahre wirtschaftsstark geblieben. Das in der Region erwirtschaftete Bruttosozialprodukt ist je Kopf um 30 Prozent höher als im Bundesdurchschnitt (1994); die Kaufkraft je Einwohner liegt im Einzugsgebiet von Darmstadt um 9,4 Prozent höher. Die Arbeitslosenquote betrug im Juli 1997 8,1 Prozent gegenüber 8,4 Prozent im gesamten wirtschaftlich gesunden Rhein-Main-Gebiet und 11,4 Prozent im Bundesdurchschnitt.

Frankfurter Flughafen.

Aber die Konkurrenz anderer Zentren schläft nicht, und der internationale Wettbewerb wie die Globalisierungstendenzen der deutschen Wirtschaft werden sich in allernächster Zeit noch nicht positiv auf dem Arbeitsmarkt bemerkbar machen. Auch Darmstadt und sein Umland müssen daher alle Kräfte anspannen, um die eigenen Ausgangspositionen für eine gute zukünftige Entwicklung zu stärken, damit wieder Vollbeschäftigung hergestellt und dem Berufsnachwuchs vor Ort eine Zukunft gegeben werden kann. Deshalb ist es sehr wichtig, daß die Stadt Darmstadt ihr eigenes Profil stärkt und ihr derzeitiges Image verbessert als Oberzentrum, mit Aufgaben und großen Chancen für Handel und Dienstleistungsgewerbe und als Wissenschafts- und High-Tech-Zentrum. Dieses Profil muß auch und gerade im Rhein-Main-Gebiet zur Heraushebung gegenüber konkurrierenden Kommunen gestärkt werden. Hier sind die Prioritäten noch stärker zu setzen, denn hier liegen die Stärken, an denen man anknüpfen kann.

Wirtschaftsförderungsorganisation soll die Chancen weiter erhöhen

Darmstadt hat mit seinen Nachbarkreisen und der Industrie- und Handelskammer eine Übereinkunft getroffen, um in einer gemeinsamen Wirtschaftsförderungsorganisation die Chancen des Gesamtraumes optimal zu nutzen und auch, um die Aufgabenverteilung zwischen den Kommunen und Teilräumen Südhessens und des Rhein-Main-Raumes zu klären. Es kann und wird das Image stärken, einem Anfrager nach Grundstücken - einem potentiellen Investor - eine schnelle und präzise Antwort zentral gegeben zu können.

Sozialversicherungspflichtige Arbeitnehmer

		Prozentanteile	
		Produktion	*Dienstleistung*
1980	88.100	42	39
1992	97.000	39	42
1995	90.200	31	49

Die Entwicklung der sozialversicherungspflichtigen Arbeitnehmer von 1980 bis 1995.

Wirtschaftskraft

Versicherungspflichtige Arbeitnehmer 1995

Gebietseinheit Kreisfreie Stadt Landkreis	insgesamt	Arbeitnehmer nach Wirtschaftsbereichen in %		
		Produz. Gewerbe	Handel/Verkehr	Dienstleistung
Darmstadt (St)	89.600	27	20	29
Bergstraße	63.500	35	22	22
Darmstadt-Dieburg	59.800	39	21	21
Groß-Gerau	88.700	46	23	17
Landkreis	26.300	51	11	18
Starkenburg	328.000	38	21	22
Hessen	2.140.400	30	21	25
Bundesgebiet (alt)	22.597.000	42	19	25

Gute Nachbarschaft und schnelles Verwaltungshandeln sind hohe Werte im Standortwettbewerb.

Dieser Wettbewerb wird auch dann nicht schwächer, wenn der Standort Deutschland insgesamt wieder an Attraktivität gewinnt und wenn ein wieder stärkerer Strom von Auslandsinvestitionen nach Deutschland fließt, wenn internationale Interessenten, ausgehend von ihrem Ankunftspunkt Flughafen Frankfurt, hier im Kern Europas nach Büroflächen und Grundstücken fragen. Dies ist zu erwarten, ist eine fast sichere Chance, denn Globalisierung ist keine Einbahnstraße.

Den deutschen Unternehmen, die im Ausland neue Stützpunkte gründen, werden ausländische gegenübertreten, die auf den europäischen Markt drängen, um hier ihre Produkte zu vertreten und zu verkaufen. Wir können in Darmstadt, in Südhessen, von diesem zunehmenden internationalen Handelsaustausch stärker profitieren als andere Regionen, weil uns die Standortgunst in der Mitte Europas und in nächster Nähe zum Flughafen Frankfurt gegeben ist.

Diese Wettbewerbsposition um internationale Klientel wird aber umso stärker sein, je besser die Zusammenarbeit mit unseren Nachbarn im Rhein-Main- und Rhein-Neckar-Gebiet ausgebildet ist. Darmstadt ist weltweit wenig bekannt, wohl dagegen Frankfurt, und dann das Rhein-Main-Gebiet. Eine Zusammenarbeit in der Rhein-Main-/Rhein-Neckar-Region ist daher nicht nur aus inneren Gründen – Optimierung der Infrastruktur, der Entsorgung, der Versorgung und der Organisation der Freizeitmöglichkeiten – nötig, sondern auch im Interesse des Wirtschaftsstandortes Darmstadt.

Darmstadt bietet viele interessante Einkaufsmöglichkeiten

Unternehmensportrait

Sparkasse - aus Tradition für die Bürger der Region

Die Stadt- und Kreis-Sparkasse in der Rheinstraße

1808 als eine der ersten in Deutschland gegründet, hat sich die Darmstädter Sparkasse zu einem kompetenten Dienstleistungsunternehmen entwickelt

Die Sparkasse Darmstadt wurde 1808 als eine der ersten in Deutschland gegründet. Durch Kontinuität und Aufgeschlossenheit gegenüber allen neuen Entwicklungen hat die öffentlich-rechtliche Großsparkasse hohe gesellschaftliche und wirtschaftliche Bedeutung für die Region gewonnen. Innerhalb der Sparkassenorganisation Hessen-Thüringen nimmt sie mit ihren mehr als 800 Mitarbeitern eine Spitzenposition ein und ist gleichzeitig einer der größten Arbeitgeber Darmstadts. In jedem Jahr werden etwa 20 junge Menschen zu Bankfachleuten ausgebildet.

In einem schwierigen wirtschaftlichen Umfeld hat sich auch die Darmstädter Sparkasse 1996 verhalten entwickelt. In vielen Geschäftsbereichen kam es zu einer Stabilisierung auf hohem Niveau. Mit einer Bilanzsumme von DM 5,638 Milliarden wurde der Vorjahreswert leicht überschritten. Bestandsfaktor war neben der Mittelaufnahme und der Anlage bei Kreditinstituten sowie dem erfreulichen Zuwachs bei den Spareinlagen von Kunden das langfristige Kreditgeschäft.

Unterstützung für innovative Standortstrategien

Als zuverlässiger Partner des Mittelstandes und der Kommunen beteiligt sich die Sparkasse aktiv an lokalen und regionalen Entwicklungskonzepten und unterstützt innovative Standortstrategien. Die Weiterentwicklung der regionalen Finanz- und Wirtschaftskraft und damit auch die Schaffung von Arbeitsplätzen gehört zu ihren ureigensten Interessen. Ihrer Verantwortung für das Geschäftsgebiet wird die Sparkasse auch durch die Förderung von gemeinnützigen, sozialen und kulturellen Einrichtungen gerecht. Bei zahlreichen Sportveranstaltungen, Vereins- und Schulaktivitäten tritt sie als Sponsor auf.

Förderung von kulturellen und sozialen Projekten

Im kulturellen Bereich leistet die 1983 gegründete Jubiläumsstiftung einen wichtigen Beitrag zur Lebensqualität im Geschäftsgebiet. Mit einem Spendenbeitrag von 400.000 DM hat die Sparkasse auch 1996 eine Vielzahl von Projekten, Institutionen und Veranstaltungen im Stadtgebiet und im Landkreis gefördert. Das Stiftungskapital belief sich zum Jahresende 1996 auf 2.200.000 DM. Ihren Anspruch als modernes, fortschrittliches Unternehmen, das sich zu den betriebswirtschaftlichen Zielen von Ertrag, Produktivität und Wachstum bekennt, realisiert die Sparkasse durch innovative Methoden. So werden jährlich weit über zwei Millionen beleghafte Kundenaufträge in beleglose Datenträgeraustauschsätze umgewandelt. Mit 5.562 T-online Girokonten hat sie sich eine gute Ausgangsposition für künftige direktbankähnliche Aktivitäten geschaffen. Weltweit ist die Sparkasse über das Internet zu erreichen. ∎

Der Umbau der Bessunger Turnhalle zur Comedy Hall wurde durch die Sparkasse Darmstadt finanziert und begleitet.

Stadt- und Kreis-Sparkasse Darmstadt

Vorstand:
Jürgen Güde, Vorsitzender;
Johann Haberhauer, stellvertretender Vorsitzender;
Roman Scheidel;

Hans-Werner Erb, Leiter der Hauptabteilung Betriebswirtschaft;
Hans-Jürgen Kampf, Leiter der Hauptabteilung Privatkunden und Geschäftsstellen;
Werner Meisel, Leiter der Hauptabteilung Firmenkunden;
Axel Beyer, Leiter der Hauptabteilung Organisation und Zahlungsverkehr;
Günter Kaupmann, Leiter der Innenrevision;

Gründungsjahr: 1808

Mitarbeiter: 832

Bilanzsumme 1996:
5,6 Milliarden DM

Verbindlichkeiten gegenüber Kunden:
3,5 Milliarden DM

Ausleihungen an Kunden:
3,2 Milliarden DM

Konten: 465.976

Geschäftsstellen: 50

Jahresüberschuß 1996:
22,1 Millionen DM

Anschrift:
Rheinstraße 10-12
64283 Darmstadt
Telefon (06151) 28 16-0
Telefax (06151) 28 16-404
Internet: http://www.sparkasse-darmstadt.de

Unternehmensportrait

Die Engel Apotheke in Darmstadt - Wiege eines weltweiten Konzerns der chemisch-pharmazeutischen Industrie

*Die Merck-Gruppe will weltweit zu den Besten der Branche gehören.
Deshalb hat sie alle Veränderungsprozesse gebündelt zu „Merck excellence - That's ME"*

Die Geschichte des Unternehmens beginnt bereits im Jahre 1668. Damals legte Friedrich Jacob Merck mit der Übernahme der Engel-Apotheke in Darmstadt den Grundstein für die weitere Entwicklung. Im Jahre 1827 entschloß sich einer seiner Nachfolger, Heinrich Emanuel Merck, Pflanzeninhaltsstoffe „im Großen" herzustellen. Damit begann unter dem Namen E. Merck die Entwicklung eines bedeutenden Unternehmens der chemisch-pharmazeutischen Industrie. Durch kaufmännisches Gespür und Führungsgeschick der Inhaberfamilie sowie durch engagierte Mitarbeiter wuchs Merck zu einem modernen, international tätigen Unternehmen heran. Heute sind rund 29.000 Mitarbeiter an 67 Produktionsstandorten in 28 Ländern bei Merck beschäftigt. Das Unternehmen ist mit insgesamt 166 Gesellschaften in 47 Ländern vertreten. Die Internationalisierung wird konsequent weiter vorangetrieben.

Luftbildaufnahme des Unternehmens in Darmstadt, wo über 8.000 Mitarbeiter beschäftigt sind.

Ungeachtet aller internationalen Aktivitäten bleibt Merck Darmstadt als Muttergesellschaft die bedeutende Schaltstelle innerhalb der Merck-Gruppe. Über 8.000 Mitarbeiter sind hier tätig. In Darmstadt befinden sich die Forschungszentren für die Bereiche Pharma, Chemie und Labor sowie das technische Potential des Weltunternehmens. Hier werden neue Produkte, Verfahren und Anwendungen entwickelt. Am Standort Darmstadt und im nahegelegenen Gernsheim am Rhein wird in den Produktionsstätten ein bedeutender Anteil der vermarkteten Artikel hergestellt. In Darmstadt befinden sich die Marketingleitungen der Unternehmensbereiche sowie die Zentralbereiche, wie z. B. Rechnungswesen und Controlling, Personalwesen und Unternehmenskommunikation, die für die gesamte Merck-Gruppe weltweit Aufgaben wahrnehmen. Somit ist in Darmstadt die „Schaltzentrale" für die international operierende Merck-Gruppe.

Mit dieser Apotheke legte Friedrich Jacob Merck im Jahre 1668 den Grundstein für das Unternehmen.

Firmengründer Heinrich Emanuel Merck.

Merck prägt seit fast 200 Jahren den Standort Darmstadt in vielfältiger Weise: als Arbeitgeber und als Wirtschaftspartner. Aufträge für Produktionsanlagen und Verwaltungsgebäude werden bevorzugt an die mittelständischen heimischen Betriebe vergeben. Merck ist ein bedeutsamer Wirtschaftsfaktor, von dem viele profitieren.

Rund 20.000 Artikel tragen den Namen Merck

Ein Unternehmen muß, vor allem unter Marketingaspekten, in den Märkten direkt vertreten sein. Das Geschäft mit Arzneimitteln und Chemikalien ist global angelegt. Deshalb müssen selbstverständlich auch die Standorte in allen wichtigen Regionen weiter ausgebaut werden.

Unternehmensportrait

Merck vertreibt etwa 20.000 Artikel in den Unternehmensbereichen Pharma, Labor und Spezialchemie.
Viele dieser Produkte sind aus dem täglichen Leben nicht mehr wegzudenken, wie die Arzneimittel gegen Herz-Kreislauf- oder Schilddrüsen-Erkrankungen, Kortison-Präparate, Antibiotika und Antidepressiva, aber auch Vitamine, Mittel gegen Erkältung und Schutz der Haut sowie Biomaterialien. Elektronik-Chemikalien werden bei der Herstellung von Mikrochips benötigt, Flüssigkeitskristalle finden sich in Displays. Für die Veredlung von Oberflächen werden Aufdampfchemikalien und Effektpigmente eingesetzt. Im Laborbereich steht der Name Merck für Reagenzien höchster Reinheit für chemische Analysen, für Diagnostica, Präparate und Geräte für die Chromatographie ebenso wie für die Umwelt- und Bioanalytik.

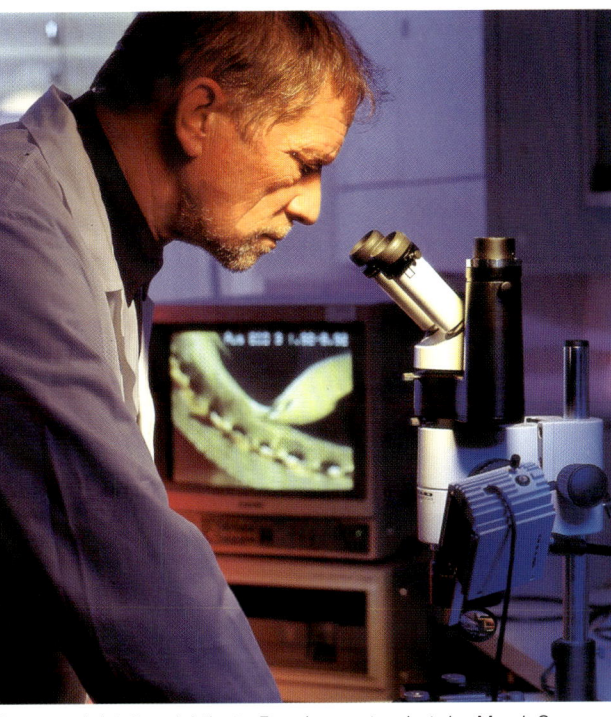

Darmstadt ist der wichtigste Forschungsstandort der Merck-Gruppe

Kooperation mit namhaften Krebsforschern

Darmstadt als wichtigster Forschungsstandort der Merck-Gruppe trägt in hohem Maße zur künftigen Sicherung des Unternehmens bei. In der Regel dauert die Entwicklung eines neuen, markttauglichen Pharma-Präparates viele Jahre und verschlingt bis zu 400 Millionen Mark. Diese Mittel müssen ungeachtet der Wirtschaftslage im voraus erwirtschaftet werden. In Darmstadt ist jeder siebente Mitarbeiter in der Forschung tätig.
In der Herz-Kreislauf-Forschung suchen die Merck-Wissenschaftler nach neuen Wegen zur Blutdrucksenkung, zum Gefäß- und Herzschutz wie auch zur Verbesserung und Verträglichkeit von Therapien.
Im Bereich Immunologie/Onkologie steht derzeit die Entwicklung von Antikörpern, die zur Krebstherapie eingesetzt werden können, im Mittelpunkt der Forschungstätigkeit. Hier kooperieren die Wissenschaftler mit namhaften Forschungsinstitutionen auf der ganzen Welt.
Merck arbeitet auch an der verbesserten Wirkung bei lokalen Wundbehandlungen. Auch die Entwicklung von Biokeramiken (künstlichem Knochenersatz) und deren Verträglichkeit gehören zu diesem Forschungsbereich. In der Chromatographie, einer universellen Methode zur Trennung von Gemischen, stehen im Mittelpunkt der Forschung neue Trennverfahren für die Anwender vor allem in der Pharma- und Lebensmittelindustrie. Für die mobile Analytik, d. h. die Bestimmung umweltrelevanter Substanzen vor Ort, werden neue photometrische und reflektometrische Testsätze entwickelt.
In den Labors der Spezialchemie beschäftigen sich die Forscher vor allem mit der Weiterentwicklung von Flüssigkristallen für z. B. Computer-Displays, erweitern das Programm an höchstreinen Elektronikchemikalien für die Chip-Herstellung und entwickeln neue Effektpigmente zur Verschönerung von Oberflächen.
Zum Schutz der Umwelt verwirklicht die Merck-Gruppe an ihren Standorten umfangreiche Maßnahmen. Die Verfahrensentwicklung optimiert Produktionsabläufe unter den Aspekten „Vermeiden - Vermindern - Verwerten geht vor Entsorgen". Auf ökologisch problematische Stoffe, wie z. B. chlorierte Lösemittel, wird bei vielen Herstellungsverfahren verzichtet, nicht benötigte Ausgangsstoffe werden wiederverwertet. Durch Ölwäscher, Tieftemperatur-Kondensation oder Trockengasreinigung werden der Abluft alle Schadstoffe entzogen. Zum Schutz des Wassers werden allein in Darmstadt an mehr als 100 Emissionsöffnungen jährlich über 6.000 Messungen vorgenommen. Jeder Liter Wasser wird viermal genutzt. Um den Energieverbrauch zu senken, betreibt Merck Gegendruck-Turbinen und nutzt die Kraft-Wärme-Kopplung.
Das Unternehmen beweist am Standort Darmstadt, wie Wettbewerbsfähigkeit und Effizienz im Umweltschutz in Einklang zu bringen sind. ■

In der Produktion arbeiten hochqualifizierte Fachleute.

MERCK
Merck KGaA

Geschäftsleitung:
Prof. Dr. Hans Joachim Langmann, Vorsitzender
Dr. Harald J. Schröder, stellv. Vorsitzender
Wolfgang Hönn
Edward R. Roberts
Dr. Michael Römer
Prof. Dr. Thomas Schreckenbach
Dr. Johannes Sombroek

Aufsichtsrat Merck KG aA:
Dr. Heinrich Hornef, Vorsitzender
Manfred Bendel, stellv. Vorsitzender
Flavio Battisti
Jon Baumhauer
Klaus Brauer
Prof. Dr. Christoph Clemm
Dr. Michael Kasper
Brigitte Niems
Dr. Arend Oetker
Hans Schönhals
Dr. Gerhard Ziener
Peter Zühlsdorff

Gründungsjahr: 1827

Mitarbeiter: 28.666 weltweit, davon 9.210 in Deutschland

Umsatz 1996: 6.953 Mio DM

Produktpalette:
Arzneimittel,
Mittel zur Selbstmedikation,
Spezial- und Feinchemikalien,
Elektronikchemikalien, Flüssigkristalle,
Pigmente und Kosmetikwirkstoffe
Laborchemikalien, Laborsysteme

Ausgaben für Forschung und Entwicklung 1996:
659 Mio DM

Anschrift:
Frankfurter Straße 250
64293 Darmstadt
Telefon   (06151) 72-0
Telefax   (06151) 72-2212
Internet   httpii/www.merck.de
E-mail   service@merck.de

Zukunft der Industrie

Profil eines Standortes – zur Zukunft der Industrie in Darmstadt

Zu den Aufgaben von Arbeitgeberverbänden gehört es, die Interessen der Unternehmen zu unterstützen und vielfältigen wirtschaftlichen Sachverstand für gesellschaftlich relevante Diskussionsthemen zur Verfügung zu stellen.

„Wenn man etwas Neues macht, ist man nicht sicher, ob es besser wird. Aber wenn etwas besser werden soll, muß man etwas Neues machen."
Georg Christoph Lichtenberg, Physiker und Schriftsteller (1742-1799)

Für den Gesamtverband der Arbeitgeber Südhessens, der im Wirtschaftsraum 300 Mitgliedsfirmen mit fast 90.000 Beschäftigten u. a. aus den Branchen Chemie, Maschinenbau, Elektro, Druck, Fahrzeugbau, EDV und Forschung vertritt, bedeutet dies mitzuhelfen, die Handlungsfähigkeit und Wettbewerbsfähigkeit seiner Mitglieder zu erhalten und zu verbessern. Neben der traditionellen Beratung und Vertretung in allen arbeits- und sozialrechtlichen Fragen stärkt der Verband mit einer Vielzahl von weiteren Dienstleistungen das Ansehen des Unternehmers in der Öffentlichkeit. Von besonderer Bedeutung sind dabei die direkten Begegnungen und Gespräche mit Vertretern öffentlicher Organe, wie Politikern, Wissenschaftlern, Pfarrern oder Pädagogen.

> **Der Autor**
>
> **Klaus Gruber** 
>
> Der Autor wurde 1934 in Berlin geboren, Abitur 1954 in Melsungen. Lehre zum Industriekaufmann bei E. Merck in Darmstadt, Studium der BWL, Abschluß Diplom-Kaufmann, Tätigkeit bei Ford in Köln, ab 1963 wieder bei E. Merck. Dort ab 1987 Mitglied der Geschäftsleitung. Seit Juli 1997 im Ruhestand. Vorsitzender des Gesamtverbandes der Arbeitgeber Südhessen e. V..

Diskussion über Standort als dauerhafte Aufgabe

Dieser Dialog hilft mit, Mißverständnisse und Mißtrauen im sozialen Umfeld zu minimieren. Da kommunal- oder auch landespolitische Entscheidungen von existentieller Tragweite für wirtschaftliches Handeln sein können, ist die Diskussion um das Profil des Standortes Darmstadt und der hier angesiedelten Klein-, Mittel- und Großunternehmen eine dauerhafte Aufgabe.

Zentrum wirtschaftlicher und kultureller Entwicklung

Darmstadt, Bindeglied zwischen der Euro-Region Rhein-Main und dem Ballungsraum Heidelberg-Ludwigshafen-Mannheim, ist ein Zentrum wirtschaftlicher und kultureller Entwicklung. Um die Jahrhundertwende vom Großherzog Ernst-Ludwig von Hessen und bei Rhein gefördert, zeigt die ehemalige Residenzstadt auch heute noch, daß in ihr die Künste lebendig geblieben sind. Kulturelle Vielfalt, eingebunden in eine abwechslungsreiche Landschaft mit hohem Naherholungswert und eine ausgesprochen verkehrs-

Der neugestaltete Eingangsbereich der Firma Merck

Zukunft der Industrie

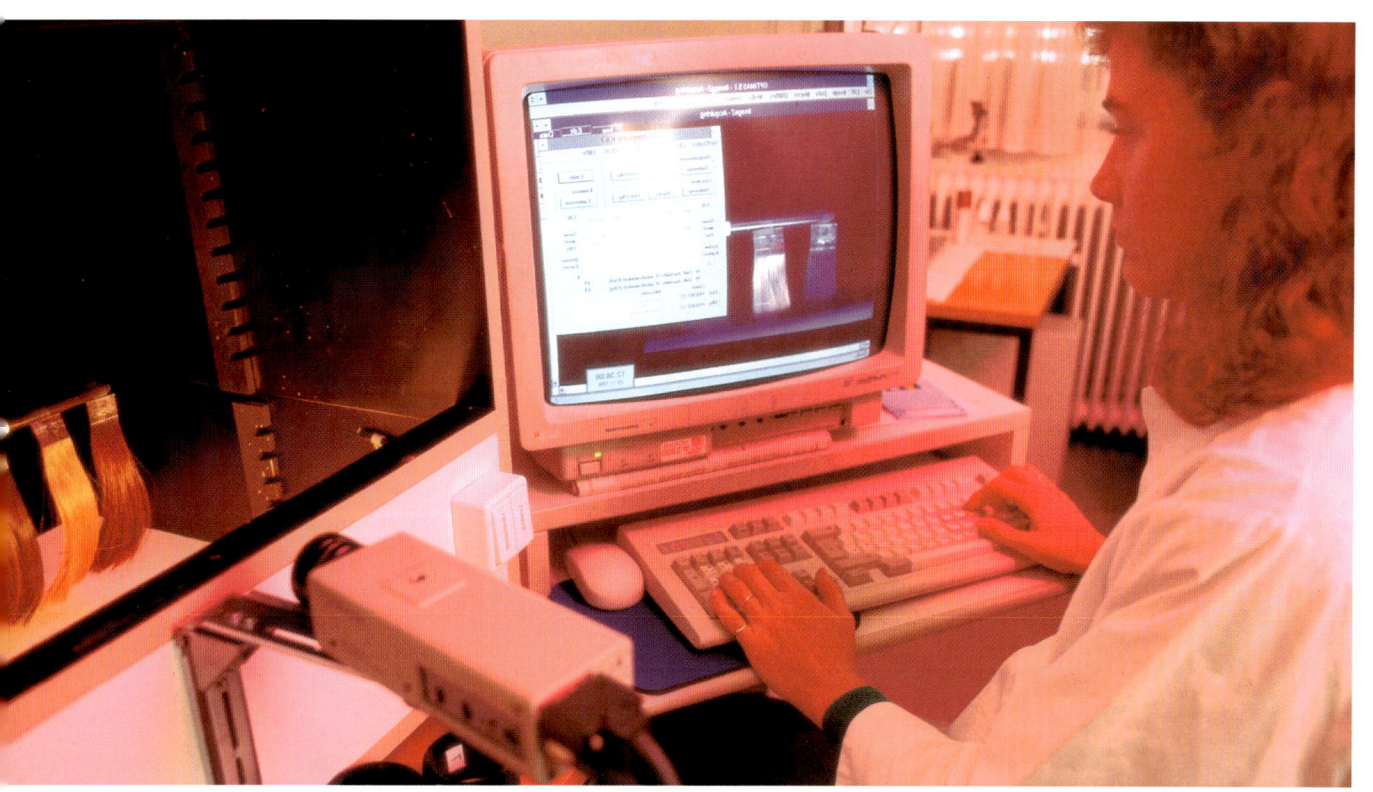

Darmstadt verfügt über ein großes Potential gut ausgebildeter Fachkräfte

günstige Lage mit Anbindung an ein internationales Straßen-, Schienen- und Luftverkehrsnetz, bestimmen die Attraktivität des Standortes Darmstadt.

Doch diese Faktoren allein reichen noch nicht aus, um bestehende Unternehmen auf Dauer an den Standort Darmstadt zu binden oder neue heranzuführen. Dafür bedarf es vor allem eines gesunden Klimas für Investitionen und einer breiten gesellschaftlichen Akzeptanz für technologische Entwicklungen und wirtschaftliche Veränderungen.

Wie der damit verbundene Strukturwandel und der Übergang von der Industrie- zur Informationsgesellschaft bewältigt werden kann, ist eine der großen Herausforderungen unserer Zeit.

Rahmenbedingungen werden immer wichtiger

Wirtschaft allein kann dies nicht leisten. Hier müssen auch die politisch Verantwortlichen verstehen: Gerade Industrieunternehmen müssen spüren, daß sie am Standort Darmstadt willkommen sind und nicht zur Zielscheibe ideologischer Debatten, restriktiver politischer Vorgaben und langer Verwaltungswege werden. Im Wettbewerb der Regionen entscheiden immer mehr die wirtschaftlichen Rahmenbedingungen - Abgabenbelastungen, behördliche Auflagen, aber auch Hemmnisse bei der Einführung und Anwendung neuer Technologien - über die Investitionsentscheidungen global agierender Unternehmen. Wie wichtig ein Umdenken in diese Richtung ist,

Die Firma Schenck

Zukunft der Industrie

Der Eingangsbereich der Firma Röhm

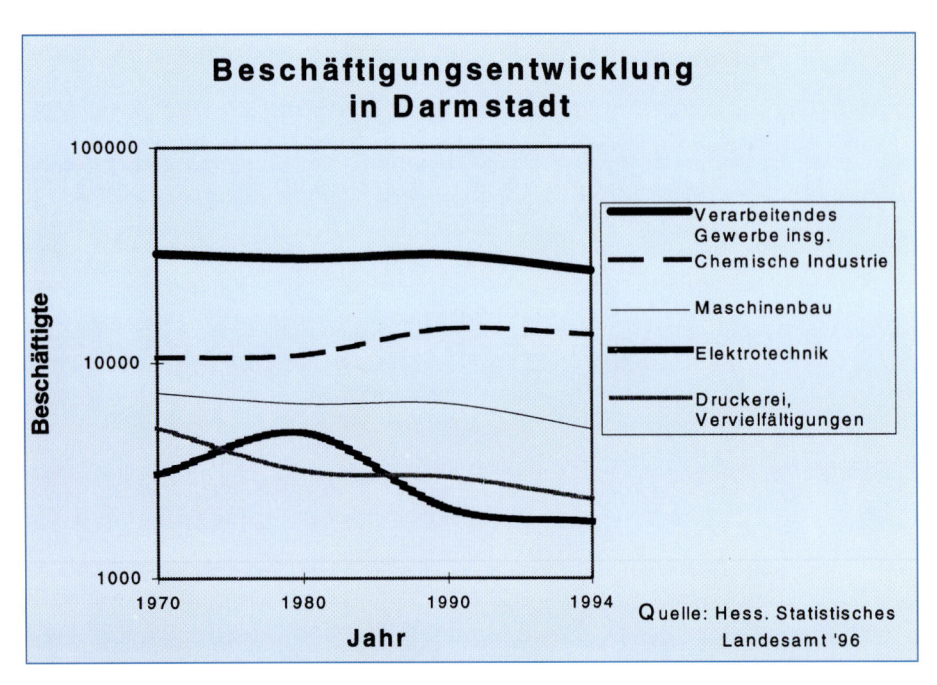

Beschäftigungsentwicklung in Darmstadt
Quelle: Hess. Statistisches Landesamt '96

zeigt ein Rückblick auf die Entwicklung im Wirtschaftsraum Darmstadt in den letzten Jahrzehnten. Der zu Beginn der 90er Jahre einsetzende

Konjunktureinbruch hat Spuren hinterlassen

Konjunktureinbruch und die durch Internationalisierung und Globalisierung veränderten Eckdaten industrieller Produktion haben auch in der Region Starkenburg mit ihrem Wirtschaftszentrum Darmstadt Spuren hinterlassen.

Die Zahl der Betriebe und Beschäftigten ist im verarbeitenden Gewerbe zwischen 1970 und 1995 von ehemals 116 Betrieben mit 32.201 Beschäftigten auf 77 Betriebe mit 26.311 Beschäftigten zurückgegangen. Die meisten arbeiten in der chemischen Industrie, im Maschinenbau, im

Neue Arbeitsplätze entstanden im Dienstleistungsbereich

Zukunft der Industrie

Druckgewerbe und in der Elektrotechnik. Zusammen stellen diese vier Bereiche 95 Prozent aller Industriearbeitsplätze in Darmstadt. Größter Arbeitgeber ist die chemische Industrie mit über 13.000 Beschäftigten. Obwohl der Exportanteil im verarbeitenden Gewerbe auf inzwischen 39,5 Prozent gestiegen ist - ein Indiz für die Wettbewerbsfähigkeit - hat sich die Gesamtzahl der industriellen Arbeitsplätze weiter verringert.

Arbeitskosten 20-25 % höher als bei Wettbewerbern

Die Arbeitskosten, die im Regelfall um 20-25 Prozent über denen unserer Hauptwettbewerber in den europäischen Staaten liegen, sind dafür ebenso verantwortlich wie die hohe Gesamtsteuerlast und die immer weiter reduzierte Gesamtjahresarbeitszeit. Die Folge dieser Entwicklung: steigende Arbeitslosigkeit und leere Kassen. Auch der Dienstleistungsbereich hat sich nicht so stark entwickelt, daß er den Stellenabbau kompensieren konnte.

Wer über die Zukunft der Industrie in Darmstadt nachdenkt, der muß sich auch Gedanken über die Zukunft der Facharbeit in unserem Wirtschaftsraum machen. Denn das Qualifikationsniveau der Facharbeiter ist ein wichtiger Faktor für das Profil eines Standortes. Neben dem fachlichen Können sind heute zunehmend Schlüsselqualifikationen gefragt. Hierzu zählt vor allem die Fähigkeit und die Bereitschaft, sich auf neue Formen der Arbeitsorganisation einzulassen.

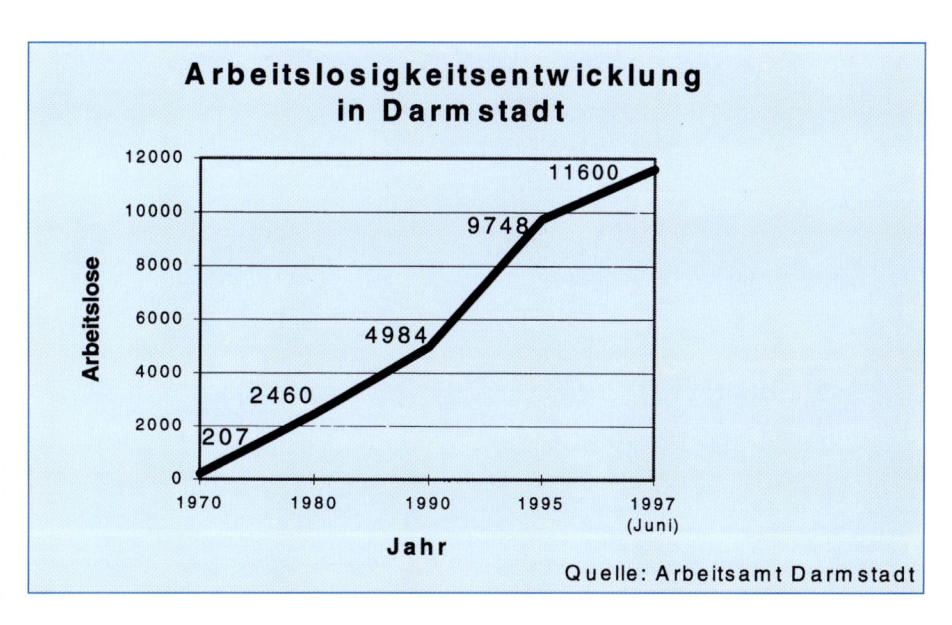

Viele Darmstädter Industrieunternehmen haben dies erkannt und deshalb konsequent neue Arbeitszeit- und Kooperationsmodelle entwickelt. Ein Beispiel ist die Einführung von Teamarbeit in der Produktion. Dabei werden Fach- und Führungsaufgaben fast vollständig auf Gruppen übertragen.

Gefragt sind Flexibilität und Aufgeschlossenheit

Sowohl im Maschinen- und Anlagenbau als auch in der chemischen Industrie - um nur zwei Branchen zu nennen - haben Darmstädter Firmen ihre Produktionsabläufe nach diesem Modell organisiert und deutliche Produktivitätseffekte erzielt.

Solche innovativen Entwicklungen machen deutlich, daß die Zukunft des Industriestandortes Darmstadt ganz wesentlich auch davon abhängt, wie flexibel und aufgeschlossen die hier beschäftigten Menschen mit neuen Formen der Arbeitsorganisation umgehen. Die Entwicklung Darmstadts in Richtung High-Tech-Standort und informationstechnisches Zentrum darf nicht darüber hinwegtäuschen, daß das verarbeitende Gewerbe nach wie vor wichtiger Motor für technologische Entwicklungen, für die Anwendung neuer Techniken und damit für Beschäftigung ist.

Industrie wieder stärker fördern

Deshalb sollte die Industrie in Darmstadt und der Region gefördert werden. Das politische Bekenntnis zum Industriestandort Darmstadt allein reicht nicht, es muß auch werbend nach außen

Darmstadt hat sich zu einem Zentrum der Weltraumfahrt entwickelt – hier der Eingang zur ESOC

Zukunft der Industrie

Viele neue Unternehmen machen Darmstadt zum Zentrum von Schlüsseltechnologien

Moderne Verwaltungsgebäude sind wichtig für das Arbeitsklima.

getragen werden. Notwendig ist deshalb nicht nur ein zukunftsweisendes industriepolitisches Leitbild, eine neue Form der Kooperation zwischen dem Wirtschaftszentrum und den vier südhessischen Landkreisen, sondern auch eine intensivere Zusammenarbeit der öffentlichen Hand mit der Wirtschaft.

Neue Formen der Kommunikation

Dabei geht es auch darum, neue Kommunikationsformen zu entwickeln, mit denen schnell und flexibel auf veränderte Markt- und Kundenanforderungen reagiert werden kann. Denn auf dem Feld der öffentlichen Meinungs- und Bewußtseinsbildung entscheidet sich maßgeblich die Akzeptanz für politische Entscheidungen und unternehmerisches Handeln.

Wichtige Know-How-Träger

Mit der TU Darmstadt, der Fachhochschule, dem Fraunhofer Institut und weiteren Forschungseinrichtungen befinden sich wichtige Know-How-Träger für die „Technologien der Zukunft" in Darmstadt. Ob Computersoftware, Biotechnologie, Telekommunikation oder graphische Datenverarbeitung, Darmstadt hat die Chance, Zentrum zukünftiger Schlüsseltechnologien zu werden. Voraussetzung ist allerdings, daß die wissenschaftlichen Erkenntnisse zügiger und weniger re-

Zukunft der Industrie

Darmstadt bietet seinen jungen Bürgern gute Ausbildungschancen

Industrieansiedlung in der Nähe des Hauptbahnhofs

glementierend als bisher in marktfähige Produkte umgesetzt werden. Wirtschaftliche Einmischung versteht sich dabei als Innovationsprozeß, der mithilft, die wissenschaftliche Infrastruktur auszubauen, das Angebot an Gewerbeflächen zu erweitern und Genehmigungsverfahren sowie Verwaltungswege zu verkürzen. Die Region braucht eine wirtschaftsnahe Infrastruktur, Darmstadt ein zukunftsorientiertes innerstädtisches Verkehrskonzept und die politisch versprochene Nord-Ost-Umgehung.

Höheres Gewicht für den Industriestandort

Im nationalen und internationalen Standortwettbewerb sind neben diesen harten Standortfaktoren allerdings auch die weichen Faktoren von entscheidender Bedeutung. Dazu zählen u. a. das Bildungs- und Hochschulangebot, die Umweltqualität, die Verfügbarkeit von Wohnbauflächen und das Angebot an qualifizierten Arbeitskräften. Während Darmstadt in den letzten Jahren verstärkt auf das Image „Wissenschaftsstadt" gesetzt hat, wurde das Profil der „Industriestadt" Darmstadt eher vernachlässigt. In Zukunft muß die Industrie wieder an Gewicht gewinnen.

SCHENCK

Carl Schenck-Konzern
Carl Schenck AG +
Tochtergesellschaften + Beteiligungen

Vorstand:
Dr. Gerd Wiedemeyer, Vorsitzender;
Dr. Hans-Peter Nottrodt,
Klaus Eckhardt

Gründungsjahr: 1881

Mitarbeiter: 4.300 (Juli 1997)

Geschäftstätigkeit:
Entwicklung, Produktion,
Vertrieb und Wartung von
Verfahrens- und Instandhaltungssystemen,
Plattenproduktions- und Fördersystemen,
Prüf- und Automatisierungstechnik sowie
Auswucht- und Diagnosetechnik;
Engineering-Leistungen

Abnehmer-Industrien:
u. a. Abfall,
Automobile,
Baustoffe,
Bergbau,
Cargo,
Chemie,
Elektro,
Elektronik,
Grundstoffe,
Handel,
Möbel,
Recycling,
Stahl,
Transport,
Umwelt,
Verfahrenstechnik,
Verkehr

Anschrift:
Landwehrstraße 55,
64293 Darmstadt
Telefon (06151) 32-0
Telefax (06151) 32-11 00
Telex 4 196940 csd
Internet http://www.carlschenck.de

Die A-Klasse, der Kleinste von Mercedes-Benz, entsteht in großen Teilen mit Montage-, Förder- und Prüftechnik von Schenck.

Unternehmensportrait

Schenck – Mechatronics at its best

Carl Schenck-Konzern stärkt mit intelligenten Lösungen weltweit die Wettbewerbsfähigkeit seiner Kunden

Der Carl Schenck-Konzern setzt mit erstklassigen Produkten, Systemen und Engineering-Leistungen weltweit Maßstäbe. Vier starke Unternehmensbereiche der Carl-Schenck AG machen Prozesse und Produktionen ihrer Kunden noch sicherer, effizienter und produktiver:

· Verfahrens- und Instandhaltungssysteme
Sie werden eingesetzt in der Meß-, Dosier- und Wägetechnik für hochautomatisierte Prozesse in praktisch allen Branchen, wie Chemische Industrie, Zement- und Baubranche, Stahl- und Bergwerke oder Energiewirtschaft. Darüber hinaus wird ein umfassendes Programm für die vorbeugende Instandhaltung angeboten.

· Plattenproduktions- und Fördersysteme:
Man benötigt sie bei der rationellen Herstellung von Span- und anderen Platten für Bau- und Möbelanwendungen – auf der Basis von Holz oder alternativen Werkstoffen. Für Cargo-Center werden modulare Fördersysteme entwickelt und realisiert.

· Prüf- und Automatisierungstechnik
Sie ist unentbehrliches Werkzeug für den gesamten Entwicklungsprozeß eines Kraftfahrzeugs: Im F+E-Bereich sowie beim Montieren, Prüfen und Automatisieren in der Produktion der Automobilindustrie, von Motorenprüfständen über Montagesysteme bis zu Laser-Fahrwerkständen am Bandende - Planungs- und Engineering-Leistungen sind Basis solcher Fertigungslösungen.

· Auswucht- und Diagnosetechnik
Sie sichert das werterhaltende Auswuchten von Rotoren aller Art, das Ausgleichen oszillierender Bauteile bzw. die physikalische und vibroakustische Diagnose (PI/VAD-Systeme) kompletter Aggregate, von der Kraftwerksturbine über Düsentriebwerk und Automotor bis zum Elektrorasierer. Schenck-Produkte sind hochwertige Investitionsgüter. Der Kunde bekommt eine für seine Aufgabe entwickelte, mechatronische Lösung: Die intelligente Verknüpfung von Mechanik, Elektrik/Elektronik und Software – plus Engineering und Service nach Maß. Unter Service versteht Schenck die Pflicht, die Produktionen seiner Kunden am Laufen zu halten, z. B. durch Ferndiagnose von Betriebszuständen in Kraftwerken für die vorbeugende Instandhaltung.

Der Schenck-Konzern, eines der leistungsfähigsten Mechatronik-Unternehmen, ist innovativ aus Tradition. Weltweit profitieren nahezu alle Industrien von Know-How und neuen Technologien des Darmstädter Unternehmens.

Intelligente Lösungen zur Steigerung der Wettbewerbsfähigkeit seiner Kunden entwickeln heißt auch, Innovationen voranzutreiben – für kürzere Entwicklungszeiten und ein schnelleres „time-to-market". Instrumente dazu sind u. a.: Neue Technologien, Plattformen, neue Anwendungen oder das Schnüren von „Wissenspaketen".

Vertrauen in Schenck – weltweit
Die Summe der Werte macht Schenck zu einem exzellenten Unternehmen mit direktem Zugang zu den Märkten der Welt, das Impulse für Fertigungslösungen rund um den Globus aufgreift. Zahlreiche Tochtergesellschaften, Beteiligungen und Vertriebspartner sichern die weltweite Präsenz des Schenck-Konzerns.

Unternehmensportrait

®PLEXIGLAS - die Marke, die RÖHM weltbekannt machte

Mit einer von Apotheker Dr. Otto Röhm erfundenen Gerbereibeize fing 1907 alles an, heute sind über 3.000 Mitarbeiter tätig

Der Eingang zum Weiterstädter Werk der Röhm GmbH, verglast mit hochtransparenten PLEXIGLAS Platten

Als der Apotheker und Chemiker Dr. Otto Röhm im Jahre 1907 die Wirksamkeit tryptischer Enzyme beim Beizen von tierischen Häuten entdeckte, war es nur noch ein Schritt zur Erfindung der Gerbereibeize ®OROPON. Um seine Erfindung kommerziell zu verwerten, gründete Dr. Otto Röhm zusammen mit dem Kaufmann Otto Haas 1907 in Eßlingen bei Stuttgart die Firma Röhm & Haas. Schnell steigende Verkäufe machten bald die Produktionserweiterung notwendig. Und da neben der größeren Werkfläche auch die direkte Nähe zu den Lederfabriken in Offenbach, Weinheim und Worms gesucht wurde, wechselte Röhm & Haas 1909 ihren Firmensitz nach Darmstadt.

Enzyme für Getränke

Intensive Enzymforschungen führten nach einiger Zeit auch zu einem Einstieg in den Lebensmittelsektor. So konnten erstmals 1934 Enzyme aus Pilzkulturen erfolgreich bei der Fruchtsaftklärung erprobt und damit der Grundstein für das heute in der Getränkeindustrie eingesetzte ®ROHAPECT gelegt werden. Mit ®VERON werden seit 1958 weitere Enzympräparate für die Backwarenherstellung angeboten.

Ein Begriff: ®PLEXIGLAS

Als Otto Röhm 1901 eine Dissertation „Über Polymerisationsprodukte der Acrylsäure" verfaßte, konnte er nicht ahnen, daß die darauf basierende Methacrylatchemie zur tragenden Säule des jungen Unternehmens werden sollte. Nach intensiver Forschungsarbeit war bereits 1928 die Verwendung von Acrylaten und Methacrylaten für Kunststoff und Glasersatz patentiert worden. 1933 konnten dann, weltweit zum ersten Mal überhaupt, gegossene Platten auf Basis Polymethylmethacrylat (PMMA) hergestellt werden. Dieser glasklare, harte Kunststoff mit unübertroffener Alterungs- und Witterungsbeständigkeit erhielt noch im gleichen Jahr den Namen ®PLEXIGLAS. Zu einem weiteren wichtigen Arbeitsgebiet entwickelte sich ab 1952 die Extrusion von ®PLEXIGLAS. Mit dem spektakulären Dach des Münchener Olympiastadions wurde der Stoff weltweit bekannt.

Vielfalt der Märkte

Wesentliche Märkte der Röhm-Produkte sind neben dem Bausektor die Fahrzeugindustrie, der Innenausbau, die optische sowie die Elektronikindustrie, die Lichttechnik und Lichtwerbung sowie der Maschinenbau. Röhm-Produkte werden auch angewendet in der Pharmaindustrie, der Medizintechnik, im Flugzeugbau und anderen High-Tech-Märkten. Ein spezielles Gebiet sind Schmieröladditive, die von einer Tochtergesellschaft angeboten werden. Ebenfalls über Tochtergesellschaften betreibt Röhm sein Enzym-Geschäft. Über 3.000 Naturwissenschaftler, Ingenieure, Chemikanten, Maschinenführer, Techniker, Kaufleute und Auszubildende sind in der Röhm-Gruppe weltweit tätig.

PLEXIGLAS Formmassen werden u. a. im Fahrzeugbau und im Verkehrswesen verwendet.

Röhm GmbH

Aufsichtsrat:
Vertreter der Anteilseigner:
Otto Röhm, Ehrenvorsitzender,
Dr. Erhard Meyer-Galow, Vorsitzender
Armin-Peter Bode,
Prof. Dr. Gerhard Wegner,
Dr. Klaus Engel,
Klaus von Hörde,
Vertreter der Arbeitnehmer:
Christel Träxler, stellvertr. Vorsitzende,
Dr. Hanns Bössler,
Dr. Colin Liddiard,
Thomas Aichert,
Michael Krahe,
Hans Schönhals

Geschäftsführer:
Dr. Norbert Wiemers, Vorsitzender,
Willibrord Lampen, Dr. Karlheinz Nothnagel

Gründungsjahr: 1907

Mitarbeiter: 3.501 (1996)

Produkte:
Methacrylat-Monomere und -Polymere,
PLEXIGLAS Formmassen,
Pharma Polymere,
PLEXIGLAS und MAKROLON Halbzeuge und
Technische Kunststoffe

Umsatz:
1.118 Mio. DM (1996)

Kunden: weltweit

Anschrift:
Kirschenallee
64293 Darmstadt
Telefon (06151) 18-01
Telefax (06151) 18-02

CONTEC

Gesellschaft für Industrie-Elektronik, Verfahrens- und Regelungstechnik mbH

Geschäftsführer:
Dipl.-Ing. Frank J. Zahn

Handelsregister:
Darmstadt, HRB 4192

Gründungsjahr: 1983

Mitarbeiter: 15 (1996)

Produktionsprogramm:
Allgemeine Industrie-Elektronik,
Verfahrens- und Regelungstechnik,
Komplett-Lösungen für die industrielle Automatisierung,
Lasermaterialbearbeitung,
insbes. Laser-Beschriftungssysteme

Verbandszugehörigkeit:
Verband Deutscher Maschinen- und Anlagenbau e.V. (VDMA)

Exportländer:
USA, Frankreich, Schweiz, Österreich, Portugal, Großbritannien, Ungarn, Taiwan, Rußland

Anschrift:
Pfungstädter Straße 35-37
64 297 Darmstadt
Tel. 0 61 51 / 94 75 - 0
Fax 0 61 51 / 54 07 0

TECHNOLOGISCH MARKTFÜHREND IN DER INDUSTRIELLEN LÖSUNG

Unternehmensportrait

Maschinenbau beginnt im Kopf

Unsere Ingenieure, Techniker, Konstrukteure und technischen Sonderkräfte arbeiten auf breiter Grundlage an Lösungen der Automation für fast alle produzierenden Branchen. Sie entwickeln, konstruieren, detaillieren und zeichnen – konventionell und CAD-gestützt. Als erfahrene Unternehmensgruppe mit umfassendem Know-How garantieren wir unseren Partnern in der produzierenden Industrie unkomplizierte Auftragsabwicklung mit hoher Kompetenz, Erfahrung und Zuverlässigkeit.

CLC-4/EC

Die CLC-4 Laseranlage zur Beschriftung von Kunststoffkarten realisiert dank modernster Lasertechnologie höchste Leistung auf sehr kleiner Aufstellfläche. Der Wegfall der bei herkömmlichen Anlagen umfangreichen Versorgungssysteme erlaubt die Integration aller Bauteile in einem formschönen Gehäuse. Die Maschine ist für den vollautomatischen Betrieb konzipiert und ist aus Anwendersicht ebenso einfach wie ein Computer zu bedienen.

CTB-4/Nd

Die CTB-4 ist eine leistungsfähige Anlage zur Laserbeschriftung von Autoblenden für die mannlose Schicht. Sie zeichnet sich durch geringe Betriebskosten, hohe Effizienz, Zuverlässigkeit, Flexibilität, hohe Verfügbarkeit und wertvolle Notlaufeigenschaften aus und ist eine bewährte, wirtschaftliche Alternative zu herkömmlichen Verfahren. Der modulare Aufbau ermöglicht eine einfache Anpassung an Ihre Produktionsanforderungen.

LightJet II

Sehr kompakt aufgebaut ist der PC-gesteuerte LightJet II, ein schneller, präziser, platz- und energiesparender Laserbeschrifter, der ohne Pumplampenwechsel und Kühlwasser auskommt. Seine Hauptanwendungen sind Markieren und Beschriften aller gängigen Materialien (Sicherheits- und Saphirglas inbegriffen), Schneiden von Metall- und Kunststoff-Folien, Strukturieren von Schichten, aber auch das Laserritzen von Metallen.

CBL-02/D

Der weltweit einzigartige CBL-02/D ist ein PC-gesteuerter Laserbeschrifter, der sich durch Wartungsfreiheit und einen sehr niedrigen Energieverbrauch auszeichnet. Dank modernster diodengepumpter Lasertechnologie wird ein Beschriftungsstrahl mit optimalen Eigenschaften erzeugt. Die extrem kompakte Bauweise und vielfältige Einsatzbereiche ermöglichen die einfache Integration in neue oder bestehende Produktionslinien.

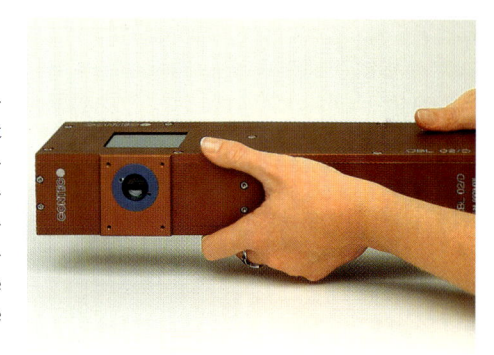

Unternehmensportrait

Auf dem Weltmarkt tonangebend

Wella-Konzern ist einer der international bedeutendsten Hersteller von Haarpflegemitteln und Düften

Das Stammhaus des Wella-Konzerns ist gleichzeitig auch eines von weltweit 53 Schulungszentren für Friseure.

Die Wella AG gehört zu den international bedeutendsten Herstellern von Haarpflegemitteln und Düften und ist in 123 Ländern präsent. Das Konzern-Ziel, der bekannteste und kompetenteste Anbieter für Haarkosmetik zu werden, orientiert sich an den Grundsätzen qualitativer Marktführerschaft. Beim Friseur ist Wella schon seit Jahren führend. Die weltweit 1,7 Millionen Friseursalons werden zukünftig noch intensiver als bisher auf die beispielhafte Leistungsfähigkeit innovativer Produkte und den umfassenden Wella-Friseurservice bauen können.

Innerhalb der internationalen Friseurbranche mit deutlichem Abstand Marktführer zu werden, ist deshalb die Konsequenz aus Stärke und konzentrierter Aktivität.

1996 hat Wella allein in Deutschland 6.500 Schulungen für Friseure mit rund 181.500 Teilnehmern durchgeführt. Berücksichtigt wurden dabei auch etwa 500 Auszubildende der Friseurbranche, um deren Start in den Beruf zu erleichtern.

Die Kernkompetenz für Haarkosmetik kommt auch dem weltweiten Endverbrauchergeschäft zugute. Dort ist Wella in wesentlichen Produktfeldern mit starken Marken und neuen Produktkonzepten vertreten, die sich besser als der Markt entwickeln. Durch gezielte Internationalisierung des Duftbereiches ist der Konzern überdies gerüstet, mittelfristig zu den fünf umsatzstärksten Anbietern innerhalb dieser Sparte aufzurücken.

In den letzten Jahren wurden von den rund 400 Mitarbeitern, die in Forschung und Entwicklung tätig sind, zahlreiche neue und optimierte Rezepturen erarbeitet, die die Produktpalette um mehrere Weltneuheiten bereichert haben. Diese Produktinnovationen kommen Kunden in aller Welt, insbesondere aber der Friseurbranche zugute. Im Bereich Haarfärbemittel, einer Königsdisziplin der Haarkosmetik, ist Wella sowohl im Markt als auch aufgrund ihrer technologischen Kompetenz führend.

An 25 Orten der Welt werden Wella-Erzeugnisse hergestellt. Dazu zählt auch die international größte Produktionsstätte in Hünfeld bei Fulda. Vertriebsgesellschaften in 110 Ländern gewährleisten die termingerechte Auslieferung der Produkte.

Ihren Auszubildenden hat Wella 1997 nach der Abschlußprüfung einen Einjahresvertrag angeboten. So wird jedem Jugendlichen die Möglichkeit gegeben, in dieser Zeit einen längerfristigen Arbeitsplatz zu finden. Bei der Wella-Gruppe in Deutschland werden insgesamt 130 Auszubildende auf qualifizierte Berufe vorbereitet.

Bestandteil des Ausbildungsengagements von Wella ist auch eine 1992 gestiftete Dozentur für Mode, Kunst- und Stilgeschichte/Ästhetik an der TU Darmstadt. Dort werden angehende Gewerbefachlehrer, die Friseurauszubildende unterrichten, kompetent und systematisch an modische Themen herangeführt. ■

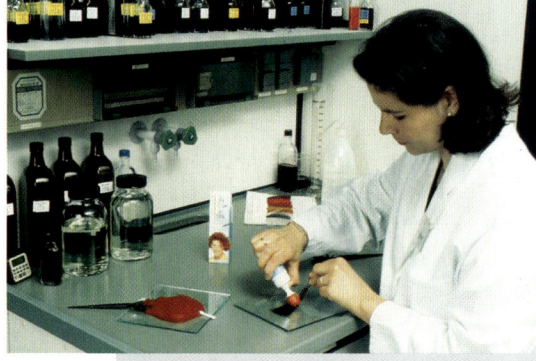

Haarfärbemitteltest im Labor: Die meisten der 400 Mitarbeiter in Forschung und Entwicklung arbeiten im Stammhaus in Darmstadt.

WELLA

Wella AG

Vorsitzender des Aufsichtsrates:
Karl Heinz Krutzki

Vorstand:
Jörg von Craushaar, Vorsitzender
Dr. Heiner Gürtler
Alfred Krämer
Fritz Kuhn
Hans Schmidt

Stellvertretende Mitglieder:
Elke Benning-Rohnke
Bert Smits

Generalbevollmächtigter:
Klaus Moske

Gründungsjahr: 1880

Mitarbeiter:
weltweit 16.000 (1996)

Hauptsparten:
Haarpflegegeschäft mit den Sparten Friseur und Retail,
Duftgeschäft

Umsatz (1996):
3,8 Milliarden DM

Regionale Umsatzverteilung:
29,2 % auf Deutschland
35,4 % auf das übrige Europa
19,9 % auf Nord- und Südamerika
15,4 % auf Asien, Afrika, Ozeanien

Innovationsraten:
Friseur: 49,7 %
Retail: 29,2 %
Duft: 30,4 %

Gewinn nach Steuern (1996):
78 Millionen DM

Anschrift:
Berliner Allee 65,
64274 Darmstadt
Telefon   (06151) 34-0
Telefax   (06151) 34-3256

Handwerk

Für Handwerksbetriebe ein Standort mit Tradition und nach wie vor hoher Attraktivität

Sitz der Handwerkskammer Rhein-Main in Darmstadt.

Der Autor

Dr. Jürgen Schwappach

Der Autor wurde 1942 in Berlin geboren, hat sein Jurastudium 1970 mit dem Assessor-Examen abgeschlossen. Daneben Sprachstudien an den Universitäten Paris und Aix-Marseille. Ab 1972 vielfache Auslandstätigkeit im Rahmen von Verhandlungen bei der EG, der OECD und den Vereinten Nationen. 1980 Leiter der Rechtsabteilung und Justitiar des Zentralverbandes des Deutschen Handwerks, Bonn. Dort maßgeblich beteiligt an der Novellierung der Handwerksordnung und der Fortentwicklung des Wirtschaftsrechts.
Seit 1996 Hauptgeschäftsführer der Handwerkskammer Rhein-Main.

Das Handwerk ist in Darmstadt mit der Vielfalt seiner 127 Vollhandwerksberufe, die von A wie Augenoptiker bis Z wie Zahntechniker reichen, vertreten. Die rund 1.050 Handwerksbetriebe in Darmstadt, darunter 180 Betriebe des handwerksähnlichen Gewerbes, stellen in Darmstadt 10.000 Arbeitsplätze und erwirtschaften jährlich einen Umsatz von rund 1,4 Milliarden Mark (ohne Mehrwertsteuer). Nach der Handwerkszählung von 1995 hat die Zahl der im Darmstädter Handwerk Beschäftigten zwischen 1977 und 1995 um rund 20 Prozent zugenommen.

Aufwärtstrend bei Service-Berufen

Die Beschäftigtenentwicklung verlief in den einzelnen Handwerksgruppen allerdings sehr unterschiedlich.
Zum Beispiel nahm die Zahl der Beschäftigten im Nahrungsmittelhandwerk, im Bau- und Ausbauhandwerk sowie in der Gruppe der Bekleidungs-, Textil- und Lederhandwerke ab. Andererseits hatte die Gruppe der Gesundheits- und Körperpflege und der chemischen und Reinigungshandwerke sowie die Gruppe der Elektro- und Metallhandwerke starke Beschäftigungszuwächse zu verzeichnen.

Im Darmstädter Handwerk werden rund 1.050 Lehrlinge beschäftigt. Jährlich beginnen etwa 390 junge Menschen in Darmstadt eine Ausbildung im Handwerk. Der Anteil der weiblichen Lehrlinge liegt in Darmstadt bei 22 Prozent. Fast jeder vierte Lehrling im Handwerk ist ein Ausländer.
Zu den am meisten nachgefragten Ausbildungsberufen in Darmstadt zählen der Beruf des Kraftfahrzeugmechanikers, des Elektroinstallateurs, des Friseurs, des Fleischers, des Tischlers, des Gas- und Wasserinstallateurs und der Beruf des Maschinenbaumechanikers.

55 Prozent der handwerklichen Lehrlinge haben Hauptschulabschluß. Jeder dritte Lehrling hat die

Elektro-Installations-Ausbildung

Handwerk

Realschule abgeschlossen, die anderen Lehrlinge haben das Gymnasium bzw. die Berufsfachschule absolviert. Die Ausbildungsintensität im Handwerk und damit das Verhältnis der Auszubildenden zur Beschäftigtenzahl liegt im Darmstädter Handwerk mit 10,5 über dem Bundesdurchschnitt vom 9,5.

26 Innungen des Handwerks

Auch die Handwerksorganisation ist in Darmstadt vor Ort vertreten. Darmstadt ist (neben Frankfurt am Main) einer der beiden Hauptverwaltungssitze der Handwerkskammer Rhein-Main, die 1979 aus dem Zusammenschluß der bis dahin selbständigen Handwerkskammern Darmstadt und Frankfurt hervorgegangen ist. In Darmstadt gibt es außerdem eine Kreishandwerkerschaft, der 26 Handwerksinnungen angeschlossen sind. Während die Handwerkskammer fachübergreifende und auch hoheitliche Aufgaben wahrnimmt, sind die bei der Kreishandwerkerschaft angeschlossenen Innungen für die berufsspezifische Interessenvertretung der in Darmstadt ansässigen Betriebe zuständig. Neben der Führung der Handwerksrolle und der Regelung der beruflichen Ausbildung im Handwerk bietet die Handwerkskammer Rhein-Main ihren Mitgliedsbetrieben ein breites Beratungsangebot. Hierzu gehört sowohl die Beratung und Information in Rechtsfragen, in Fragen der Betriebsführung und Existenzgründung als auch im Bereich technischer Umweltschutz und Standortsicherung, sowie EU- und Außenwirtschaftsberatung.

Fotograf

Jährlich rund 900 Lehrgänge

Im benachbarten Weiterstadt besteht ein Berufsbildungs- und Technologiezentrum der Handwerkskammer Rhein-Main, das 1997 sein 25jähriges Bestehen gefeiert hat. Im Berufsbildungs- und Technologiezentrum Weiterstadt werden Lehrlinge in Form der überbetrieblichen Lehrlingsunterweisung unterrichtet, und es werden auch Lehrgänge zur Meisterprüfung angeboten. Jährlich werden rund 900 Lehrgänge im Rahmen der überbetrieblichen Lehrlingsunterweisung angeboten, an denen durchschnittlich mehr als 7.500 Lehrlinge teilnehmen.

Im Handwerk vollzieht sich in den nächsten Jahren ein Generationswechsel. Das Erreichen der Altersgrenze ist die wichtigste, aber nur eine von drei Ursachen, die einen Wechsel an der Spitze der

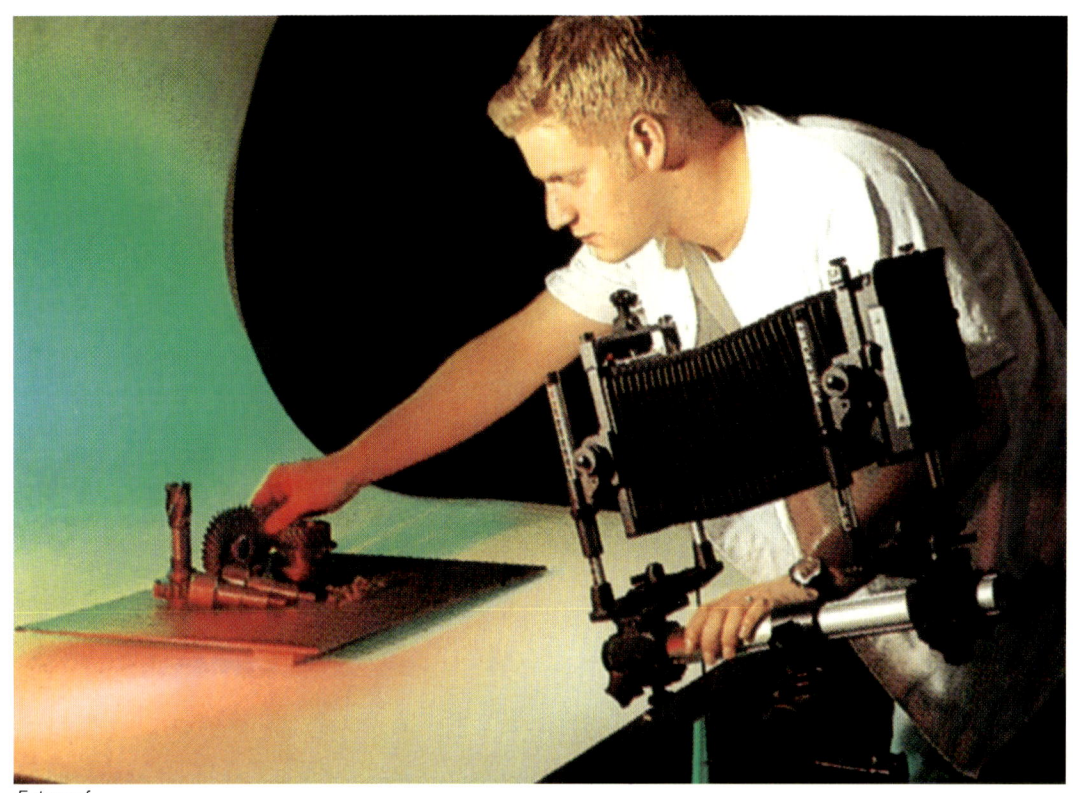

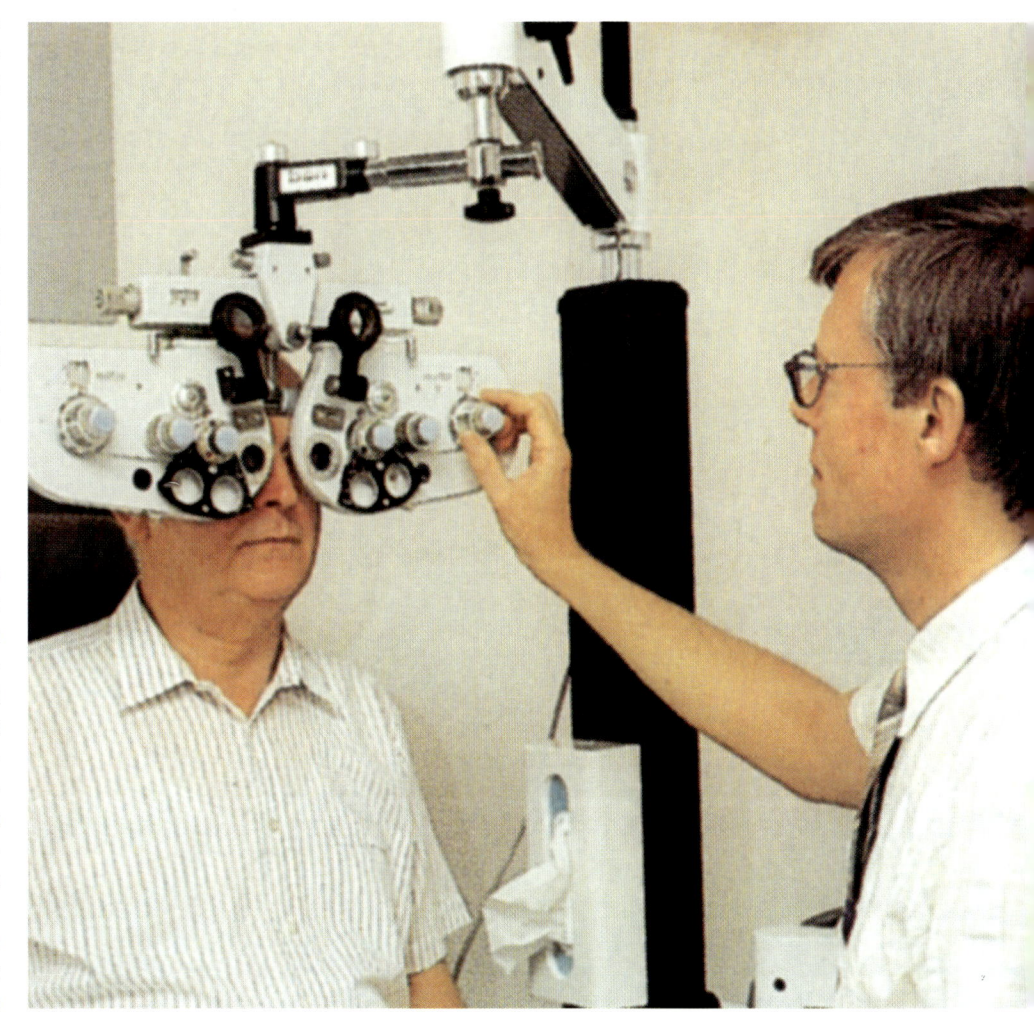

Augenoptiker

Handwerk

Unternehmensführung begründen. Die beiden anderen sind plötzlicher Tod/Krankheit des Handwerksmeisters oder seine Entscheidung, einer anderen Tätigkeit nachzugehen. Rund 380 Darmstädter Handwerksbetriebe stehen in den nächsten Jahren zur Übergabe an. Etwa 30 Prozent der Betriebsinhaber im Darmstädter Handwerk sind älter als 55 Jahre. In den einzelnen Handwerksberufen ist die Altersstruktur allerdings sehr unterschiedlich. In den Berufen Maurer, Maler, Tischler und Bäcker sind rund 40 Prozent der Betriebsinhaber älter als 55 Jahre. Demgegenüber weisen die Handwerksberufe des Elektroinstallateurs, des Kraftfahrzeugmechanikers und des Friseurs eine ausgeglichenere Altersstruktur der Betriebsinhaber auf. Im Elektroinstallateur-Handwerk sind 23 Prozent, im Kraftfahrzeugmechaniker- 22 Prozent und im Friseur-Handwerk lediglich 20 Prozent der Betriebsinhaber älter als 55 Jahre.

Bäcker

Die Übergabe des Handwerksbetriebes an die nächste Generation erfordert eine umsichtige Entscheidung und eine möglichst frühzeitige Einbindung des Unternehmensnachfolgers in die Betriebsführung. Dabei steht die Frage im Mittelpunkt, an wen die Übergabe erfolgt; ist es der Sohn oder die Tochter, führt ein ehemaliger Mitarbeiter den Betrieb weiter oder muß ein Außenstehender gesucht werden?

Nur jeder zweite Nachfolger kommt aus der Familie

Derzeit erfolgt nur etwa in jedem zweiten Fall die Betriebsübergabe innerhalb der Familie. Dieser Anteil ist in den letzten Jahren im Handwerk sogar tendenziell gesunken, das heißt es tritt immer öfter das Problem auf, einen Außenstehenden zu suchen. Die Möglichkeiten, sich als Handwerksmeister durch die Übernahme eines bereits bestehenden Betriebes selbständig zu machen, waren noch nie so günstig wie zur Zeit.

Die Handwerkskammer Rhein-Main hat eine Betriebsbörse, an die sich sowohl verkaufswillige Handwerksmeister als auch Übernahmeinteressenten wenden können. Die Nutzung der Betriebsbörse ist eines der kostenlosen Serviceangebote der Handwerkskammer.

90 Prozent des Umsatzes im 100 km-Radius

Das Handwerk ist vielfältig mit der regionalen Wirtschaft verflochten. Dies wird besonders deutlich, wenn man die Absatz- und Lieferbeziehungen des Darmstädter Handwerks mit dem Umland und auch umgekehrt aus dem Umland

Tischler

Handwerk

nach Darmstadt vergleicht. Rund 90 Prozent des Umsatzes erwirtschaftet ein Handwerksbetrieb in einem Absatzradius von 100 km. Lediglich drei Prozent der Handwerksbetriebe tätigen auch Exportgeschäfte. Je größer der Betrieb und je spezialisierter das handwerkliche Leistungsangebot ist, desto regional weiter reichen die Lieferverflechtungen. Besonders das Bauhandwerk, das Elektro- und Metallhandwerk und die handwerklichen Zulieferbetriebe bieten ihre Leistungen im regionalen Wirtschaftsraum Rhein-Main und Südhessen an. Mehr als jeder zweite Handwerksbetrieb in Darmstadt unterhält Absatzverbindungen mit dem Landkreis Darmstadt-Dieburg und auch nach Frankfurt.

Umgekehrt bieten besonders die Handwerksbetriebe aus den Landkreisen Darmstadt-Dieburg und Groß Gerau sowie Offenbach ihre Leistungen in Darmstadt an. In Darmstadt ist eine typisch „städtische" Handwerksstruktur anzutreffen.

Städtische Handwerksstruktur

Das verarbeitende Handwerk, insbesondere das Bauhandwerk, das Elektro- und Metall- sowie Holzhandwerk hat in Darmstadt im Vergleich zum Umland ein etwas geringeres Gewicht. Demgegenüber sind die stärker dienstleistungs- und serviceorientierten Handwerksberufe, insbesondere die Gewerke des Gesundheits-, Körperpflege- und Reinigungsgewerbes, im Darmstädter Handwerk stärker vertreten als in den umliegenden Landkreisen. Besonders das verarbeitende Handwerk in Darmstadt ist wesentlich von der

Zweiradmechaniker

Kaufkraftentwickllung des Umlandes abhängig, da ein Großteil der Handwerksleistungen von Darmstädter Betrieben in den umliegenden Kreisen nachgefragt werden.

Die Entwicklung des Handwerks wird bestimmt durch den Erfolg im Markt und damit auch durch die regionalen, standortbestimmenden Einflußfaktoren in Darmstadt. Sie beginnen beim Gewerbeflächenangebot, den Bau- und Umweltschutzauflagen und gehen über die Verfügbarkeit geeigneter Fachkräfte bis hin zu Fragen der Verkehrsinfrastruktur und der Dauer von behördlichen Genehmigungsverfahren.

Jeder dritte mit Standortproblemen

Gerade Handwerksbetriebe sind bei Standortproblemen aufgrund der Kundenanbindung vielfach existenziell betroffen.

Annähernd jeder dritte Handwerksbetrieb in Darmstadt ist nach einer Untersuchung der Handwerkskammer Rhein-Main mit Standortproblemen konfrontiert, wobei insgesamt 19 Prozent der Darmstädter Handwerksbetriebe ihre Standortprobleme als gravierend betrachten.

Handwerksbetriebe, die einen Ladenverkauf beinhalten, wie zum Beispiel Bäcker und Fleischer, oder

Computer stehen heute auch in fast jedem Handwerksbetrieb

Handwerk

ihre Leistungserstellung beim Kunden erbringen, zum Beispiel das Zentralheizungs- und Lüftungsbauerhandwerk, sind von den Standortproblemen am stärksten betroffen. Zu den gravierendsten Standortproblemen in Darmstadt zählen zu kleine Betriebsgrundstücke bzw. fehlende Erweiterungsmöglichkeiten, der Mangel an Parkmöglichkeiten für Kunden sowie die innerörtliche Verkehrslage bzw. die Erreichbarkeit des Betriebes.

Eine besonders günstige räumliche Lage

Darmstadt ist als wirtschaftliches Oberzentrum zwischen Frankfurt, als dem Zentrum des Rhein-Main-Gebietes und dem Rhein-Neckar-Dreieck angesiedelt. Die Kommunalpolitik ist gefordert, dieser besonderen raumwirtschaftlichen Situation Darmstadts in der Verkehrs- und Liegenschaftspolitik Rechnung zu tragen. Darmstadt ist gekennzeichnet durch eine besonders günstige räumliche Lage, ein großes Angebot an qualifizierten Fachkräften und eine überdurchschnittlich hohe Kaufkraft. Deshalb ist Darmstadt als Standort für Handwerksbetriebe nach wie vor attraktiv.

Die Entwicklung im Darmstädter Handwerk war in den letzten Jahren durch eine Reihe von

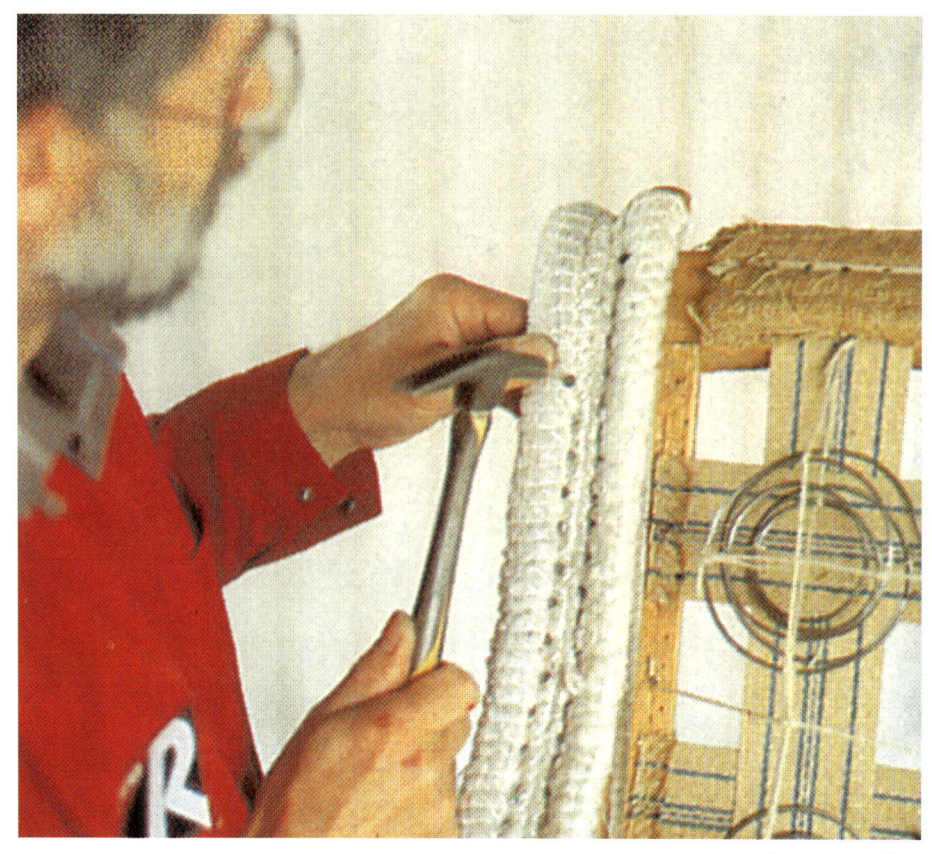

Raumausstatter

Tendenzen bestimmt, die auch noch die weitere Entwicklung beeinflussen werden. Die durchschnittliche Betriebsgröße hat von acht Beschäftigten im Jahre 1977 auf nunmehr rund zwölf Beschäftigte zugenommen.

Durchschnittlich zwölf Beschäftigte

Die durchschnittliche Betriebsgröße ist in den einzelnen Handwerksberufen allerdings sehr unterschiedlich. Rund 40 Prozent der Beschäftigten im Handwerk entfallen auf Betriebe mit mehr als 20 Beschäftigten. Die Dynamik der Betriebsformen im Handwerk vollzog sich in einem rasanten Tempo. Besondere Bedeutung erlangten Franchise-Systeme, besonders im handeltreibenden Handwerk, zum Beispiel im Augenoptiker- und Uhrmacher-Handwerk.

Zunehmende Filialisierung

Bei den größeren Handwerksbetrieben, besonders im Nahrungsmittel-Handwerk, vollzog sich eine Trennung von Produktions- und Verkaufsstätte. Während die Produktionsstätte, so zum Beispiel bei Bäckereien und Fleischereien, vielfach

Maurer

Handwerk

Fleisch wird wieder gern direkt beim Metzger gekauft.

in die umliegenden Gewerbegebiete Darmstadts verlagert wurde, wuchs die Anzahl der Verkaufsstätten in der Innenstadt an. Die damit einhergehende Filialisierung im Handwerk verlangt vom Handwerksmeister neben seiner gewerblich-technischen Qualifikation zunehmend mehr Managementkenntnisse.

Die Entwicklung im Darmstädter Handwerk wird zukünftig verstärkt durch die zunehmende Globalisierung der Wirtschaft und damit insbesondere durch die gestiegene Konkurrenz aus Niedriglohnländern beeinflußt werden. Der Wettbewerb um Aufträge wird im Bauhandwerk neue Formen der betrieblichen Kooperation entstehen lassen.

Weitere Dimensionen durch neue Technologien

Bei der Auftragsakquisition wird zukünftig die Nutzung neuer Informationstechnologien, so insbesondere des Internet, weitere Dimensionen eröffnen. Im Zulieferhandwerk ist mit einer stärkeren Spezialisierung und einem überregionalen Marktengagement zu rechnen. Im dienstleistungs- und handeltreibenden Handwerk wird der Wettbewerb um die Kundenzufriedenheit dazu beitragen, daß das „Leistungsangebot aus einer Hand" und der „after-sales-service" an Bedeutung gewinnen werden. Darüber hinaus wird der wirtschaftliche Strukturwandel eine ständige Anpassung der Berufsbilder und der Ausbildungsinhalte erfordern, damit auch zukünftig die Leistungsfähigkeit des Handwerks in den immer wichtiger werdenden Bereichen Recycling, Klimatechnik, Energieeinsparung und ökologische Bautechnik gesichert ist.

Viele Landwirte nutzen Markttage für den Verkauf.

FROTSCHER DRUCK

FROTSCHER DRUCK GmbH

Geschäftsführer: Wolfgang Frotscher

Gründungsjahr: Darmstadt 1983
Leipzig 1992

Mitarbeiter: Darmstadt 80
Leipzig 75

Geschäftstätigkeit:
Akzidenz- und Offsetdruck bis zu zehn Farben,
digitale Druckvorstufe,
alle Bindeverfahren

Umsatz:
Darmstadt: 21 Millionen DM
Leipzig: 30 Millionen DM

Anschrift:
Riedstraße 8,
64295 Darmstadt
Telefon (06151) 39 06-0
Telefax (06151) 39 06 30

Zweigwerk:
Frotscher Druck Leipzig GmbH
Angerstraße 1
04827 Gerichshain
Telefon (0341) 6 06 11
Telefax (0341) 6 06 41

Unternehmensportrait

Frotscher Druck – modernste Technik sichert hohe Qualität

Mehr als 150 Mitarbeiter fertigen in Darmstadt und Leipzig für Kunden in ganz Deutschland hochwertige Zeitschriften, Broschüren und Bücher

Die Frotscher Druck GmbH, zu der Traditionsbetriebe wie Helène Druck sowie die Verlagsdruckereien des Winkler-Verlages und der Wissenschaftlichen Buchgesellschaft gehören, hat sich in seiner relativ jungen Geschichte – sie wurde erst vor 14 Jahren gegründet – einen guten Namen gemacht. Verlage, Werbeagenturen und andere Auftraggeber aus dem Rhein-Main-Gebiet und darüber hinaus schätzen das Komplettangebot: Von der digitalen Druckvorstufe bis zu den unterschiedlichsten Bindeverfahren wird auf allen Gebieten höchste Qualität geliefert. Eine Monatsleistung von ca. 6.000 Druckplatten und 6 bis 7 Mio bedruckte Bogen im Format 72x102 sind keine Seltenheit. Die 80 Mitarbeiter am Standort Riedstraße verfügen über umfassende Erfahrungen vom Akzidenzdruck bis zur Buchproduktion und geben sie an Auszubildende weiter. Durch konsequentes Investieren in die jeweils modernsten Techniken in allen Verarbeitungsstufen ist es heute möglich, qualitativ hochwertige Produkte in kürzester Zeit herzustellen. Termindruck schafft bei Frotscher Druck keine Probleme.

Als größte Druckerei für Bogen-Offsettdruck im Rhein-Main-Gebiet verfügt die Frotscher Druck GmbH als einziges Unternehmen über die neue Heidelberger Druckmaschine für Acht- und Zehn-Farbdruck im Großformat 72 x 102.

Vor fünf Jahren investierte Frotscher Druck in den neuen Bundesländern. Eine Druckerei in Leipzig bietet seitdem 75 Arbeitsplätze im Dreischichtbetrieb.

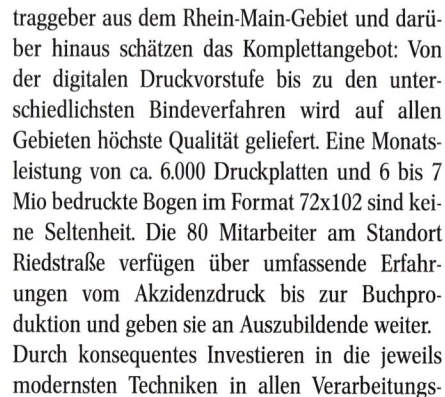

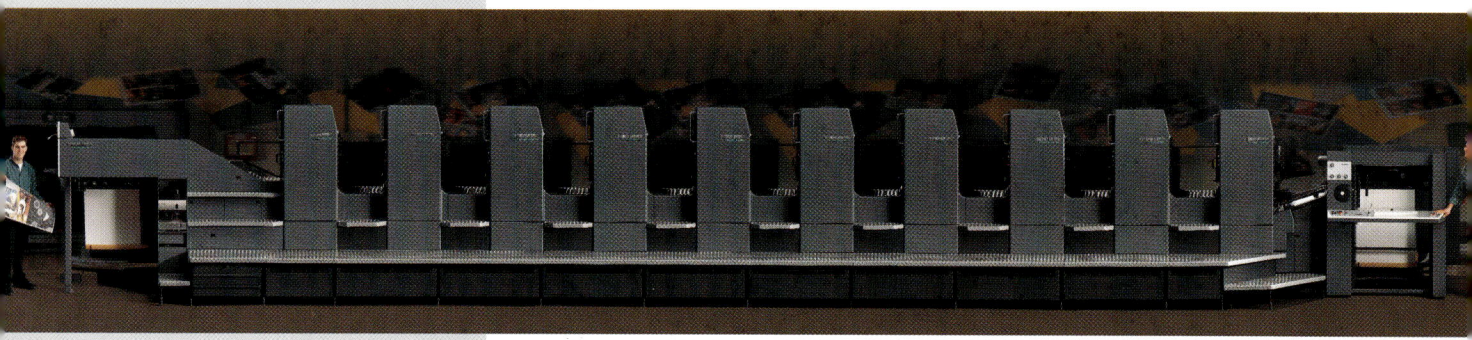

75 Arbeitsplätze schaffte das Unternehmen mit dieser neuen Druckerei in Leipzig

Die neue Heidelberger Zehnfarb-Druckmaschine bei Frotscher.

Unternehmensportrait

50 Jahre Partner des internationalen Friseurhandwerks

Goldwell GmbH Darmstadt steigert Wettbewerbskraft der Coiffeure

GOLDWELL

GOLDWELL GmbH

Vorstand:
Yoichi Hamano,
Klaus Meyer,
Arnulf Taiber (Sprecher)

Gründungsjahr: 1948

Mitarbeiter: 2.085

Geschäftstätigkeit:
Friseurexklusive Haar- und Hautkosmetik

Umsatz (1996):
446 Millionen DM
Gesamtkonzern konsolidiert

Tochterunternehmen in:
Großbritannien, Niederlande, Italien, Belgien, Frankreich, Schweiz, Österreich, Kanada, Südafrika, USA, Spanien, Australien, China (Hong Kong), Finnland, Taiwan

Distributeure in:
Dänemark, Norwegen, Schweden, Polen, Portugal, Tschechien, Slowenien

Die Goldwell-Verwaltung in Griesheim.

Der Name Goldwell steht für Friseur-Exklusivität. Die Zeiten des inhabergeführten Familienbetriebes, gegründet 1948, sind Vergangenheit. Goldwell expandierte unaufhaltsam, mit immer neuen Haarkosmetikprodukten in immer mehr Ländern. 1988 begann die fruchtbare Zusammenarbeit mit KAO, Japans bedeutendstem Hersteller von Kosmetik-, Haushalts- und Hygieneprodukten.

Exklusivität

Goldwell arbeitet ausschließlich für den Friseur. In der Tat ist es weltweit das einzige globale Unternehmen, das sowohl haar- und hautkosmetische Produkte als auch Service-Leistungen exklusiv für Friseur-Salons anbietet. Das Spektrum ist groß, um die Wettbewerbskraft der Goldwell-Coiffeure zu steigern. Da geht es um alle Produkte in hochwertiger Qualität, die der Fachmann braucht oder für die gezielte Haarpflege zu Hause empfiehlt. Eine breitgefächerte Produktpalette bietet für jeden Bedarf das Richtige.

Innovationskraft

1995 wurde das neue Forschungs- und Entwicklungsgebäude auf dem Gelände Pfungstädter Straße in Betrieb genommen. Von jeher sah Goldwell in Forschung und Entwicklung die treibende Kraft aller Aktivitäten. Die Liste der Innovationen und Patente ist lang. Sie begann mit der Kalt-Dauerwelle. Es folgten das Schaumdauerwell-System, die Sauercoloration, die pH-neutrale Well-Technologie, die exklusive Pflegeserie Le Coiffeur, das erste staubfreie Blondierpulver, AHA-Fruchtsäuren für Shampoos und Haarkuren, um nur einige zu nennen. Heute ist es auch das enorme Forschungspotential von KAO, das die Goldwell-Entwicklungen beschleunigen hilft.

Qualität ist Gebot

Modernste Produktions- und Logistik-Technik garantieren für die sichere Umsetzung des Know-Hows in fertige Erzeugnisse. Sämtliche Neuheiten werden biologisch und analytisch geprüft und auf ihre dermatologische Verträglichkeit untersucht. Aber entwickelt wird nicht nur im Testlabor, das ist nur der Anfang. Qualitätskontrolle und ständige Qualitätsverbesserungen werden von den Goldwell-Testsalons beeinflußt - in der Praxis für die Praxis.

Gutes Umweltgewissen

Ein Unternehmen muß ein Gewissen haben. Goldwell hat ein gutes, weil der Schutz der Menschen und Ressourcen wesentlicher Teil der Firmenethik ist. Die Prüfung auf Umweltverträglichkeit und ihre permanente Verbesserung ist wichtiger Dreh- und Angelpunkt. Dabei wird auf die Natürlichkeit der Inhaltsstoffe genauso viel Wert gelegt wie auf schonende Produktionsabläufe und die Minimierung des Verpackungsaufwandes.
Nicht nur die Produktion, sondern auch das Danach verlangt Voraussicht. So wird für weitgehende biologische Abbaubarkeit der Produkte und der Verpackungen gesorgt. Anfallende Industrieabwässer werden erst nach aufwendigen Reinigungsprozessen dem Abwassernetz zugeführt.

Das Goldwell-Versprechen gilt - dauerhaft und ohne Wenn und Aber - alles Wissen und alle Kraft nur für den Friseur. Goldwell ist der starke Freund und Partner der Friseure.

Forschung und Entwicklung haben bei Goldwell seit jeher einen besonders hohen Rang.

Anschrift:
Zerninstraße 10-18
64297 Darmstadt
Telefon (06151) 502-0
Telefax (06151) 502-485

Handel

Darmstadt – Oberzentrum der Region Starkenburg

Darmstadt ist mit rund 140.000 Einwohnern die größte Stadt in der Region Starkenburg. Hier gibt es über 86.000 sozialversicherungspflichtige Arbeitsplätze, davon werden knapp 29.000 von den „Heinern" selbst besetzt. Rund 14.000 Darmstädter arbeiten als Beamte oder Selbständige. Von ausserhalb nach Darmstadt fahren ca. 57.800 Pendler. Die meisten, nämlich ca. 31.500, kommen aus dem Landkreis Darmstadt-Dieburg, über 5.700 Menschen aus dem Kreis Groß-Gerau. Mehr als 4.000 Personen von der Bergstraße und etwa 2.700 aus dem Odenwald sind in der Woogstadt beschäftigt. Aus Frankfurt reisen immerhin fast 1.200 Arbeitnehmer an.

Nahezu 16.000 Darmstädter sind außerhalb ihrer Heimatstadt beschäftigt, knapp ein Viertel von ihnen in Frankfurt.

Darmstädter kaufen vor allem in „ihren" Geschäften ein. Darmstadt profitiert aber natürlich auch von den einfließenden Pendlerströmen. Viele der Menschen, die in Darmstadt arbeiten, bleiben gerne noch für einen Einkaufsbummel. Nirgendwo sonst finden sie eine solche Konzentration von Kaufhäusern und Fachgeschäften. Ist man zu Fuß in der Innenstadt, kann man, ohne eine größere Wegstrecke zurücklegen zu müssen, den gesamten Einkauf erledigen. Überhaupt ist das abendliche Einkaufen entspannter geworden, seit die meisten Geschäfte im Stadtkern bis 20 Uhr geöffnet haben.

Einkaufen regt die Sinne an, macht hungrig und durstig. Und manches Angebot will in gemütlicher Runde und nettem Ambiente noch einmal überdacht werden. Zahlreiche Gaststätten laden deshalb zum Verweilen ein. Mag man es bei Ebbelwoi, Rippsche und Kraut lieber typisch südhessisch oder locken eher exotische Genüsse? Für (fast) jeden Geschmack und jeden Geldbeutel gibt es auch gastronomisch das passende Angebot.

Die Darmstädter City hat an Attraktivität gewonnen. Das ist die Feststellung sowohl alter „Heiner", als auch gelegentlicher Besucher. Die Bautätig-

> **Der Autor**
>
> **Horst Kreutzberger**
>
> Der Autor wurde 1947 geboren und absolvierte eine Ausbildung als Kaufmann. Er ist seit 1965 beim Darmstädter Echo beschäftigt und dort seit 1987 Verlagsleiter.

Die Michelstädter „Bie" ist die Namensgeberein des Bienenmarktes

Handel

Die Woogsinsel aus der Luft gesehen

keiten am Marktplatz und an den alten HEAG-Hallen sind abgeschlossen. Das Ergebnis „Carrée" kann sich sehen lassen.

Der Einzelhandel ist das wichtigste Element einer lebendigen Innenstadt, neben Kultur und Gastronomie. Deshalb will die Stadt Darmstadt die Einzelhandelsstruktur in der Innenstadt und in den Stadtteilzentren stärken und ein Ausufern von Handelszentren am Stadtrand verhindern. Lediglich Handelssparten, die sperrige Güter vertreiben, „nichtzentrenrelevante Warensortimente" führen, werden sich auch zukünftig in ausgewählten Gewerbegebieten ansiedeln dürfen.

Die Stärkung der Stadt Darmstadt ist auch für die benachbarten Gemeinden und Landkreise, nicht nur im zunehmenden Wettbewerb der Regionen, von Bedeutung. Darmstadt strahlt ins Umland aus, das Umland befruchtet Darmstadt. So verstehen auch die Landräte und Bürgermeister der Region Darmstadt als Oberzentrum. ■

Das Auerbacher Schloß an der Bergstraße

FILA Deutschland GmbH

Geschäftsführer:
Edgar D. Keppeler

Gründungsjahr: 1976

Mitarbeiter in Darmstadt: 73

Produkte:
Sport- und Freizeitschuhe
Sports- und Activewear

Kunden: weltweit

Anschrift:
Borsigstraße 11,
64291 Darmstadt
Telefon (06151) 35 03-0
Telefax (06151) 35 03-25
Internet: http://www.fila.de

Unternehmensportrait

FILA – Die neue Dimension einer Marke

"Change the Game", lautet das Motto des erfolgreichen italienischen Sportartikelherstellers FILA, dessen deutsche Zentrale sich seit Juni 1996 in Darmstadt befindet. In Deutschland ist FILA derzeit bei den Kids als „amerikanische" Kult-Marke angesagt. Dies muß nicht überraschen, da die Sportschuhe und -textilien nicht nur in Italien, sondern vor allem auch direkt im FILA Design-Center in New York entwickelt werden. Aber auch bei den sportlich-aktiven Kunden über 20 befindet sich die Sportmodenmarke auf stetigem Wachstumskurs.

Viele Weltklasse-Athleten – hier Alberto Tomba – erzielen ihre sportlichen Höchstleistungen in und mit FILA.

Qualitativ hochwertige Produkte in überzeugendem Design und die gelungene Verknüpfung von „Fashion" und „Function" sind das Erfolgsrezept von FILA. In den USA ist das Unternehmen so bereits zum drittgrößten Sportschuh-Anbieter nach Nike und Reebok geworden und besetzt auch im Textilbereich – mit Sports- und Activewear – wichtige Marktanteile.

Die Ursprünge von FILA reichen bis in die zwanziger Jahre zurück. Damals wurde FILA in Biella, Italien, von den Gebrüdern Fila als Strickwarenfabrik gegründet. Seit Anfang der siebziger Jahre konzentrierte sich FILA dann auf den Sektor Sportbekleidung, und hier zunächst vor allem auf die Bereiche Tennis und Ski. FILA brachte erstmals Farbe in die weiße Tenniswelt und leitete dort mit innovativen Farbstellungen und überzeugendem Design eine kleine Revolution ein. Das italienische Biella wurde mehr und mehr zur Sportbekleidungs-Hochburg. Parallel dazu entwickelte sich auch der Sportschuhbereich äußerst rasant, wobei die innovativen Ideen und Produkte hier überwiegend aus den USA kommen.

Heute ist FILA weltweit mit einer breiten Produktpalette erfolgreich in den Bereichen Sport- und Freizeitschuhe und -bekleidung. Permanente Innovation und hochwertige funktionelle Produkte in attraktivem Design haben FILA zu einem der international führenden Sportartikelhersteller gemacht, der es immer wieder überzeugend demonstriert, daß Mode und Funktionalität kein Widerspruch sein muß.

Auch im Fußballbereich ist FILA seit kurzem weltweit am Ball. Das Unternehmen kam im Juni 1997 mit einer kompletten Fußballkollektion auf den deutschen Markt, die höchsten technologischen Anforderungen entspricht. Unterstützung bei der Markteinführung erhielt FILA deshalb sogar von Franco Baresi, dem langjährigen Mannschaftskapitän des A.C. Mailand.

Erfolgreiche Zusammenarbeit mit Weltklasse-Athleten

Baresi vergrößert dann auch als neues Mitglied das internationale FILA-Athleten-Team, wo schon solche großen Namen versammelt sind wie die NBA-Spieler Grant Hill und Jerry Stackhouse, der Weltrekordhalter im Weitsprung, Mike Powell, die Weltklasseläufer Paul Tergat, German Silva, Wilson Boit Kipketer und Moses Tanui sowie Weltklasse-Sportler wie Alberto Tomba, Deborah Compagnoni, Isolde Kostner und Kristian Ghedina im Wintersportbereich und Tennisstars wie Mark Philippoussis, Andrej Medvedev und Wayne Ferreira.

Bei den Kids in Deutschland ist FILA als Kultmarke angesagt.

Unternehmensportrait

burnus -
mit Innovationen zum Erfolg

Seit Jahrzehnten erfolgreich bei Marken für spezielle Märkte

Ein Produkt aus der Palette der großen burnus-Marken.

Am Anfang der erfolgreichen Geschichte der Darmstädter burnus GmbH stand, wie so oft in der Geschichte namhafter Unternehmen, eine Idee. Herr Dr. Otto Röhm, Chemiker und Gründer der Chemischen Fabrik Röhm und Haas, untersuchte erstmals auf wissenschaftlicher Grundlage den Wäscheschmutz auf seine chemische Zusammensetzung. Sein Ziel: Die Entwicklung eines effizienten Waschmittels auf Enzymbasis. Die richtungsweisenden Ergebnisse seiner Arbeit meldete der Chemiker Dr. Otto Röhm im Jahre 1913 zum Patent an. Und bereits 1914 hatte Dr. Röhm das erste biologisch wirksame Waschmittel entwickelt. Für den Vertrieb des innovativen Produktes war die burnus Gesellschaft zuständig, die dann im Jahre 1938 ihre heutige Rechtsform als GmbH erhielt.

burnus – macht Märkte

Anfang der 50er Jahre verstärkte die burnus GmbH ihre Aktivitäten im Großverbraucher- und Chemisch-Reinigungs-Bereich. Für Krankenhaus-Wäschereien wurde das erste bio-thermische Desinfektionsverfahren entwickelt und etabliert, dem einige Jahre später bereits eine weitere burnus-Innovation für den sensiblen Bereich der Krankenhauswäsche folgte: das erste chemo-thermische Desinfektions-Waschmittel.
Aber auch im Bereich der Haushaltstextil-Pflege ging burnus konsequent den Weg der Innovation. Mit den Markenwaschmitteln burti und cardi wurden für die deutschen Hausfrauen die ersten Spezialwaschmittel für bunte, feine und wollige Textilien und für Gardinen entwickelt und bundesweit erfolgreich vertrieben.

Die qualitative Sonderstellung der burnus-Marken wurde wiederholt durch alleinstellende hervorragende Testurteile der Stiftung Warentest belegt. Im Rahmen einer Anpassungsstrategie an die sich stark wandelnden Gegebenheiten in den Vertriebskanälen wurden die burnus-Aktivitäten durch den Erwerb der Firmen G. Snoek (Marke: Glysolid), Nigrin (Marke: Badhupferl) und Sodenta (Marke: arosana) zudem gezielt auf Spezialmärkte der Körperpflege ausgerichtet.

Natürlich sorgen auch zielgerichtete Auslandsaktivitäten in Kooperation mit ausgesuchten Partnern vor Ort dafür, daß Marken des Darmstädter Spezialisten auf allen Kontinenten erfolgreich vertreten sind.

burnus – Kompetenz durch Know-How

Die Wissenschaftler der Forschungs- und Entwicklungslabors und der Anwendungstechnik arbeiten stetig an den vielfältigen Produkten und Verfahren, die genau auf die Bedingungen unseres modernen Lebens zugeschnitten sind.
Die Erhaltung der hohen Qualitätsstandards des ISO-zertifizierten Unternehmens und die qualifizierte anwendungstechnische Beratung sind weitere tragende Säulen des burnus-Erfolges.
Unter der Leitlinie „burnus macht Marken für spezielle Märkte" arbeitet der mittelständisch orientierte Spezialist aus Darmstadt so seit Jahren für den Schutz erheblicher Werte: Für Hygiene und Gesundheit, für die schonende Behandlung unserer Umwelt - aber auch für so „Alltägliches" wie für die Werterhaltung unserer Textilien.

Sitz der Burnus GmbH in der Darmstädter Rößlerstraße.

---

burnus

burnus GmbH

Geschäftsführer:
Dipl.-Kaufm. J. Kiau

Gründungsjahr: GmbH-Gründung 1938

Mitarbeiter: 120

Divisions:
Markenartikel, Großverbrauch, Industrie, Export

Lieferprogramm:
Waschmittel, Spezialwaschmittel, Desinfektionswaschmittel, Waschhilfsmittel, Chemische Reinigungsprodukte, Kunststoff-Reinigungs- und -Pflegemittel, Reifenmontagemittel, Hand- und Hautschutzprodukte, Körperpflegeprodukte

Industrieverband: IKW

Kunden: weltweit

Anschrift:
Rößlerstraße 94
64293 Darmstadt
Telefon (06151) 873-5
Telefax (06151) 873-800
Internet http://www.burnus.de

Zweigwerk:
78239 Rielasingen-Worblingen 2
Telefon (07731) 9307-0
Telefax (07731)) 28220

Wissenschaft und Forschung

Hochschulregion und anerkanntes Zentrum wissenschaftlicher Forschung

„In Darmstadt leben die Künste" - mit diesem Slogan wirbt die Stadt für ihr breitgefächertes kulturelles Ambiente. Das ist aber nur die eine Seite der Medaille: Denn in Darmstadt leben auch die Wissenschaften. So zählt die Hochschulregion Darmstadt heute mehr als 25.000 Studenten - ein großes Potential an kreativen und innovativen jungen Menschen, die hier eine fundierte Ausbildung und Bildung erhalten. Neben der Technischen Universität Darmstadt prägen die Fachhochschule Darmstadt und die Evangelische Fachhochschule das Gesicht der Stadt als Hochschulstandort. Ob in den Ingenieur- oder Naturwissenschaften, ob in den Geistes- und Sozialwissenschaften: an qualifiziertem Nachwuchs für Wirtschaftsunternehmen und öffentliche Einrichtungen herrscht kein Mangel.

Der Hochschulstandort Darmstadt ist aber - über das Studienangebot hinaus - zugleich ein Zentrum wissenschaftlicher Forschung. In der Technischen Universität Darmstadt findet sie zum Beispiel statt in ihren mehr als 200 Instituten und Fachgebieten, in den - interdisziplinär angelegten - Zentren für Wissenschaftliches Rechnen (DZWR) und für Interdisziplinäre Technikforschung (ZIT), in ihren - von der Deutschen Forschungsgemeinschaft (DFG) begutachteten und finanziell unterstützten - Sonderforschungsbereichen und Graduiertenkollegs.

Über eintausend Forschungsprojekte

Stichwortartig informiert der im Zweijahresrhythmus erscheinende „Forschungsbericht der TU Darmstadt" über die Forschungsaktivitäten an der Hochschule. Er gibt Auskunft über mehr als tausend Projekte, die in den Instituten und Fachgebieten der Technischen Universität Darmstadt bearbeitet werden. Thematisch reichen sie von der Grundlagenforschung bis zu Forschungsaufträgen seitens der Bundesministerien und der Wirtschaft, die den - für eine Hochschule notwendigen - Kontakt zwischen Theorie und Praxis sichern. Finanziert werden diese Forschungs-

projekte nur zum kleinen Teil aus dem hochschuleigenen Etat: Die sogenannten „Drittmittel", die von Einrichtungen wie der DFG, von Ministerien, Stiftungen oder privaten Geldgebern stammen, decken den größten Teil des jährlichen Finanzaufkommens für die Forschung.

Der Autor

Professor Dr.-Ing. Johann-Dietrich Wörner

Der Autor wurde 1954 in Kassel geboren, studierte in Berlin und Darmstadt. 1979 Diplom Bauingenieurwesen. Forschungen zur Erdbebensicherheit in Japan. 1985 Promotion. Vorsitzender des Wissenschaftsbeirates am Institut für Konstruktiven Glasbau, Gelsenkirchen.
Seit 1990 Professor und seit 1995 Präsident der Technischen Hochschule in Darmstadt.

Jährlich rund 300 Dissertationen

Ohne die vielfältigen und eindrucksvollen Leistungen der wissenschaftlichen Mitarbeiter und Mitarbeiterinnen ist das Forschungsprofil der TU Darmstadt nicht denkbar: Rund 300 Dissertationen werden zum Beispiel pro Jahr abgeschlossen; die Zahl der Diplom- und Studienarbeiten, in denen in vielen Fällen ebenfalls kleine Forschungsprobleme behandelt werden, beläuft sich durchschnittlich auf tausend pro Jahr. Die - von den Hochschulen geprägte - „wissenschaftliche Infrastruktur" Darmstadts hat eine ganze Reihe weiterer Forschungseinrichtungen in die Stadt am Woog geholt, die ihrerseits auf mannigfache Art mit der TU Darmstadt und den Fachhochschulen kooperieren. Zu nennen sind hier - ohne vollständig zu sein - das Deutsche Kunststoffinstitut (DKI), das Forschungs- und Technologiezentrum (FTZ) der Deutschen Tele-

---

„Primary Flight Display" für höhere Flugsicherheit

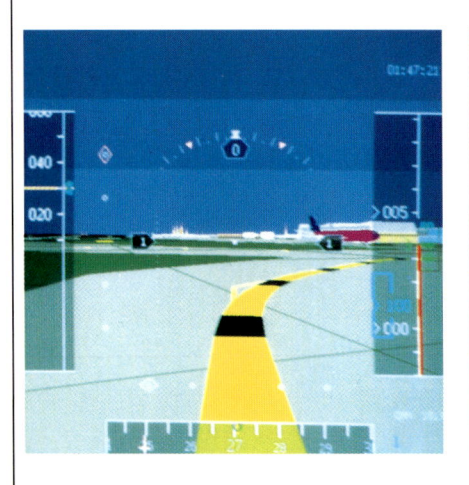

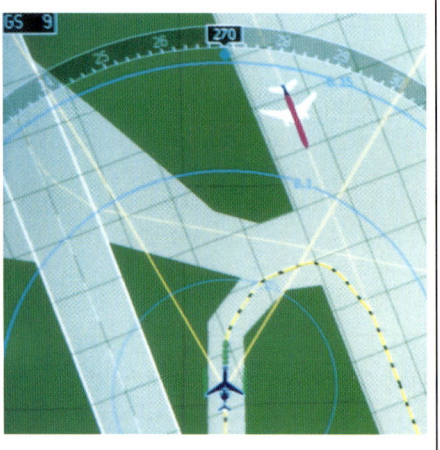

Die kritischste Phase im Flugverkehr ist die des Landeanflugs, der Landung und des Durchstartens. Um den Piloten hier einen umfassenden dreidimensional angelegten Überblick über die Flugsituation zu ermöglichen, entwickelt das Fachgebiet Flugmechanik und Regelungstechnik der TU Darmstadt (Prof. Dr.-Ing. Wolfgang Kubbat) in Zusammenarbeit mit Firmen der deutschen Luftfahrtindustrie und der Deutschen Lufthansa das „Primary Flight Display", das auf dem Bildschirm im Cockpit perspektivisch projizierte 3D-Darstellungen des Geländes, des eigenen Flugverhaltens und der Bewegungen im Umfeld in Echtzeit abbildet.
Linkes Bild: „Primary Flight Display" beim Rollen des Flugzeugs am Boden.
Rechtes Bild: Navigationsdisplay im Rollführungsmodus auf dem Flughafen Frankfurt.

Wissenschaft und Forschung

kom, die Gesellschaft für Schwerionenforschung (GSI) in Wixhausen, die Gesellschaft für Mathematik und Datenverarbeitung (GMD), das European Space Operations Center (ESOC), die Europäische Organisation für Wettersatelliten (EUMETSAT) und die Fraunhofer Institute für Graphische Datenverarbeitung und für Betriebsfestigkeit. Die Kooperation mit den Hochschuleinrichtungen reicht dabei von gemeinsamen Forschungsprojekten bis zur personellen Verschränkung zum Beispiel auf der Leitungsebene der wissenschaftlichen Einrichtungen, deren Leiter zugleich als Hochschullehrer tätig sind, oder die zumindest einen Lehrauftrag an der TU Darmstadt wahrnehmen.

Vorort zukunftsorientierter Wirtschaftszweige

Forschung und Entwicklung sind aber nicht nur Sache der wissenschaftlichen Einrichtungen, sondern auch der Industrie. Hier ist Darmstadt Vorort einiger besonders zukunftsorientierter Wirtschaftszweige. Die chemische Industrie steht mit mehreren weltweit arbeitenden Unternehmen an erster Stelle. Den Ruf nahezu konkurrenzloser Produktion genießen die hier ansässigen Firmen des Spezialmaschinenbaus. Eine Menge innovativer Kraft steckt in den Unternehmen der Nach-

Die Entwicklungen in der Silizium-Technologie haben auch in der Akustik zu bahnbrechenden Neuerungen geführt. Am Institut für Übertragungstechnik und Elektroakustik (Prof. Dr.-Ing. Gerhard Sessler) entstehen in der Zusammenarbeit mit dem Institut für Halbleitertechnik Mikrofone im Format eines Stecknadelkopfes, bei denen das eigentliche Mikrofon und ein notwendiger einfacher Vorverstärker auf dem einzigen Chip integriert sind.

richtentechnik und der Informatik. In allen diesen Bereichen ist die Zusammenarbeit mit den Hochschulen der Stadt längst selbstverständlich; Forschung und Wissenschaft im „Elfenbeinturm" hat es an der naturwissenschaftlich-technisch geprägten Technischen Universität Darmstadt ohnehin nie gegeben.

Stadt des graphischen Gewerbes

Nach 1945 ist in Darmstadt das graphische Gewerbe (Verlage, Druckereien, papierverarbeitende Industrie) heimisch geworden, von den Stadtvätern als rauchlose Industrie besonders gefördert. Auch hier bietet die TU Darmstadt mit ihrem - in Deutschland einmaligen - Studienangebot des Papieringenieurwesens und dem Forschungspotential im Bereich der Papierfabrikation beste Voraussetzungen für die enge und fruchtbare Kooperation zwischen Wissenschaft und Praxis.

Innovative Ausstrahlungskraft

Der jüngste Fachbereich der Technischen Universität Darmstadt, die Materialwissenschaft, hat 1996 seinen Neubau auf dem Hochschulgelände Lichtwiese bezogen. Die Materialwissenschaft – an der TU Darmstadt angesiedelt an der „Schnittstelle" zwischen den Natur- und den Ingenieurwissenschaften – ist in Forschung und Lehre eine höchst sinnvolle Ergänzung des Profils der TU Darmstadt. Ihr Markenzeichen: Interdisziplinarität, Kooperation mit außeruniversitären Partnern in der Forschung sowie ein Forschungsspektrum, das von der reinen Grundlagenforschung bis zu anwendungsbezogenen Projekten reicht.

Im Krieg schwer heimgesucht - einer einzigen Bombennacht im September 1944 fiel die gesamte Innenstadt zum Opfer - ist Darmstadt heute wieder eine lebendige, offene Stadt mit innovativer Ausstrahlungskraft.

Wissenschaft und Forschung

Den „großen Söhnen" der Stadt, auf die sie sich gern beruft, auch wenn sie es zu Lebzeiten nicht leicht hatten, ist ein aufklärerisches Element gemeinsam: Justus Liebig, dem Begründer der Agrikulturchemie und Reformer der naturwissenschaftlichen Lehre; Georg Christoph Lichtenberg, dem Physiker und Aphoristiker ebenso wie Georg Büchner, dem Arzt, Dichter und Revolutionär. Sie waren allesamt Grenzgänger zwischen exakten Wissenschaften und den schönen Künsten und haben Maßstäbe gesetzt, denen sich auch die Technische Universität Darmstadt und die Wissenschaftseinrichtungen dieser Stadt verpflichtet fühlen.

Das immer wieder zu erneuernde Bemühen um die Aussöhnung zwischen Ingenieur- und Geisteswissenschaften, die Verbindung von Technik und Gesellschaft als Gestaltungsaufgabe für die Zukunft dieser Region und dieses Landes.

Das Spektrometer MIMOS II wird am Institut für Kernphysik der Technischen Universität Darmstadt (Prof. Dr. Egbert Kankeleit und Dr. Göstar Klingelhöfer) entwickelt. Es soll bei einer der zukünftigen Mars-Expeditionen auf der Oberfläche des Planeten Mars nach Eisen-Oxiden („Rost") und anderen Eisen-Verbindungen suchen, denen der Mars wohl seine rote Farbe verdankt. Das Spektrometer wurde bereits zusammen mit dem Mars-Fahrzeug Rocky-7 von NASA/JPL in der Mojave Wüste in Kalifornien getestet. Auf der Abbildung sind Rocky-7 und das montierte Spektrometer MIMOS II (Kästchen/Box rechts vorn) während der Tests in dem marsähnlichen Wüstengebiet zu sehen.

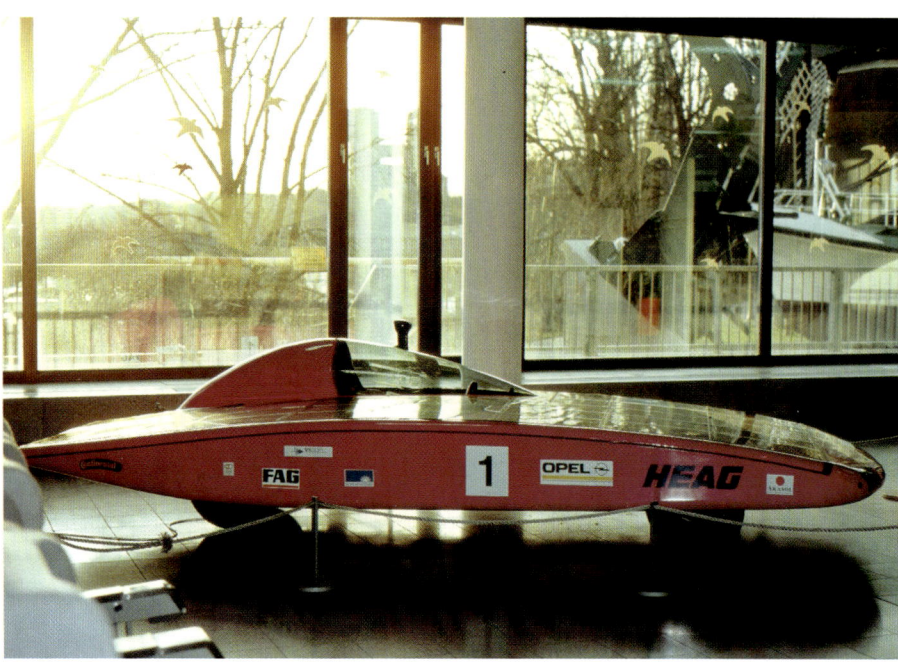

Auf 111 teleskopierten Großbohrpfählen gründet das neue, 299 m hohe Commerzbank-Hochhaus in Frankfurt am Main. Die über Computersimulationen vorgenommenen Berechnungen für die erforderlichen Fundamente am Institut für Geotechnik der Technischen Universität Darmstadt (Prof. Dr.-Ing. Rolf Katzenbach) waren besonders schwierig, weil die Last des Baus auf die in 44 m Tiefe unter der Geländeoberfläche zu findenden, felsigen Frankfurter Kalke abgetragen werden mußte.

Das von der TU entwickelte Solarmobil

Unternehmensportrait

Management und Vermietung von Elektronik

*Livingston Electronic Services GmbH -
ein Unternehmen verbindet Tradition mit Know-How*

Livingston
electronic equipment services

Livingston Electronic Services GmbH

Geschäftsleitung:
Volker Tegeder, Geschäftsführer,
Siegbert Franz, Director Operations, Prokurist
Uwe Kuhl, Technischer Leiter, Prokurist

Gründungsjahr: 1970

Mitarbeiter: 88

Geschäftstätigkeit:
Vermietung von elektronischem Equipment,
Verkauf von grundüberholten elektronischen Gebrauchtgeräten,
Kalibrieren, Instandsetzen und Warten von mechanischen und elektronischen Meß- und Prüfmitteln,
Asset Management

Umsatz (1996):
29 Millionen DM

Kunden: europaweit

Anschrift:
Borsigstraße 11
64291 Darmstadt
Telefon   (06151) 93 44 - 0
Telefax   (06151) 93 44 99
eMail: info@livingston.de
Internet: http://www.livingston.de

Die Livingston GmbH in Darmstadt

Auf die Vermietung von Meß-, Prüf- und Computersystemen sowie den Verkauf von hochwertigen Gebrauchtgeräten hat sich Livingston Electronic Equipment Services spezialisiert. Das Darmstädter Unternehmen bietet darüber hinaus ein umfassendes Dienstleistungsspektrum einschließlich Kalibrierung und Instandhaltung. Zur Überbrückung von Reparaturzeiten, bei der Abwicklung größerer Projekte mit ständig wechselndem Gerätebedarf oder beim zeitlich begrenzten Einsatz von Equipment auf Messen, bei Vorführungen oder Schulungen hält der Geschäftsbereich Livingston Rental hochwertige Meß-, Prüf- und Computersysteme von über 200 namhaften Herstellern bereit.

Umfangreiches Mietgeräteprogramm

Eine besonders große Nachfrage verzeichnet das Unternehmen im Bereich Workstation, Server, Computer und Peripherie. Hier umfaßt das Mietgeräteprogramm von Livingston Rental neben leistungsfähigen Workstations von Sun Microsystems, Silicon Graphics, IBM und Compaq auch PCs, Laptops, Notebooks, Monitore, Drucker und Plotter aller namhaften Hersteller, wie zum Beispiel HP, Apple, Toshiba, EIZO, Samsung, Hitachi, Mitsubishi und NRC.

Ist nach kaufmännischen Aspekten der Gerätekauf einer Mietstellung vorzuziehen, kann der Anwender die Dienstleistung des Geschäftsbereiches Livingston Sales nutzen. Dieser hat sich auf den Verkauf von gebrauchten Meß-, Prüf- und Computersystemen spezialisiert. Beste Kontakte im In- und Ausland ermöglichen Livingston Sales fast immer eine besonders kostengünstige und schnelle Beschaffung aller gewünschten Geräte. Unternehmen, die den hohen finanziellen Aufwand für ein eigenes Kalibrierwesen scheuen, bietet der Geschäftsbereich Livingston Calibration einen umfassenden Kalibrierservice an. Die Kalibrierung der Geräte erfolgt nach DIN ISO 9001, AQAP und DKD und kann an den Standorten Darmstadt und Wolfsburg, aber auch in modernen Containern vor Ort erfolgen.

Da viele Firmen angesichts des hohen Kostendrucks weitere Möglichkeiten der Optimierung suchen, hat der Geschäftsbereich Livingston Management unter dem Namen Equipment Management Services (EMS) ein europaweites Dienstleistungsangebot entwickelt. Dabei stehen die umfassende Beratung der Kunden sowie die komplette Verwaltung und Überwachung der elektronischen Ausstattung eines Unternehmens im Vordergrund. EMS beinhaltet Produktmanagement, Gerätebeschaffung, Geräteüberwachung und -verwaltung, projektbezogene Bereitstellung durch Miete oder Kauf, Kalibrierung und Instandhaltung, technische Unterstützung sowie die Übernahme und den Verkauf von nicht ausgelasteten Geräten und deren gewinnbringenden weltweiten Export. ■

88 Mitarbeiter sind für das Unternehmen in Darmstadt tätig.

Geographisches Institut
der Universität Kiel

Schwerionenforschung

Wissenschaftliche Forschung von superschweren Elementen bis zur Tumortherapie

Seit gut 25 Jahren ist Darmstadt Zentrum der Schwerionenphysik in Deutschland. Im Dezember 1969 wurde in Darmstadt-Wixhausen, im Norden von Darmstadt, die Gesellschaft für Schwerionenforschung – kurz GSI genannt – gegründet. Ihr Bestimmungszweck sollten der Bau und Betrieb von Beschleunigeranlagen sowie die Forschung mit schweren Ionen sein. Die Forschung mit schweren Ionen, wie sie heute dank einer großzügigen Ausstattung mit leistungsfähigen Beschleunigern und empfindlichen Nachweisgeräten in Darmstadt betrieben werden kann, umfaßt ein breites Spektrum, das von der Kern- und Atomphysik über die Plasma- und Materialforschung bis zur Strahlenmedizin reicht. Umfang und Bedeutung dieser Forschung haben die GSI – zu Anfang ein nationales Zentrum für die Hochschulen – längst zu dem gemacht, was sie heute ist: ein weltoffenes Schwerionenlabor mit insgesamt mehr als 1.000 Nutzern, starker internationaler Ausstrahlung und einer Reihe von weltweit einzigartigen Forschungsmöglichkeiten.

Neues Wissen über den Aufbau der Materie – und damit über die Gesetze, die den Lauf der Welt bestimmen – kommt seit fünf Jahrzehnten zu einem wesentlichen Teil aus Experimenten mit Beschleunigern. In gewaltigen Vakuumringen werden die Atomkerne und Elektronen, von Magnetfeldern geführt, auf hohe Geschwindigkeiten beschleunigt und dann gegeneinander oder auf in ihre Bahn geschobene Hindernisse geschossen. Aus der Analyse der dabei entstehenden „Trümmer", den neu entstandenen Teilchen, ergeben sich dann neue Einsichten und Erkenntnisse über die Struktur der untersuchten Systeme und die sie zusammenhaltenden Kräfte.

Während die Elementarteilchenphysik mit Protonen und Elektronen operiert, werden in der seit etwa 30 Jahren betriebenen Schwerionenphysik schwere Ionen beschleunigt, schwerere Atome also, denen ein Teil ihrer Hüllenelektronen abgestreift ist und die somit positiv geladen sind (s. Info-Kasten). Erreicht wurde dadurch eine wesentliche Verbreiterung der Forschungsmöglichkeiten, sowohl innerhalb der Kern- und Atomphysik als auch disziplinübergreifend zur Festkörper- und Materialforschung bis hin zur Biophysik und Strahlenmedizin. Das breite Spektrum von Grundlagenforschung und

Das GSI-Forschungszentrum im Norden von Darmstadt, aus der Luft gesehen. Die großen Hallen auf der rechten Seite beherbergen das Schwerionen-Synchrotron (SIS), den Experimentier-Speicherring (ESR) sowie die dazugehörigen Detektoren und Nachweisgeräte.

Die Autoren

Prof. Dr. Hans J. Specht

Hans J. Specht wurde 1936 geboren und studierte Physik in München und Zürich. 1964 promovierte er an der TU München mit einer atomphysikalischen Arbeit. Danach verbrachte er einen dreijährigen Forschungsaufenthalt an den Chalk River Laboratorien in Kanada. 1973 nahm er einen Ruf auf eine ordentliche Professur für Physik an der Universität Heidelberg an. Seit 1992 ist er wissenschaftlicher Geschäftsführer der GSI in Darmstadt.

Dr. jur. utr. Helmut Zeitträger

Helmut Zeitträger wurde 1940 geboren, studierte Rechtswissenschaften in Würzburg und promovierte 1966 über ein arbeitsrechtliches Thema. Nach mehrjähriger Assistenzzeit am Lehrstuhl für Internationales Recht und der Ablegung des zweiten Staatsexamens trat er 1969 als Direktionsassistent in das Max-Planck-Institut für Plasmaphysik in München ein. 1991 erfolgte eine Ernennung als Gastprofessor an der Universidad Nacional de Litoral, Santa Fe, Argentinien. Nach weiteren Tätigkeiten wechselte er 1993 als kaufmännischer Geschäftsführer zur GSI in Darmstadt.

Schwerionenforschung

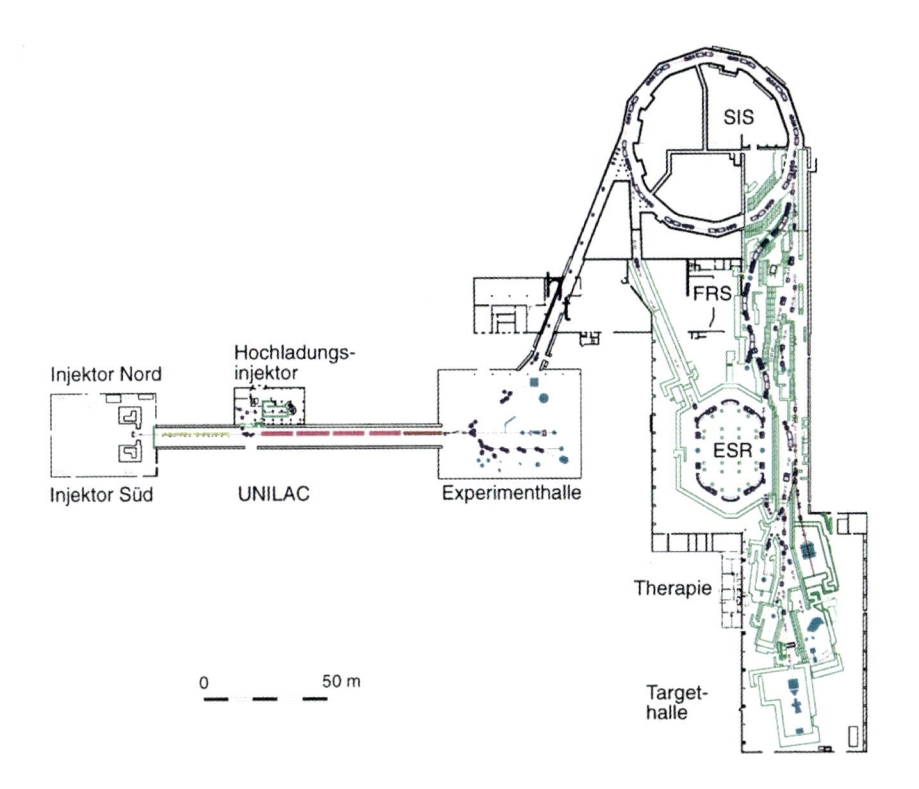

Grundriß der GSI-Beschleuniger- und Experimentier-Anlage. Von den Injektoren Nord und Süd (links) oder alternativ vom Hochladungsinjektor werden die Ionen in den UNILAC eingeschossen. Hinter dem UNILAC hat der Ionenstrahl 16 % der Lichtgeschwindigkeit erreicht. Ein Teil des Strahls wird nun in der anschließenden Experimentierhalle für Versuche verwendet, z. B. für die Experimente zur Produktion der schwersten Elemente. Der verbleibende Rest wird zur weiteren Beschleunigung in das Schwerionen-Synchrotron SIS transferiert. Dort erreichen die Ionen maximal 90 % der Lichtgeschwindigkeit und werden dann für die Experimente am Fragmentseparator FRG, im Experimentierspeicherring ESR oder in der Target-Halle ausgelenkt.

angewandter Forschung mit schweren Ionen, wie es heute bei der Gesellschaft für Schwerionenforschung in Darmstadt betrieben wird, reicht von der Erzeugung superschwerer Elemente bis zur Tumortherapie.

Die Gründung der GSI erfolgte im Dezember 1969 nach Vorarbeiten, die bis zum Anfang der sechziger Jahre zurückreichten. Im November 1971 begannen die Bauarbeiten auf dem Gelände des neuen Forschungszentrums am nördlichen Stadtrand von Darmstadt, und mit der Inbetriebnahme des UNILAC (Universal Linear

Blick entlang des SIS-Beschleunigerrings, mit dem die aus dem UNILAC kommenden Ionen bis auf 90 % der Lichtgeschwindigkeit beschleunigt werden können. Das SIS, das einen Umfang von 216 Metern hat, wurde 1990 in Betrieb genommen. Die roten Abschnitte sind die Ablenkmagnete und die gelben Sektionen die Fokussierungsmagnete. Der Strahl wird von links in den Ring eingeschossen.

Info + Info + Info
Schwere Ionen

Die uns umgebende stoffliche Welt – wie auch wir selbst – besteht aus Atomen. Diese haben einen Kern mit positiv geladenen Protonen und ungeladenen Neutronen, der von einer Hülle negativ geladener Elektronen umgeben ist.

Bei einem freien Atom heben sich die Ladungen der Protonen im Kern und der Elektronen in der Hülle gegenseitig auf, so daß das Atom nach außen elektrisch neutral ist. Entfernt man jedoch aus der Hülle ein oder mehrere Elektronen, so kommen die nicht kompensierten positiven Ladungen des Kerns zum Tragen. Derart geladene Atome werden Ionen genannt.

Die chemischen Elemente repräsentieren die verschiedenen in der Natur vorkommenden Atomsorten, die sich nach der Anzahl der Protonen im Kern, ihrer Ordnungszahl, unterscheiden.

Zu ein und demselben Element kann es mehrere Isotope geben, die sich in der Anzahl der Neutronen im Kern unterscheiden.

Das Atom des leichtesten Elements, des Wasserstoffs, besteht aus nur einem Proton als Kern und einem Elektron in der Hülle. Das schwerste natürlich vorkommende Element ist das Uran oder genauer das Isotop Uran-238. Sein Atom enthält 92 Protonen und 146 Neutronen im Kern sowie 92 Elektronen in der Hülle. Entsprechend der Klassifizierung in leichte und schwere Atome werden die Ionen der schwereren Elemente als schwere Ionen – oder einfach Schwerionen – bezeichnet. Im üblichen Sprachgebrauch der Forscher aber gelten bereits alle Ionen ab dem Element Helium, also der Ordnungszahl 2, als Schwerionen.

Aufgrund ihrer Ladung lassen sich Ionen durch elektrische und magnetische Felder in ihrer Bewegung beeinflussen. In eigens dafür konzipierten Beschleunigungsanlagen werden einzelne Ionen zu einem Strahl gebündelt und auf hohe Geschwindigkeit gebracht, auf hohe kinetische Energien.

Daraus haben sich vielerlei neuartige Forschungsmöglichkeiten ergeben. Ihr Spektrum reicht von der Kern- und Atomphysik über Festkörper- und Materialforschung bis zur Strahlenmedizin.

Schwerionenforschung

Der UNILAC wurde 1975 als erster Beschleuniger der GSI in Betrieb genommen. Mit ihm können alle Ionen bis zum Uran bis auf 16 % der Lichtgeschwindigkeit beschleunigt werden. Das SIS, das einen Umfang von 216 Metern hat, wurde 1990 in Betrieb genommen. Die roten Abschnitte sind die Ablenkmagnete und die gelben Sektionen die Fokussierungsmagnete. Der Strahl wird von links in den Ring eingeschossen.

Accelerator) im Mai 1975 konnten die ersten Experimente anlaufen. Im Januar 1976 wurde der reguläre Experimentierbetrieb aufgenommen. Nach zehn Jahren erfolgreichen Forschens begann 1985 die Verwirklichung einer weiteren Ausbaustufe, der Bau des Schwerionen-Synchrotons (SIS) und des Experimentier-Speicherrings (ESR) mit den dazugehörigen Experimentiereinrichtungen und Nachweisgeräten. Diese Erweiterungen wurden 1990 in Betrieb genommen. Seither stehen auch relativistische Schwerionen – das sind ionisierte Atome mit Geschwindigkeiten nahe der Lichtgeschwindigkeit – für die Versuche zur Verfügung.

Dimensionsbereiche über 13 Zehnerpotenzen

Im Mittelpunkt des GSI-Forschungsprogramms stehen mit insgesamt rund 80 Prozent erkenntnisorientierte Grundlagenuntersuchungen im Bereich der Kern- und Atomphysik. Parallel dazu haben sich anwendungsbezogene Forschungsaktivitäten entwickelt, die zunehmend Gewicht erhielten. Sie liegen heute zu etwa je fünf Prozent in der Materialforschung, in der Plasmaphysik und in der Biophysik. Weitere fünf Prozent beansprucht die Neu- und Weiterentwicklung der Beschleunigeranlagen. Dabei ist eindrucksvoll, wie sich der Dimensionsbereich der mit Schwerionen untersuchten Forschungsobjekte nahezu lückenlos über 13 Zehnerpotenzen erstreckt. Er fängt bei der Zelle mit Abmessungen von 10^{-5} m an und erstreckt sich dann über Molekül (10^{-9} m) und Atom (10^{-10} m), Atomkern (10^{-14} m) und Nukleon (10^{-15} m) bis zu den Quarks (10^{-18} m) im Quark-Gluon-Plasma.

Im Bereich der kernphysikalischen Grundlagenforschung haben Untersuchungen zur Kernstruktur besonders hohen Stellenwert. Mit der Synthese und dem Nachweis von nunmehr sechs neuen chemischen Elementen – die mit den Ordnungszahlen 107, 108 und 109 in den Jahren 1981 bis 1984 und die mit den Ordnungszahlen 110, 111 und 112 in den Jahren 1994 bis 1996 – steht die GSI unangefochten an der Spitze der weltweiten Bemühungen, die Tabelle der Elemente und Nuklide nach oben hin zu erweitern. Dabei sind noch nicht alle Möglichkeiten ausgeschöpft. So soll in den kommenden zwei Jahren versucht werden, bis zum Element 114 vorzudringen, das von den Kernphysikern aufgrund seiner abgeschlossenen Protonenschale und der damit verknüpften erhöhten Stabilität als „magisch" bezeichnet wird.

Die Inbetriebnahme des Schwerionen-Synchrotrons SIS und des Experimentier-Speicherrings ESR hat auch den Wissensstand über bislang unbekannte Nuklide weit außerhalb des Bereichs der stabilen Isotope erheblich erweitert. So konnten bei der GSI erstmals die langgesuchten dop-

Schwerionenforschung

pelt-magischen Kerne Zinn-100 und Nickel-78 erzeugt und untersucht werden. Das Studium dieser „exotischen" Kerne ist über die reine Kernphysik hinaus für astrophysikalische Fragestellungen wie die Elementsynthese in den Sternen von übergreifendem Interesse. Das zweite große Arbeitsgebiet der kernphysikalischen Grundlagenforschung bei der GSI ist das Studium heißer und dichter Kernmaterie. Mit Schwerionenstrahlen im gesamten SIS-Energiebereich (und darüber hinaus bis zu den höchsten Energien am Europäischen Zentrum für Kernphysik CERN in Genf) lassen sich die vielen Erscheinungsformen von Kernmaterie vom „flüssigen" Normalzustand über das freie Nukleonengas bis zur Auflösung der Kernbausteine in ein Quark-Gluon-Plasma stu-

Vom Hauptkontrollraum aus wird das ganze Beschleunigersystem gesteuert und überwacht. Dank eines modernen Kontrollsystems können bis zu fünf Experimente gleichzeitig bedient werden.

dieren. Auch dieses Forschungsgebiet hat erheblichen astrophysikalischen Bezug, denn die Wissenschaftler glauben, daß einige Sekundenbruchteile nach dem Urknall die gesamte Materie des Alls als Quark-Gluon-Plasma vorlag. Ferner werden der dramatische Verlauf von Supernova-Explosionen und die Eigenschaften der dabei entstehenden Neutronensterne wesentlich durch das Verhalten verdichteter Kernmaterie bestimmt.

Schließlich brachten die leistungsfähigen Beschleunigeranlagen bei der GSI auch für die Atomphysik einen Durchbruch: Bis zu den schwersten Atomen lassen sich jetzt die Elektronenhüllen vollständig abstreifen. Mit diesen hochgeladenen schweren Ionen kann die Quantenelektrodynamik, die quantenphysikalische Theorie der elektromagnetischen Wechselwirkung, nunmehr auch in dem bislang unzugänglichen Gebiet extrem hoher elektrischer und magnetischer Felder überprüft werden.

In andere Richtung zielen die Arbeiten zur Plasmaphysik. Mit Schwerionenstrahlen lassen sich aufgrund der sehr effektiven Deposition von Energie in Materie Plasmen hoher Dichte erzeugen. Diese Studien beinhalten wichtige Vorarbeiten im Hinblick auf das Fernziel einer großtechnischen Energiegewinnung aus thermonuklearen Fusionsreaktionen nach dem Prinzip der Trägheitsfusion.

In einem Festkörper läßt sich die hohe Energiedeposition eines Schwerionenstrahls auch dazu benutzen, die Eigenschaften des beschossenen Materials makroskopisch zu verändern. Das ermöglicht innovative technologische Anwendungen im Werkstoffbereich. Bei der GSI steht hierfür ein breitgefächertes Spektrum an Ionensorten und Ionenenergien zur Verfügung, so daß die unterschiedlichsten Materialmodifikationen möglich sind.

Die radiobiologische Wirkung von schweren Ionen – insbesondere die strahlungsbedingte Inaktivierung von Zellen – wird bereits seit der Inbetriebnahme des UNILAC bei der GSI untersucht. Die Möglichkeit, mit Schwerionenstrahlen Energie in die Tiefe eines Gewebes einbringen zu können und dabei die Schädigungszone genau lokalisiert und durch Strahlparameter variierbar einzurichten, bietet gegenüber herkömmlichen Bestrahlungsverfahren ganz neue Perspektiven, beispielsweise bei der Krebstherapie. Die über Jahre systematisch untersuchte radiobiologische Wirkung von Schwerionenstrahlen, verbunden mit der Entwicklung neuartiger Beschleuniger- und Bestrahlungstechniken, sind die Voraussetzungen für ein Pilotprojekt zur Krebstherapie mit schweren Ionen, das Ende 1997 mit ersten Patientenbehandlungen bei GSI anlaufen soll. Diese Arbeiten sind ein exemplarisches Beispiel dafür, wie erkenntnisorientierte Entwicklungen einen direkten Beitrag zum Nutzen der Allgemeinheit leisten können.

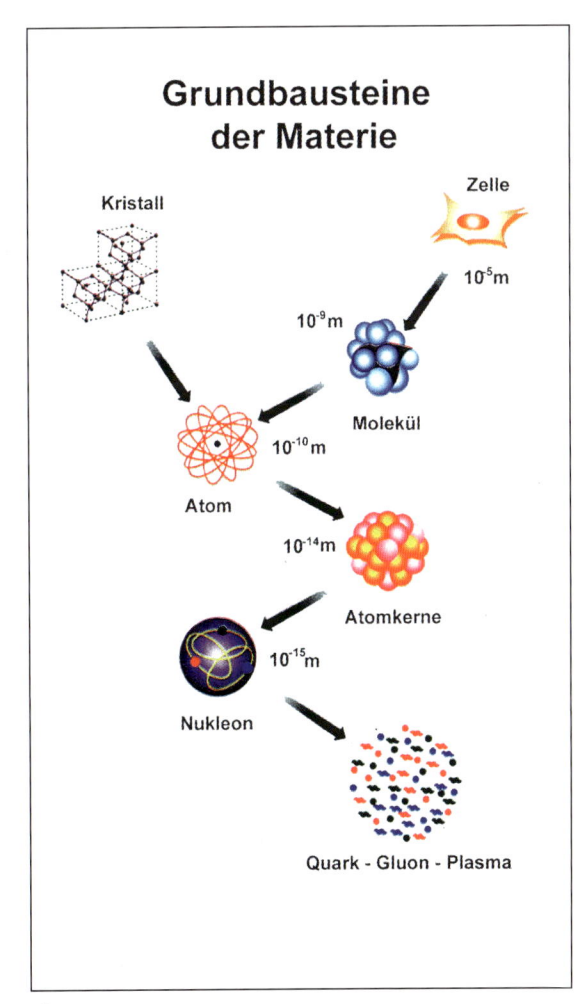

Über 13 Zehnerpotenzen erstreckt sich der Dimensionsbereich der Forschungsobjekte der Schwerionenforschung.

Schwerionenforschung

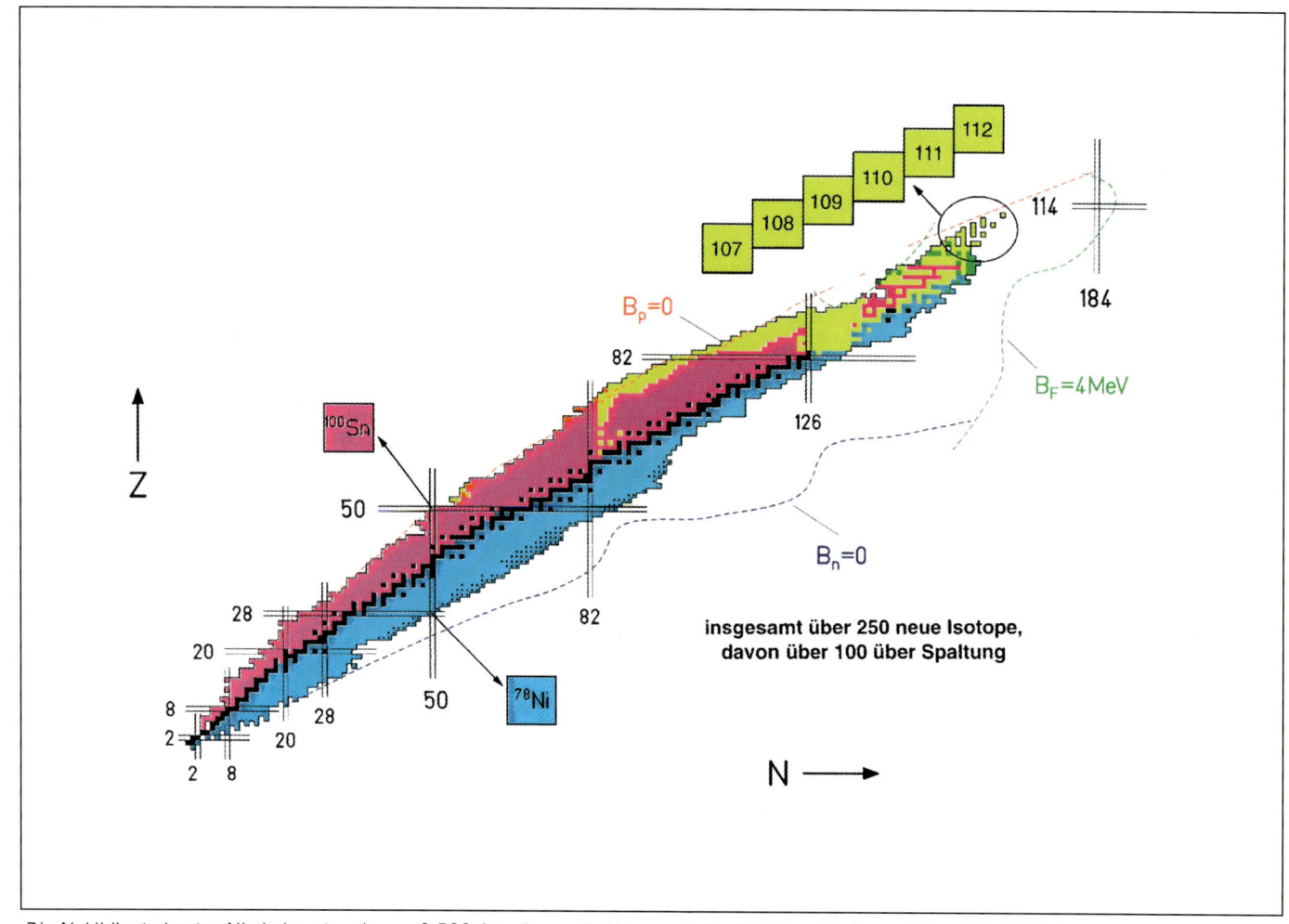

Die Nuklidkarte heute: Alle bekannten, knapp 2.500 Atomkerne sind hier nach der Zahl ihrer Protonen (Z) und der Zahl ihrer Neutronen (N) geordnet. Nur die schwarz markierten Kerne, die in der Darstellung den Kamm des „Gebirgszuges" bilden, sind in der Natur stabil vorhanden, alle anderen wurden durch Kernreaktionen erzeugt, davon über 250 erstmals bei der GSI in Darmstadt. Die senkrechten und waagerechten Doppellinien kennzeichnen die zu den magischen Kernen führenden Schalenabschlüsse. Einige „Highlights" der GSI-Forschung – die bei der GSI neu gefundenen Elemente 107 bis 112 sowie die doppelt magischen Kerne Zinn-100 und Nickel-78 – sind hervorgehoben.

Die GSI im nationalen und internationalen Forschungsumfeld

Die Gesellschaft für Schwerionenforschung ist, was man in Deutschland eine Großforschungseinrichtung, in anderen Ländern ein Nationallaboratorium nennt. Sie ist das einzige der 16 Zentren der Helmholtzgemeinschaft Deutscher Forschungszentren (HGF) in Hessen. Die GSI hat derzeit etwa 700 Mitarbeiter, darunter 300 Wissenschaftler und Ingenieure. Der Gesamtetat beträgt etwa 125 Millionen DM, die im Verhältnis 9:1 von den beiden Gesellschaftern der GSI, dem Bund und dem Land Hessen, getragen werden.
Welche Rolle kommt dem großen Forschungslaboratorium mit Blick auf die Forschungslandschaft zu?

Der Bau und Betrieb von Beschleunigeranlagen wie UNILAC, SIS und ESR nebst den zugehörigen komplexen Experimentiereinrichtungen würde die personellen und finanziellen Möglichkeiten einzelner Hochschulen übersteigen. Derart aufwendige Anlagen können nur an einer zentralen Stelle aufgebaut werden, um dann einem möglichst breiten Nutzerkreis zur Verfügung zu stehen. In diesem Sinne wurden die GSI und beispielsweise auch DESY in Hamburg als Großforschungseinrichtungen der Grundlagenforschung gegründet.

Ihrer Hauptaufgabe entsprechend, neben Bau und Betrieb der Großgeräte allen interessierten Wissenschaftlern den Zugang zu ihren Forschungsanlagen zu ermöglichen, hat sich die GSI zu einem Kristallisationspunkt entwickelt, an dem Forschergruppen von Hochschulen und anderen Instituten des In- und Auslands gemeinsam ihre Forschungsarbeiten durchführen. Zusammen mit dem Zentrum entwickeln die Nutzer ein Programm, in dem die Schwerpunkte der Forschung festgelegt werden. Dabei kommt der GSI eine wichtige koordinierende Führungsrolle zu, die sie nur wahrnehmen kann, wenn sie über die Bereitstellung und den Betrieb der Anlage hinaus selbst Forschung betreibt.

Über die sachliche Notwendigkeit hinaus hat eine solche Zusammenführung interner und externer Forschungsgruppen auch einen wichtigen forschungs- und bildungspolitischen Effekt. Die Öffnung der Großforschungseinrichtung für externe Wissenschaftler, die zum überwiegenden Teil von deutschen Hochschulen kommen, macht es den Hochschulen möglich, an Spitzenforschung teilzunehmen. Sie können den Studenten eine an modernen Technologien orientierte Ausbildung vermitteln und so auch die Lehre auf hohem und aktuellem Stand halten. Es ist keine Phrase, daß Forschung und Lehre eine Einheit bilden müssen. Man kann Wissenschaftler nur gut ausbilden, wenn man sie unmittelbar an moderner Forschung beteiligt. Die Großforschungszentren ihrerseits haben bei diesem Konzept den Vorteil, daß ihrer Arbeit ständig junge Kräfte und neue

Schwerionenforschung

Ideen zugeführt werden und dadurch sichergestellt ist, daß die Forschung lebendig bleibt.

Die GSI hat sich seit ihrer Gründung bemüht, den Kontakt zu den deutschen Hochschulen zu fördern und auszubauen. Eine besonders enge Verbindung besteht mit der TU Darmstadt und den umliegenden Universitäten in Frankfurt am Main, Gießen, Heidelberg und Mainz. Zur Zeit arbeiten über 200 Doktoranden und mehr als 100 Nachwuchswissenschaftler an GSI-Forschungsvorhaben mit. Eine intensive Zusammenarbeit besteht auch mit einzelnen Instituten der Max-Planck-Gesellschaft, insbesondere mit dem Max-Planck-Institut für Kernphysik in Heidelberg. Über den nationalen Rahmen hinaus gibt es enge Kontakte zum CERN in Genf und zu anderen führenden Schwerionen-Laboratorien in Europa, den USA, den Neuen Unabhängigen Staaten (NUS) und Japan. Insgesamt sind an den Forschungs- und Entwicklungsarbeiten der GSI im Norden von Darmstadt über 1.000 Wissenschaftler von mehr als 100 Instituten aus über 25 Ländern beteiligt.

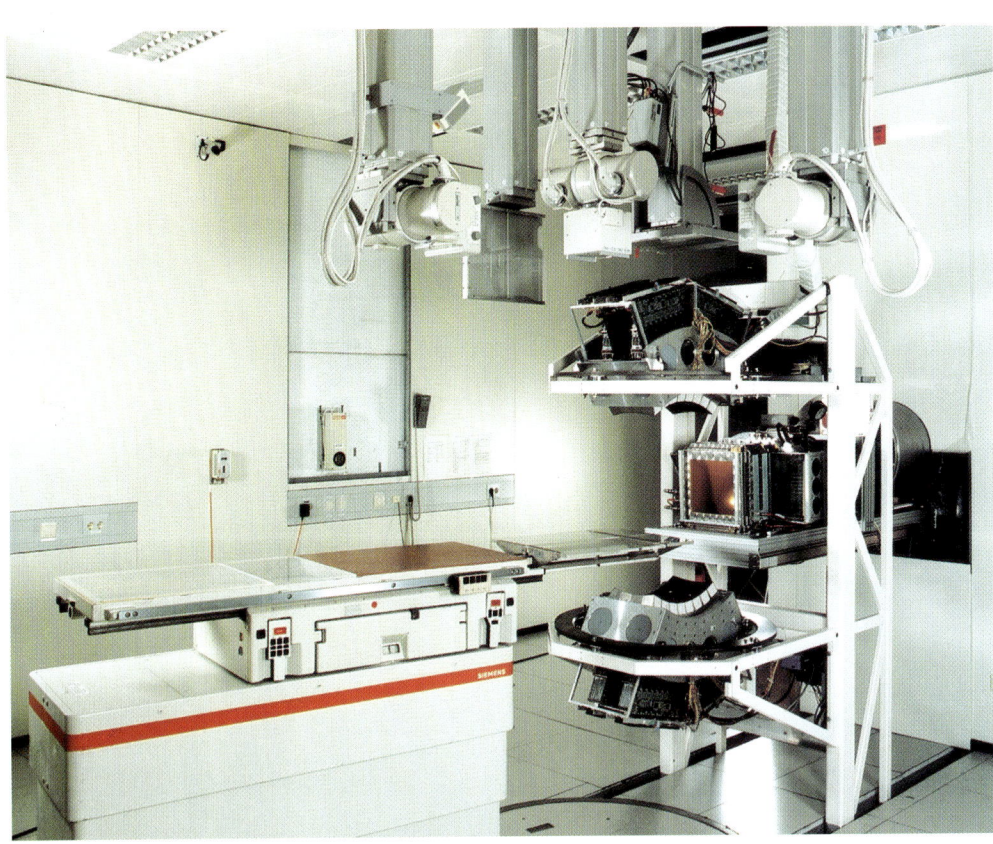

In den vergangenen drei Jahren wurde am Schwerionensynchrotron der GSI auch ein medizinischer Bestrahlungsschutzplatz eingerichtet. Hier sollen ab Ende 1997 Tumorpatienten mit schweren Ionen behandelt werden.

Die FOPI-Kollaboration stellt sich vor dem FOB-Detektor dem Fotografen zum Gruppenbild. Nicht weniger als 68 Wissenschaftler aus 12 Hochschulen und Forschungsinstituten, darunter sieben ausländische Forschungseinrichtungen, arbeiten in dieser Kollaboration zusammen, um die Eigenschaften von heißer, dichter Kernmaterie zu erforschen. Vorbereitung, Durchführung und Auswertung dieser großen Experimente erfolgt unter maßgeblicher Mitwirkung von jungen Nachwuchswissenschaftlern und Doktoranden.

Creditreform

**Creditreform
Darmstadt Voss KG**

Geschäftsleitung:
Klaus-Jürgen Voss

Gründungsjahr: 1879

Mitarbeiter: 25

Dienstleistungen:

Wirtschaftsauskunft:
Firmenprofile mit Bonitätsindex
Bilanzdatenbank
Handelsregisterinformationen
Privatpersonenauskünfte
Debitorenkontrolle

Inkasso:
Kaufmännisches Mahnverfahren
Überwachung ausgeklagter Forderungen
Auslandsinkasso

Marketing:
Selektierte Firmenadressen
Datenbankabgleiche

Zugriffswege und Bestellarten:
Briefpost,
Telefax,
OnLine,
Telefon
e-mail

Kunden:
IHK Bereich Darmstadt

Anschrift:
Rheinstraße 103,
64295 Darmstadt
Telefon   (06151) 87 50-0
Telefax   (06151) 87 50-10
e-mail   VCDarmstadt@t-online
Internet: http//creditreform.de

Die Creditreform-Daten sind auch auf elektronischen Speichermedien verfügbar

Unternehmensportrait

Creditreform Darmstadt Voss KG - Partner der Wirtschaft

Creditreform hilft, die Wirtschaft transparent zu machen und unternehmerische Risiken soweit wie möglich zu mindern

Creditreform, eine der führenden Unternehmensgruppen für Wirtschaftsinformation, Inkasso und Marketing, bietet mit seinen 134 bundesweiten Geschäftsstellen umfangreiche Dienstleistungen für Wirtschaft, Handel und Gewerbe an.

Creditreform Darmstadt Voss KG, zuständig für das Gebiet Darmstadt-Dieburg, versteht sich als Partner der Wirtschaft und bietet seinen Kunden Kreditschutz durch Wirtschaftsauskünfte, Firmeninformationen und Bilanzdatenbanken. Neue, noch unbekannte Geschäftspartner und fremde Märkte bergen oft Insolvenzrisiken oder die Gefahr zukünftiger Forderungsausfälle in sich. Das geschäftliche Risiko muß aber kalkulierbar bleiben, das bedeutet für die Mitglieder im Verein Creditreform Darmstadt e. V. rechtzeitige Informationsbeschaffung zur Entscheidungshilfe vor Vertragsabschluß mit dem Geschäftspartner. Unternehmen, die sich rechtzeitig über ihre Geschäftspartner informieren, sind Mitglied bei Creditreform. Daten und Fakten für Creditreform-Wirtschaftsauskünfte werden ständig dezentral in den 134 eigenständigen Geschäftsstellen recherchiert, gespeichert und aktualisiert. Die Nutzung modernster Kommunikationswege durch OnLine-Verbindungen zur weltweit größten Datenbank über deutsche Unternehmen sichert die schnelle Informationsbeschaffung zur richtigen Zeit.

Sitz der Creditreform Darmstadt Voss KG in der Rheinstraße

Neben der Wirtschaftsauskunft stellt das Forderungsmanagement (Inkasso) eine der wesentlichen Aufgaben von Creditreform dar. Offene Rechnungen bedeuten Zeit- und Personalaufwand, Zinsverluste, Liquiditätsengpässe oder gar Totalverlust der Forderungen. Die gesamtwirtschaftliche Situation macht die Notwendigkeit eines qualifizierten Forderungseinzuges mehr als deutlich. Creditreform verfügt über modernste Technik und spezialisierte Fachkräfte, die auf den professionellen Umgang mit Schuldnern psychologisch vorbereitet sind. Ziel des Forderungsmanagements ist der vorgerichtliche Einzug der Außenstände, auch unter den Aspekten von Kundenerhalt, Arbeitsentlastung und Kostenminimierung. Creditreform Darmstadt bietet seinen Mitgliedern die Entlastung eines aufwendigen betrieblichen Mahnwesens, damit sich die Firmen auf ihre eigentlichen unternehmerischen Aufgaben konzentrieren können.

Die aktuellen Marketing-Dienste von Creditreform ermöglichen inzwischen vielen Unternehmen, aufgrund vielfältiger Selektionskriterien Werbemaßnahmen gezielt durchzuführen und neue Märkte zu erschließen. Die Creditreform-Datenbanken liefern alle wichtigen Informationen für Marketinganalysen, Mailingaktionen und Kundenakquisition.
Creditreform Darmstadt Voss KG steht mit seinen gesamten Dienstleistungen jedem Unternehmen zur Verfügung.

Unternehmensportrait

Die Darmstädter Elementenschmiede

Gesellschaft für Schwerionenforschung – GSI Darmstadt

Das GSI-Forschungszentrum mit Linearbeschleuniger, Kreisbeschleuniger, Speicherring und 25 Experimentierplätzen.

Die Synthese der sechs schwersten chemischen Elemente, die Untersuchung von „Supernova-Explosionen im Labor", aber auch der Einsatz von schweren Ionen in der Tumortherapie sind Beispiele aus der Arbeit der Gesellschaft für Schwerionenforschung (GSI) in Darmstadt-Wixhausen. Die GSI betreibt hierzu eine moderne Beschleunigeranlage, bestehend aus dem Linearbeschleuniger UNILAC, dem Schwerionen-Synchrotron SIS und dem Experimentier-Speicherring ESR.
Mit dieser Anlage können Ionen – das sind Atome, denen ein Teil der Elektronenhülle entfernt wurde – bis auf 90 Prozent der Lichtgeschwindigkeit beschleunigt werden. Darüber hinaus stehen Strahlen von künstlich erzeugten Atomkernen sowie völlig ionisierte Atome bis hin zu nackten Urankernen für das Forschungsprogramm zur Verfügung. In Verbindung mit insgesamt über 25 Experimentierplätzen, ausgestattet mit modernsten Spektrometern und Detektorsystemen, liefert dies ein weltweit einzigartiges Instrumentarium für die Grundlagenforschung, das darüber hinaus auch neue Perspektiven für anwendungsorientierte Arbeiten und technische Innovationen liefert.

Entsprechend breit ist das Forschungsprogramm der GSI, wobei das Hauptgewicht der Arbeiten auf der Erforschung der Eigenschaften der Materie und ihrer grundlegenden Wechselwirkungen in kern- und atomphysikalischen Experimenten liegt. Die anwendungsorientierten Arbeiten liegen vor allem im Bereich Plasmaphysik, in der Materialforschung sowie in der Biophysik und Strahlenmedizin, in der im Rahmen eines Gemeinschaftsprojektes mit der Radiologischen Universitätsklinik Heidelberg und dem Deutschen Krebsforschungszentrum (DKFZ) ab Ende 1997 Patientenbehandlungen mit Ionenstrahlen durchgeführt werden sollen.

Der Experimentier-Speicherring ESR mit einem Umfang von 108 Metern.

GSI

Gesellschaft für Schwerionenforschung (GSI) mbH

Aufsichtsrat:
Ministerialdirigent Dr. Hans C. Eschelbacher
Ltd. Ministerialrat Ingolf Möhlen
Prof. Dr. Dr. h.c. mult. Achim Richter
Ministerialrat Dr. Hermann Schunck
Ministerialdirigent Herbert Wolf

Wissenschaftlicher Geschäftsführer:
Prof. Dr. Hans J. Specht

Kaufmännischer Geschäftsführer:
Dr. Helmut Zeitträger

Gründungsjahr: 1969

Mitarbeiter: ca. 700
(davon 300 Wissenschaftler und Ingenieure)

Budget (1997): 125 Mio DM
(90% Bundesrepublik Deutschland,
10% Land Hessen)

Forschungsgebiete:
Kernphysik (65%)
Atomphysik (15%)
Plasmaphysik (5%)
Materialforschung (5%)
Biophysik/Strahlenmedizin (5%)
Beschleunigerentwicklung (5%)

Kooperationspartner:
weltweit über 100 Institute aus
über 25 Ländern

Anschrift:
Planckstraße 1
64291 Darmstadt
Telefon   (06159) 71-0
Telefax   (06159) 71-2991

Raumfahrt

Darmstadt – Zentrum der Weltraumfahrt Europas

Das Weltraumzeitalter begann für Darmstadt im Jahre 1967 mit der Gründung des European Space Operations Control Centre (ESOC) im Westwald zwischen Rheinstraße und Waldkolonie. Das war rund zehn Jahre nach dem Start des ersten künstlichen Satelliten Sputnik durch die Sowjetunion. Zu dieser Zeit hatten europäische Nationen zusammen fast ein halbes Dutzend künstliche Trabanten, nach heutigen Maßstäben Minisatelliten, gestartet, und die USA hatten mit Early Bird den ersten operationellen Kommunikationssatelliten in eine geostationäre Umlaufbahn gebracht.

Europa sah die Notwendigkeit zu vereintem Handeln, um den technologischen Vorsprung von Amerikanern und Russen einzuholen, und gründete zwei zwischenstaatliche Weltraumorganisationen, die später zur „European Space Agency" zusammengefaßt wurden, und welche die Entwicklung von Startraketen sowie von wissenschaftlichen und Anwendungssatelliten zum Ziel hatten.

Bald wuchs das Satellitenprogramm der ESA in eine Größenordnung, die eigene Einrichtungen für den Betrieb der Satelliten notwendig machte, separat vom technischen Zentrum ESTEC in Noordwijk (Niederlande), wo die ersten Kontroll-

Start der Ariane 4

Die Autoren

Dr. Volker Thiem

Der Autor war nach einem Jurastudium in Hamburg und Freiburg und einer Referendarzeit einer der ersten Juristen in Deutschland, der sich systematisch dem Umweltrecht in Deutschland und anderen Ländern widmete. Am Max-Planck-Institut in Hamburg promovierte er über Haftung für Umweltschäden im internationalen Vergleich. Nach Stationen beim Umweltbundesamt und dem Bundesministerium des Innern folgte der Ruf zur Europäischen Raumfahrtbehörde (ESA). Er bereitete dort EUMETSAT vor, eine neue europäische Wettersatellitenorganisation. Seit der Gründung von EUMETSAT 1986 ist er in der Leitung dieser Organsiation für den Bereich Finanzen, Recht, Verträge, Personal und Management verantwortlich.

Herwig Laue

Der Autor studierte an der Technischen Hochschule Darmstadt Mathematik und Physik, bevor er 1972 als Spezialist für Flugdynamik und Satellitenbahnkontrolle in das ESOC eintrat. Zwischenzeitlich war er verantwortlich für die Bodeneinrichtungen und die Betriebsvorbereitungen des Astronomiesatelliten Hipparcos und des Infrarotsatelliten ISO (gestartet 1995). Seit 1991 leitet er das Technische Stabsbüro des ESOC.

Raumfahrt

einrichtungen standen. Böse Zungen behaupten, daß allein die gute Autobahnverbindung zum Frankfurter Flughafen ausschlaggebend für die Wahl Darmstadts als Sitz des neuen Kontrollzentrums war. Tatsächlich aber war es Darmstadts schon damals bekannter Ruf als Stadt der Wissenschaften und insbesondere der Datenverarbeitung, der zur Gründung des ESOC, zunächst als ESDAC - European Space Data Centre, in Darmstadt führte. Wir erinnern an DERA, den frühen Darmstädter Elektronischen Rechen-Automaten von Professor Walther und an das Deutsche Rechenzentrum. Die Kontrolle eines modernen Satelliten ist in seiner Komplexität vergleichbar mit der kompletten Kontrolle einer großen Fabrik, beispielsweise einer Chemieanlage, allein durch (Funk-) Fernüberwachung und Fernsteuerung, ohne die Möglichkeit einer direkten Diagnose oder Intervention im Problemfall.

Deswegen sind die Spezialisten des ESOC schon frühzeitig, manchmal eine Dekade vor dem Starttermin, in den Entwicklungsprozeß des Satelliten eingebunden, um sicherzustellen, daß der fertige Satellit im Weltraum tatsächlich kontrollierbar ist. Außerdem berechnen und optimieren ESOCs Mathematiker lange im voraus die oft komplexen Satellitenbahnen, die für Missionen zu Himmelskörpern im interplanetaren Weltraum nötig sind. Solche Rechenkünste waren im höchsten Maße gefragt, um 1986 die Kometensonde Giotto auf 500 km an den Kern des Kometen Halley heranzuführen, 140 Millionen km von der Erde entfernt. Damit nicht genug: Nach einem „Winterschlaf" von sechs Jahren, nur unterbrochen im Juli 1990, um mit einem haarscharf kalkulierten Erdvorbeiflug eine größere Bahnänderung zu erzielen, konnte das Darmstädter Team die Sonde zum Kometen Grigg-Skjellerup steuern, wo der mittlerweile ziemlich ramponierte Satellit weitere erstaunliche wissenschaftliche Erkenntnisse über den Ursprung unseres Planetensystems ermöglichte. Über den spektakulären Forschungssatelliten, unter denen beispielsweise noch die Sonnensonde Ulysses oder der Sternenvermesser Hipparcos besonders erwähnenswert sind, sollen jedoch nicht die vielen Anwendungssatelliten vergessen werden, die vom ESOC kontrolliert wurden und immer noch werden.

Weltraumexperten aus ganz Europa sind in Darmstadt tätig.

Erkenntnisse über Ursprung des Planetensystems

Steuerung von Nachrichten- und Wettersatelliten

Darunter sind die ersten serienreifen Nachrichtensatelliten Europas der Eutelsat-Organisation, und natürlich die erste Serie der Wettersatelliten Meteosat, deren erfolgreicher Betrieb von Darmstadt aus dazu beigetragen hat, daß die Ansiedlung der EUMETSAT die Stellung Darmstadts als das wichtigste Weltraumzentrum Deutschlands unangreifbar gemacht hat.

ESOCs jüngste Mission ist der Umweltsatellit ERS (Earth Ressources Satellite), bei der zeitweise zwei identische Satelliten durch simultane Beobachtungen stereoskopische Radaraufnahmen der Erdoberfläche, unbeeinträchtigt durch

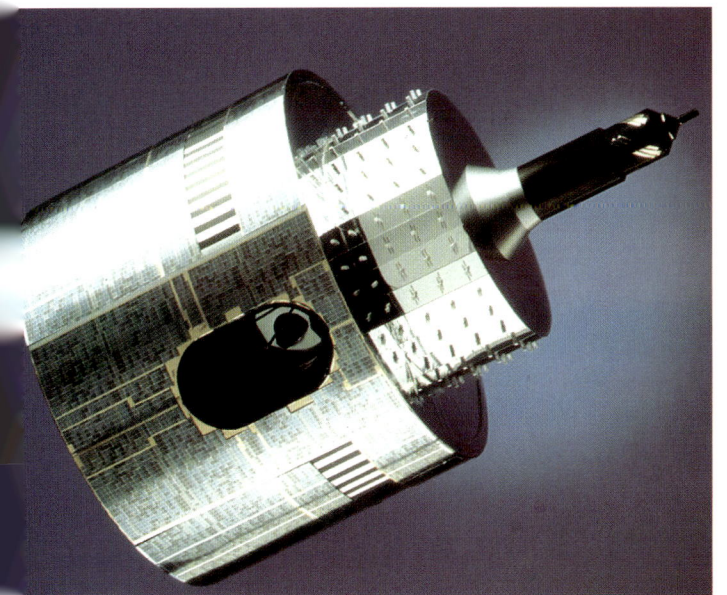

Der Satellit aus der Nähe.

59

Raumfahrt

Simulation einer Satellitenlandung.

Wolken, machen können. Die so wichtige globale Erkundung von Umweltfaktoren und Umweltschäden aus dem Weltraum wird 1999 mit dem Start des großen Satelliten Envisat kulminieren, der die vielfache Leistung und Genauigkeit der ERS-Satelliten ermöglicht, und dessen Schwestersatelliten METOP (EPS) für die EUMETSAT ähnliche Verbesserungen in der Klimatologie erwarten lassen.

Siebenjährige Reise zum Mond des Saturn

Doch im Augenblick bereiten sich die Ingenieure und Mathematiker des ESOC in Darmstadt intensiv auf den Start der Huygens-Sonde auf dem amerikanischen Muttersatelliten Cassini vor, die nach einer siebenjährigen Reise durch das Sonnensystem im Jahre 2004, von Darmstadt aus gesteuert, auf dem Titan, einem Mond des Riesenplaneten Saturn, weich landen wird und uns über eine Distanz von mehr als 1.000 km Auskünfte über Atmosphäre und Bodenbeschaffenheit geben wird.

Darmstadt – Sieger im Wettbewerb um EUMETSAT

Nachdem bereits der erste Start eines europäischen Wettersatelliten durch die ESA (gesteuert durch die ESOC) 1977 ein voller Erfolg war, wurde EUMETSAT, die europäische Organisation für Wettersatelliten, auf dem Reißbrett europäischer Minister 1981-1983 als „Betriebsorganisation" für dauerhafte Nutzung von Wettersatelliten gegründet. 1986 hatten alle 16 Gründungsstaaten das Projekt durch die nationalen Parlamente gebracht. EUMETSAT konnte beginnen, aber wo? Straßburg, Redding bei London und Darmstadt lieferten sich einen heftigen Wettbewerb, aus dem Darmstadt als Sieger hervorging. Die Nähe zur ESOC, die zentrale Lage in Europa, ein Angebot der Bundesregierung für ein Gebäude und ein Angebot der Stadt, die Organisation bei den ersten Schritten in Darmstadt zu unterstützen, halfen bei dieser Entscheidung. Am 4. August 1986 zogen die ersten beiden EUMETSAT Pioniere in ihr provisorisches Dienstgebäude in der Villenkolonie in Eberstadt ein: John Morgan, erster Direktor aus England, und Dr. Volker Thiem, Verwaltungsdirektor. Schon kurze Zeit später billigte der EUMETSAT-Aufsichtsrat auf einer seiner halbjährlichen Sitzungen in der Orangerie John Morgans Langzeitplan, der die Grundlage für die rasche Entwicklung EUMETSATs von einem kleinen Sekretariat zu einer schlagkräftigen europäischen Satelliten-Betriebsorganisation mit weltweiten Partnern bildete.

Modernes Haus unterstreicht High-Tech-Image

1995 weihte EUMETSAT ihren endgültigen Firmensitz „Am Kavalleriesand" ein, ein attraktives Gebäude, das von vorn wie ein Ausschnitt aus einem Satelliten wirkt und somit auch äußerlich

Raumfahrt

das High-Tech-Image der Organisation unterstreicht. Teil des Gebäudes ist ein Satellitenkontrollzentrum, von dem aus EUMETSAT jetzt seine Wettersatelliten „Meteosat" steuert und sich auf weitere Wettersatellitenprogramme vorbereitet. Die Organisation aus nunmehr 17 Staaten wird seit August 1995 von Dr. Tillmann Mohr geführt, dem früheren Präsidenten des Deutschen Wetterdienstes in Offenbach.

Alle 30 Minuten ein Wetterbild

Mittlerweile 150 Mitarbeiter aus 14 verschiedenen Ländern kümmern sich um die Satelliten und darum, daß alle 30 Minuten ein Wetterbild und ergänzende meteorologische Produkte an die Nutzer gehen, 24 Stunden täglich, jahraus, jahrein.
Die Hauptnutzer sind die nationalen Wetterdienste, die ihre Wettervorhersagen auf den Satellitenbildern aufbauen. Mittelbare Nutzer sind alle 400 Millionen Europäer, darüber hinaus auch die vielen Nutzer in Afrika, im Mittleren Osten und sogar in Nordamerika.

Ab 2001 noch höhere Meßgenauigkeit

Nachdem EUMETSAT das Wettersatellitensystem Meteosat von der ESA und der ESOC übernommen hat, hat sie zügig an seiner Fortentwicklung gearbeitet. Im Jahr 2001 wird die nächste Generation der Meteosat Satelliten gestartet werden, mit Bildern, die alle 15 Minuten zu uns kommen. Die Meßgenauigkeit steigt um den Faktor vier, statt bisher auf drei Kanälen können die Daten nun auf zwölf Kanälen ermittelt werden.
Daneben bereitet EUMETSAT seine Teilnahme an einem weltweiten System von polarumlaufenden Satelliten vor, das bislang ausschließlich von den Vereinigten Staaten betrieben wurde. Während Meteosat in 36.000 km Höhe 24 Stunden am Tag auf Europa schaut, umfliegen die Polarumläufer (low earth orbit = LEO) die Erde in 800 km Höhe und bieten deshalb sehr genaue Beobachtungen der ganzen Erde. Dies ermöglicht EUMETSAT in wesentlich stärkerem Maß als bisher, einen europäischen Beitrag zur Klimabeobachtung zu leisten. Die Satelliten werden u. a. den Ozongehalt der Atmosphäre und jene Gase messen, die z. B. für den Treibhauseffekt verantwortlich sind. Der erste Start ist für das Jahr 2002/2003 geplant.
Während die EUMETSAT Mitarbeiter aus den verschiedenen Ländern in ihrer Arbeitszeit in Englisch und Französisch parlieren, sind sie in ihrer Freizeit zu „Neuheinern"geworden, und so manche hessische Vokabel geht schon locker über ihre Lippen. Die Integration EUMETSATs in Darmstadt ist gelungen, sowohl auf der offiziellen Ebene mit Stadt, TU, IHK und sonstigen Partnern wie

Der spannende Moment vor dem Start.

Über diesem Netz geht die Sonne nicht unter

auch auf der privaten Ebene, auf der viele Mitarbeiter Darmstadt jetzt als ihr Zuhause empfinden. Darmstadt ist durch die Beziehungen von ESOC und EUMETSAT zu vielen anderen Organisationen der Weltraumfahrt und der Meteorologie zu einem Knotenpunkt internationaler Kontakte geworden. Doch auch ganz konkret laufen in Darmstadt die Fäden der Weltraumfahrt zusammen: Ein weltweites Netz von Bodenstationen auf allen Kontinenten, von Darmstadt aus gesteuert, stellt die Radio-Verbindung zu den Satelliten her, und diese Stationen kommunizieren ihrerseits mit den Darmstädter Kontrollzentren über Kabel oder Relaissatelliten. Über diesem Netz und den von Darmstadt aus gesteuerten Satelliten geht in der Tat die Sonne nicht unter. Damit auch die breite Öffentlichkeit der Region Rhein-Main und darüber hinaus einen Einblick in die faszinierende Welt der Raumfahrt erhalten, haben die beiden Organisationen zusammen mit dem Oberbürgermeister der Stadt vorgeschlagen, Darmstadt zum Sitz einer Space Expo europäischen Zuschnitts zu machen. Ein passender Standort wäre das Bosch-Gelände westlich des Hauptbahnhofs, als Teil der Hochtechnologie-Schiene der Darmstädter Weststadt. Hier soll in attraktiver Darstellung und mit modernster interaktiver und Multi-Media-Technik Geschichte, Bedeutung und Technik der Raumfahrt präsentiert werden. ■

Unternehmensportrait

EUMETSAT liefert Satelliten-Daten in die ganze Welt

Die Europäische Organisation für meteorologische Satelliten entwickelt und unterhält Satellitensysteme für 17 Länder

EUMETSAT
Europäische Organisation für meteorologische Satelliten

Mitgliedsstaaten:
Österreich, Belgien, Dänemark, Deutschland, Finnland, Frankreich, Griechenland, Irland, Italien, Niederlande, Norwegen, Portugal, Spanien, Schweden, Schweiz, Türkei, Großbritannien

Vorsitzender des Rates:
Dr. Jorma Riissanen

Direktor:
Dr. Tillmann Mohr

Gründungsjahr: 1986

Mitarbeiter: 153

Aufgaben:
Entwicklung, Einrichtung und Nutzung europäischer operationeller, meteorologischer Satellitensysteme

Partner: weltweit

Anschrift:
Am Kavalleriesand 31,
64295 Darmstadt
Telefon   (06151) 807-7
Telefax   (06151) 807-555

Die Europäische Organisation für meteorologische Satelliten mit ihrem Sitz in Darmstadt wurde 1986 von 16 europäischen Staaten gegründet, 1993 trat Österreich als 17. Mitgliedsstaat bei. Die vorrangige Aufgabe von EUMETSAT ist die Errichtung, der Betrieb und die Nutzung europäischer operationeller, meteorologischer Satellitensysteme.

Zu den von EUMETSAT genehmigten geostationären Programmen zählen die Fortsetzung des laufenden Meteosat-Systems bis mindestens zum Jahr 2000, sowie die Entwicklung einer zweiten Meteosat-Generation bis zum Jahr 2012. Darüber hinaus werden Vorbereitungsarbeiten für ein neues polares Satellitensystem finanziert. Die heute von fünf verschiedenen Organisationen betriebenen meteorologischen Satelliten werden in zwei Klassen unterteilt: Die geostationären Satelliten sind rund um den Äquator in ungefähr 36.000 km Höhe positioniert und liefern Bilder in halbstündlichen Intervallen. Die polar-umlaufenden Satelliten umkreisen die Erde 14 mal täglich in einer Höhe von etwa 850 km. Diese Satelliten liefern zweimal pro Tag Bilder und andere Daten von der gesamten Erdoberfläche. Die derzeit wichtigsten Aufgaben EUMETSATs basieren vornehmlich auf dem Meteosat Satelliten, der über dem Äquator auf 0 Grad Länge positioniert ist.

Eine Vielzahl von Aufgaben wird durchgeführt, unter anderem die halbstündliche Bilddarstellung, die Übertragung von Bilddaten an zwei verschiedene Arten von Empfangsstationen, die Übertragung von Bilddaten von anderen Satelliten, die Erfassung von Umweltdaten und deren Übertragung, die meteorologische Auswertung der Bilddaten und das Datenarchiv.

Die EUMETSAT-Zentrale in Darmstadt

„Produkte" für Wettervorhersagen

Bei EUMETSAT in Darmstadt werden außerdem die Satellitenbilder operationell zur Gewinnung meteorologischer Produkte ausgewertet. In der „Meteorological Products Extraction Facility" (MPEF) werden aus den Satellitenbildern Windvektoren, Wasseroberflächentemperaturen, die Höhe von Wolkenobergrenzen und die Feuchte der oberen Atmosphäre abgeleitet. Diese „Produkte" werden in der operationellen Wettervorhersage und der Erforschung der Wolken, der Atmosphäre und des Klimas genutzt. Kurz nach Empfang der Meteosat Bilder stehen sie, dank einer weitgehend automatisierten Datenverarbeitung, allen Partnern zur Verfügung.

Voraussichtlich im Jahr 2000 wird die zweite Generation der Meteosat-Satelliten (Meteosat Second Generation - MSG) gestartet, die vor allem zur weiteren Verbesserung der Vorhersagen gefährlichen Wetters und zur Sammlung von Daten zur Klimaforschung und Klimabeobachtung beitragen sollen. ■

Das weltumspannende operationelle meteorologische Satellitensystem

Unternehmensportrait

ESOC - europäische Flugbegleitung auf ständiger Wacht

Das Kontrollzentrum der Europäischen Weltraumorganisation ESA überwachte und steuerte bereits mehr als 50 Satelliten

Der Hauptkontrollraum der ESOC in Darmstadt

Das Kontrollzentrum der Europäischen Weltraumorganisation ESA, das ESOC, ist für den Betrieb sämtlicher Satelliten sowie die dafür notwendigen Bodenstationen und das Kommunikationsnetzwerk verantwortlich. Das ESOC hat bislang mehr als 35 Satelliten der ESA überwacht und gesteuert sowie 15 Satelliten nationaler Organisationen. Aufgrund seiner hochentwickelten Technik ist es in der Lage, mehr als 15 Satelliten gleichzeitig zu kontrollieren.

Während tiefbeeindruckte Zuschauer noch gespannt einen unglaubliche Kräfte freisetzenden Raketenstart mitverfolgen, sind bereits die während der gesamten Mission für das reibungslose Funktionieren des Satelliten und seiner Nutzlast verantwortlichen Ingenieure und Satellitenlotsen auf der anderen Seite unserer Erdkugel tätig.

Der Prolog fand nämlich schon lange vorher statt, denn die Spezialisten des ESOC werden schon zu Beginn eines Satellitenprojektes beauftragt, die für die Ziele der Mission geeignetste Umlaufbahn zu bestimmen.

In den Frühphasen des Projektes müssen Pläne für die Ausrüstung der Bodenstationen aufgestellt werden, damit diese die riesigen Datenmengen des Satelliten und seiner Nutzlast auf die wirksamste Art und Weise empfangen und nach Darmstadt weiterleiten können.

Steuerung oft über Millionen Kilometer

In der Stille des Alls trennt sich der Satellit von der Trägerrakete. Die Satellitenlotsen im Darmstädter Kontrollzentrum wissen genau, wann und wo ihr „Mündel" in den Weltraum gelangt. Das Raumfahrzeug sendet eine Reihe von Signalen, die es ihnen erlauben, die Merkmale der Umlaufbahn genau zu bestimmen und den Zustand des Satelliten und seiner Nutzlast zu überprüfen. Jede Mission erfordert, oft über Millionen Kilometer, regelmäßige Änderungen der Satellitenkonfiguration, die Überprüfung der Treibstoff- und Stromversorgung, Methoden zur Maximierung der Datenausbeute, die präzise Ausrichtung der Instrumente und einzigartige Bahnmanöver - alles mit derselben Ruhe und Effizienz, wie sie für alle Tätigkeiten des ESOC selbstverständlich sind.

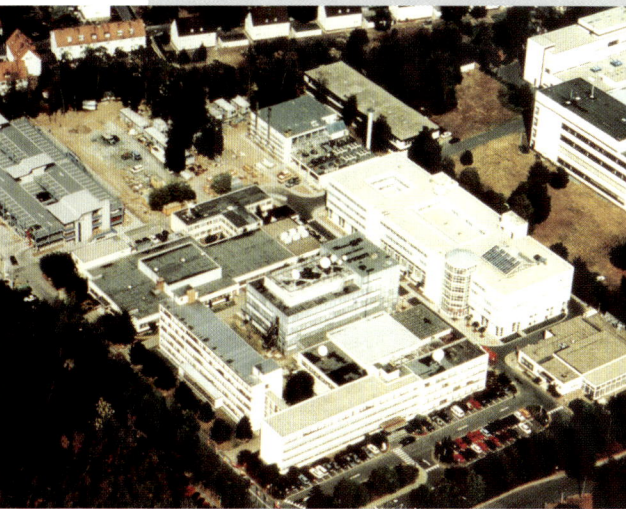

Das ESOC-Kontrollzentrum in der Robert-Bosch-Straße

ESOC
Europäisches Raumflugkontrollzentrum der ESA

Mitgliedsstaaten der ESA:
Österreich, Belgien, Dänemark, Deutschland, Finnland, Frankreich, Irland, Italien, Niederlande, Norwegen, Spanien, Schweden, Schweiz, Großbritannien, Kanada nimmt an einigen Programmen teil

Direktor: David Dale

Gründungsjahr: 1967

Mitarbeiter:
257 festangestellte und 400 Mitarbeiter von Vertragsfirmen

Aufgaben:
Überwachung und Steuerung von Satelliten der ESA und nationaler Organisationen

Benutzte Bodenstationen:
Redu (Belgien)
Kourou (Französisch Guayana)
Villafranca (Spanien)
Kiruna (Schweden)
Perth (Australien)

Weitere Aufgaben:
Auswahl und Berechnung der möglichen Umlaufbahnen, Berechnung der Position und der Geschwindigkeit der Satelliten, Entwicklung von Software für die Steuerung der Satelliten, Planung und Aufbau der Bodenstationen, Installation des Kommunikationsnetzwerkes.

Anschrift:
Robert-Bosch-Straße 5,
64293 Darmstadt
Telefon   (06151) 90-0
Telefax   (06151) 90-2961
Internet: www.dev.esoc.esa.de

Graphische Datenverarbeitung

Darmstadt – Zentrum des internationalen Netzwerkes der Graphischen Datenverarbeitung

Das neue Institutsgebäude in der Rundeturmstraße in Darmstadt.

Die Autoren

Prof. Dr.-Ing. Dr. h.c. Dr. E.h. José Encarnação

Der Autor ist Professor für Informatik an der TU Darmstadt und Leiter des Fachgebietes Graphisch-Interaktive Systeme (GRIS), Vorstandsvorsitzender des Zentrums für Graphische Datenverarbeitung e. V. (ZGDV) in Darmstadt und Leiter des Fraunhofer-Instituts für Graphische Datenverarbeitung (IGD). Er ist Autor verschiedener Veröffentlichungen in internationalen Fachzeitschriften sowie Herausgeber und Autor vieler deutsch- und englischsprachiger Fach- und Lehrbücher. Herr Encarnação wurde mit vielen nationalen und internationalen Auszeichnungen geehrt.

Dr.-Ing. Wolfgang Felger

Der Autor ist seit 1987 Mitarbeiter am Fraunhofer-Institut für Graphische Datenverarbeitung (IGD) in Darmstadt. Von 1990 an war er verantwortlich für die Entwicklung neuartiger Interaktionstechniken in der wissenschaftlichen Visualisierung und virtuellen Realität. Seit 1995 hat er die Stabsfunktion am IGD inne und ist zuständig für Koordination und Strategie. Er ist Verfasser mehrerer Fachbücher und zahlreicher wissenschaftlicher Publikationen.

Die graphische Datenverarbeitung in Darmstadt begann 1975 mit einer kleinen, vier Personen umfassenden Gruppe an der Technischen Hochschule. Hieraus hat sich eines der weltweit bedeutendsten Netze von Forschungszentren für dieses Fachgebiet entwickelt. Die graphische Datenverarbeitung ist zu einer Schlüsseltechnologie für die Informations- und Kommunikationstechnik geworden. Sie ist eine Technologie, mit der Bilder im allgemeinsten Sinn des Wortes (Graphiken, Grau- und Farbbilder) mit Hilfe von Prozessoren, also Rechnern, erfaßt bzw. erzeugt, verwaltet, dargestellt, manipuliert, in für die jeweilige Anwendung geeigneter Form verarbeitet und mit sonstigen, auch nichtgraphischen Anwendungsdaten in Wechselbeziehungen gebracht werden. Auch die rechnergestützte Integration und Handhabung dieser Bilder mit anderen Datentypen wie Audio, Sprache und Video (Multimediale Systeme) sowie die entsprechenden fortgeschrittenen Dialogtechniken gehören dazu. Die Graphische Datenverarbeitung ist in diesem Sinne schon heute die Basistechnologie

Graphische Datenverarbeitung

Visualisierung in der Wettervorhersage

für Visualisierung und graphisch-interaktiven Dialog in Entwurfs- und Ingenieursanwendungen, im Druck- und Verlagswesen sowie in Büroanwendungen, Wissenschaft und Medizin, Medien und visueller Kommunikation, Graphischen Informationssystemen und Architektur- bzw. Bauingenieursanwendungen.

Darüber hinaus ist Graphische Datenverarbeitung aber auch die Schlüsseltechnologie bei wichtigen Trends der Informatik und Informationstechnik, wie z. B. für die Entwicklung neuer Paradigmen für das Arbeiten mit dem Computer (verteilte, multimediale und kooperative Anwendungen; CSCW), für die Entwicklung und Anwendung rechnergenerierter Realitäten (Virtual Reality, Cyberspace), für die Realisierung von lernfähigen, graphisch-interaktiven Informationssystemen (Integration von Graphik mit KI-Methoden, mit neuronalen Netzen und mit Verfahren der Fuzzy-Logik), um nur einige Gebiete zu nennen.

Wichtige neue Themen und Trends, die in immer stärkerem Maße in der Forschung der graphischen Datenverarbeitung zu erkennen sind, sind u. a. die Verwendung von Computer-Graphik-Technologie für die Visualisierung, Simulation und Animation von Lebewesen (living structures), die Visualisierung und Dialogführung in mobilen Systemen (Mobile Information Display) und die Frage der Sicherung von Bildübertragungen in allen Formen und Anwendungen der Telekommunikation.

Als Technologie zur Datenkompression (über Bilder) und als Präsentations- und Interaktionstechnologie ist die Graphische Datenverarbeitung auch eine Schlüsseltechnologie für die Entwicklung, Realisierung, Präsentation und Anwendung neuer Informationsstrukturen (Internet, WWW, Online Dienste etc.). Wichtige Themen hierbei sind u. a. VRML und JAVA.

Graphische Datenverarbeitung in Darmstadt

Darmstadt ist das geographische Zentrum des internationalen Netzwerks der Institutionen für die Graphische Datenverarbeitung. Zu diesem Netzwerk gehören das Fachgebiet Graphisch-Interaktive Systeme (GRIS) an der Technischen Universität Darmstadt, das Zentrum für Graphische Datenverarbeitung (ZGDV), das Fraunhofer-Institut für Graphische Datenverarbeitung (IGD) sowie die CAPCom Technologie Beratung Entwicklung und Vertrieb GmbH.

Eine formalisierte Zusammenarbeit besteht mit folgenden Universitäten:

- Universität Rostock
- Universidade de Coimbra, Portugal
- Brown University, Providence, Rhode Island, USA
- Rhode Island School of Design, Providence, Rhode Island, USA
- Nanyang Technological University, Singapur

Fachgebiet Graphisch-Interaktive Systeme (GRIS)

Das Fachgebiet Graphisch-Interaktive Systeme (GRIS) am Fachbereich Informatik der Technischen Universität Darmstadt wurde 1975 von Prof. Encarnação aufgebaut. GRIS stellt die „Keimzelle" dieses Netzwerks der Graphischen Datenverarbeitung dar. Hauptaufgabengebiete sind Lehre und Grundlagenforschung.

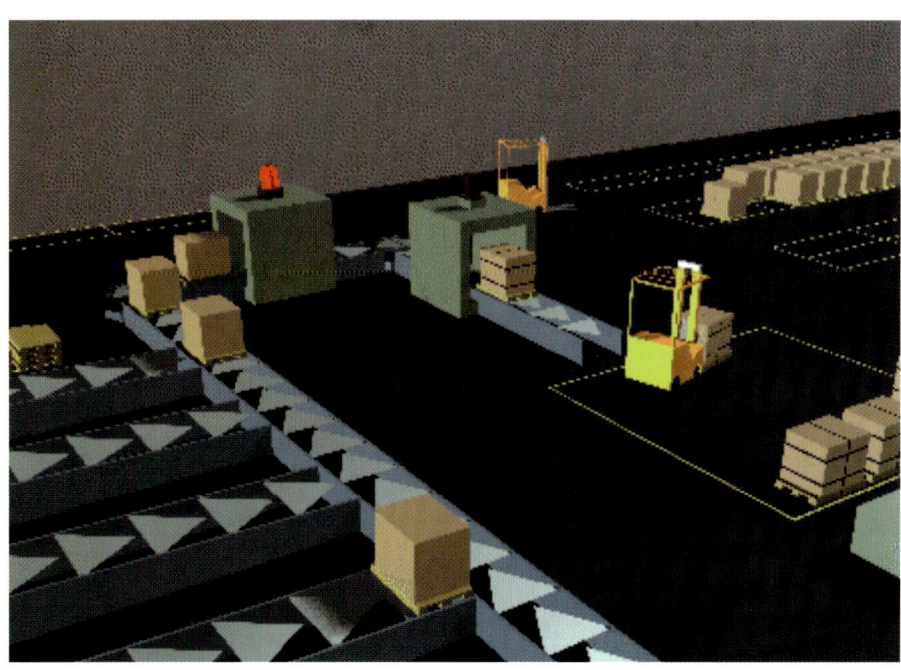

Animation von Simulationen in Produktion und Logistik

Graphische Datenverarbeitung

Zentrum für Graphische Datenverarbeitung e. V. (ZGDV)

Das Fachgebiet GRIS ist gleichzeitig Träger von Qualifikationsmaßnahmen der wissenschaftlichen Mitarbeiter, wie zum Beispiel Promotion und Habilitation.

Das ZGDV e. V. in Darmstadt ist ein europäisches Forum für anwendungsbezogene Schulung, Forschung und Entwicklung auf dem Gebiet der graphischen Datenverarbeitung. Es wurde 1984 gegründet und hat die Rechtsform eines eingetragenen, gemeinnützigen Vereins. Vereinsmitglieder sind die Technische Universität Darmstadt, die Fraunhofer-Gesellschaft, die Universität Rostock und über 30 namhafte Industrieunternehmen. Das ZGDV fungiert als Schnittstelle zwischen Forschung und Industrie. So ist garantiert, daß die Forschungs- und Entwicklungsarbeit sich an den Anforderungen und Trends der Industrie und des Marktes orientieren.

Das Darmstädter ZGDV verfügt über zwei Außenstellen: das ZGDV Rostock, gegründet 1990, sowie das 1993 eingerichtete Centro de Computação Gráfica Coimbra, Portugal. Darüber hinaus wurde 1995 im ZGDV das „Forum für Informations- und Kommunikationstechnologie-Transfer (IKTT)" mit Sitz in Erbach gegründet.

Ziele des IKTT sind: die Förderung von Anwendungsbereichen der Informations- und Kommunikationstechnologie mit Wirkung für die regionalen Wirtschaftsräume des Landes Hessen, Technologietransfer, sowie die allgemeine Förderung der regionalen Wirtschaftsräume im bevorstehenden technologischen und strukturellen Wandel. Das IKTT-Forum hat eigene Mitglieder, die sich im wesentlichen aus in der Region Darmstadt/Odenwald angesiedelten Firmen zusammensetzen.

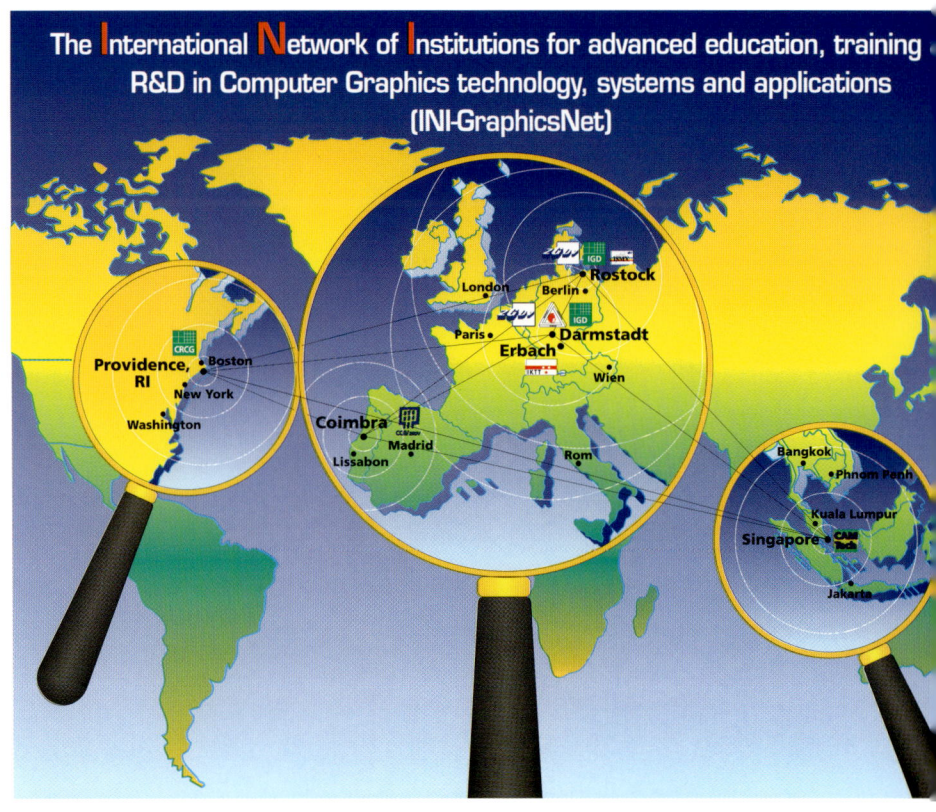

Internationales Netzwerk der Institutionen der Graphischen Datenverarbeitung

Fraunhofer-Institut für Graphische Datenverarbeitung (IGD)

Seit 1987 besitzt Darmstadt mit dem Fraunhofer-Institut für Graphische Datenverarbeitung eines der führenden europäischen Forschungs- und Entwicklungsinstitute seiner Art. Durch seine Forschungs- und Entwicklungsarbeit trägt das IGD dazu bei, in Deutschland die Graphische Datenverarbeitung als Technologie zu etablieren. Die Arbeit des IGD besteht in der Entwicklung von Software und Hardware für die Graphische Datenverarbeitung sowie deren Anpassung an spezifische Anwendungsfälle. Forschung und Entwicklung dienen der konkreten Problemlösung in Industrie, Handel, Verkehr und Dienstleistung.

1992 wurde der IGD-Institutsbereich in Rostock gegründet. Das Fraunhofer Center for Research in Computer Graphics (Fraunhofer-CRCG), die 1993 gegründete Außenstelle in Providence, Rhode Island (USA), ermöglicht es früh, technische Entwicklungen in den USA zu erkennen und mitzugestalten. Die Etablierung einer Außenstelle in Singapur, das Center for Advanced Media Technology, hat 1997 begonnen.

CAPCom Technologie, Beratung, Entwicklung und Vertrieb GmbH

Die CAPCom Technologie, Beratung, Entwicklung und Vertrieb GmbH mit Sitz in Darmstadt unterstützt Vermarktung und Vertrieb der Forschungs-

Telekommunikationssystem für örtlich verteilte CAD-Arbeitsgruppen

Graphische Datenverarbeitung

und Entwicklungsergebnisse des internationalen Netzwerks der Institutionen für die Graphische Datenverarbeitung. Prototypen werden bis zur Produktreife geführt und auf dem internationalen Markt positioniert. Besonders im Bereich der Neuen Medien bietet CAPCom Dienstleistungen wie Consulting und Marketing, oder Vertrieb von Internet-, Intranet- und Extranetlösungen, inclusive Hard- und Software. Dieses internationale Netzwerk der Institutionen für die Graphische Datenverarbeitung und seine Partner stellt eine solide Basis für hochqualifizierte Forschung und Entwicklung dar. Unter der Gesamtleitung von Prof. Dr.-Ing. Dr. hc. José L. Encarnação bildet das Netzwerk mit mehr als 250 Mitarbeitern und fast 400 wissenschaftlichen Hilfskräften, bei einem Haushalt von ca. 50 Millionen DM (1996), weltweit den größten Schwerpunkt dieser Informations- und Kommunikationstechnologie.

Innovative industrielle Anwendungen der Graphischen Datenverarbeitung

Nach mehr als zwanzig Jahren der Graphischen Datenverarbeitung an wechselnden Standorten in Darmstadt sind die Darmstädter Institutionen seit Juni 1997 wieder unter einem Dach vereint. Am Rande der Innenstadt, in unmittelbarer Nähe zur Technischen Universität, entstand ein Institutsneubau mit einer Gesamtnutzungsfläche von 5.700 Quadratmetern, wovon knapp 2.000 Quadratmeter auf Laborräume entfallen. Damit wird der Bedeutung des Netzwerks als Schwerpunkt internationalen Ranges für Forschung und Entwicklung in der Graphischen Datenverarbeitung Rechnung getragen.

Computer-generiertes Modell des neuen Gebäudes in Darmstadt

Dieser Abschnitt skizziert einige prominente Projekte, die am Fraunhofer-IGD, dem ZGDV und bei GRIS durchgeführt werden und die einen konkreten Bezug zur Stadt Darmstadt und dem Rhein/Main-Gebiet haben. In Zusammenarbeit mit internationalen Partnern und insbesondere mit der deutschen Industrie wird ein breites Spektrum anwendungsorientierter Forschungs- und Entwicklungsarbeit auf dem Gebiet der Informationstechnologie bearbeitet.

CIP3 Print Production Format (PPF): Internationale Kooperation ermöglicht computerintegrierte Fertigung von Druckproduktionen (Dr. J. Schönhut)

Das CIP3-Konsortium wurde auf Initiative des Fraunhofer-IGD (Darmstadt) und der Heidelberger Druckmaschinen AG (Heidelberg) gegründet. Zu den internationalen Mitgliedern zählt die Darmstädter Maschinenfabrik Goebel GmbH.
Bei der Entwicklung neuer Technologien und Systemlösungen für die Produktion von Druckerzeugnissen spielt die Verkürzung der Rüstzeiten für den Druck und die Weiterverarbeitung eine zentrale Rolle. Die digitale Verknüpfung aller Arbeitsabläufe über die gesamte Druckproduktion ist dabei der Schlüssel zum Erfolg. Voraussetzung hierfür ist ein einheitliches Format zur Beschreibung produktionsrelevanter Daten vom Entwurf bis hin zum Versand eines Druckproduktes.
Für diesen Zweck hat das Fraunhofer-Institut für Graphische Datenverarbeitung in Darmstadt in Kooperation mit der Heidelberger Druckmaschinen AG eine Lösung entwickelt, die von einem Konsortium namhafter Firmen unterstützt wird. Inzwischen haben sich mehr als 30 der bedeutendsten Firmen aus verschiedenen Ländern dieser Gruppe angeschlossen; sie nennt sich CIP3 (Cooperation for Integration of Prepress, Press and Postpress).

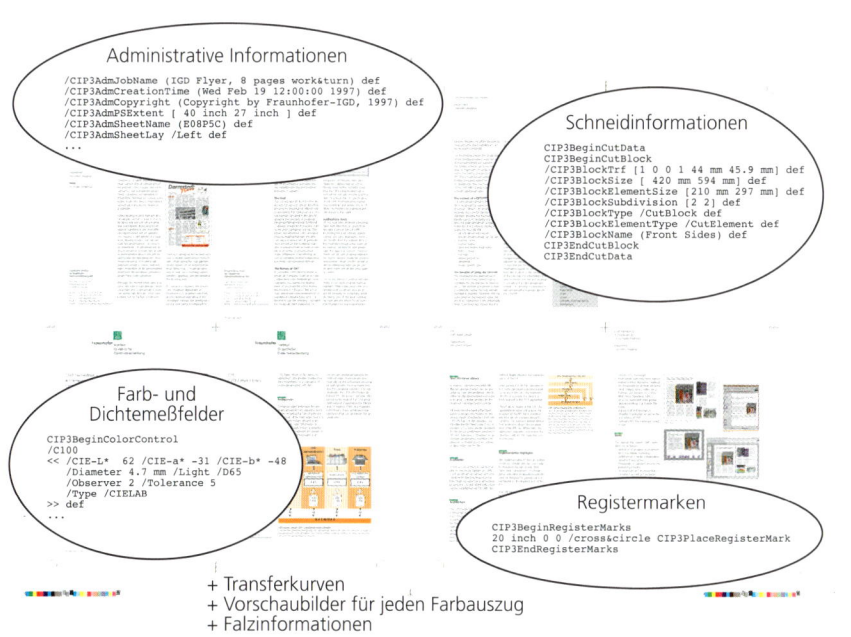

Administrative Informationen
```
/CIP3AdmJobName (IGD Flyer, 8 pages work&turn) def
/CIP3AdmCreationTime (Wed Feb 19 12:00:00 1997) def
/CIP3AdmCopyright (Copyright by Fraunhofer-IGD, 1997) def
/CIP3AdmPSExtent [ 40 inch 27 inch ] def
/CIP3AdmSheetName (E08P5C) def
/CIP3AdmSheetLay /Left def
...
```

Schneidinformationen
```
CIP3BeginCutData
CIP3BeginCutBlock
/CIP3BlockTrf [1 0 0 1 44 mm 45.9 mm] def
/CIP3BlockSize [ 420 mm 594 mm] def
/CIP3BlockElementSize [210 mm 297 mm] def
/CIP3BlockSubdivision [2 2] def
/CIP3BlockType /CutBlock def
/CIP3BlockElementType /CutElement def
/CIP3BlockName (Front Sides) def
CIP3EndCutBlock
CIP3EndCutData
```

Farb- und Dichtemeßfelder
```
CIP3BeginColorControl
/C100
<< /CIE-L* 62 /CIE-a* -31 /CIE-b* -48
/Diameter 4.7 mm /Light /D65
/Observer 2 /Tolerance 5
/Type /CIELAB
>> def
...
```

Registermarken
```
CIP3BeginRegisterMarks
20 inch 0 0 /cross&circle CIP3PlaceRegisterMark
CIP3EndRegisterMarks
```

+ Transferkurven
+ Vorschaubilder für jeden Farbauszug
+ Falzinformationen
+ ...

Beispiele von Inhalten einer CIP3 PPF-Datei

Graphische Datenverarbeitung

Das Ergebnis dieser Zusammenarbeit ist ein Austauschformat, das unter dem Namen Print Production Format (PPF) heute der graphischen Industrie weltweit zur Verfügung steht. Viele der Partnerfirmen bieten mittlerweile Produkte an, die dieses Format für den Workflow nutzen. Die ersten Erfahrungen beim Einsatz von CIP3 PPF zeigen sowohl eine signifikante Steigerung der Produktivität als auch einen schonenderen Umgang mit unserer Umwelt.

Virtuelle Realität (VR) in Architektur, Medizin und Automobilbau (Dr. R. Ziegler)

Neben vielen anderen Projektpartnern wurden auf dem Gebiet der Virtuellen Realität vom Fraunhofer-IGD in Darmstadt Projekte mit der Lufthansa AG und der Berufsgenossenschaftlichen Unfallklinik in Frankfurt am Main durchgeführt. Ein interessantes Projekt aus der Architektur bildete die VR-Visualisierung des Terminal 1 des Frankfurter Flughafens im Auftrag der Lufthansa AG, die bereits in der Entwurfsphase eine Planungs- und Entscheidungshilfe bot. Damit war es möglich, Varianten schnell zu visualisieren und zu vergleichen. Diesem Projekt gingen viele Präsentationsprojekte voraus, beispielsweise mit der Fa. Wilkhahn (VR-Visualisierung von Büromöbeln).

Ein erstes Projekt im Bereich der Medizin bildete der VR Arthroskopie-Trainingssimulator, entwickelt im Auftrag der Berufsgenossenschaftlichen Unfallklinik in Frankfurt. Mit diesem Trainingssimulator können Chirurgen ihre Geschicklichkeit trainieren, die für arthroskopische Untersuchungen im Kniegelenk erforderlich ist. Die in diesem Projekt gewonnene Erfahrung wird bereits in weiteren Projekten eingesetzt.

Im Kontext Automobilbau ist ein Präsentationsprojekt im Auftrag der Volkswagen AG für die Hannover-Messe 1995 hervorzuheben. Ein virtueller Windkanal zeigt auf beeindruckende Weise die Kombination von Simulation, wissenschaftlicher Visualisierung und VR. Dieser virtuelle Windkanal wird auch im FuturLab des Technologiezentrums der Deutschen Telekom AG in Darmstadt präsentiert.

Technologie-Atlas der Deutsche Bank AG (Dr. C. Giger)

Der Technologieatlas wurde unter Mitwirkung des Fraunhofer-IGD in Darmstadt für die Deutsche Bank AG in Frankfurt am Main entwickelt. Beim Technologie-Atlas handelt es sich um eine umfassende Bestandsaufnahme der gegenwärtigen technologischen Situation in Deutschland. Über 100 moderne Technologien werden vorgestellt; ihre Trends und ihr Marktvolumen werden erläutert. Darüber hinaus sind alle deutschen Forschungsinstitute, Technologiezentren, Transferstellen und sonstigen technologischen Organisationen mit ihren Adressen aufgeführt. Technologische Schwerpunkte und Netzwerke sowie interessante Standorte für bestimmte zukunftsweisende Branchen sind mit einem Blick auf die Deutschlandkarte oder ein Bundesland erkennbar. Bis hinunter auf die Ebene der Landkreise ist eine technologische Bestandsaufnahme möglich. Ein umfangreiches Glossar, eine Patentstatistik der Jahre 1995 und 1996 nach Technologien und Bundesländern geordnet, sowie eine Übersicht über die Projektförderungen des BMBF der letzten beiden Jahre ergänzen die Datenbank. Der Technologie-Atlas wurde entwickelt von der Fraunhofer-Management GmbH unter Mitwirkung des Fraunhofer-IGD. Das vom Fraunhofer-IGD erstellte Geo-Informationssystem greift auf eine MS-ACCESS Datenbank zu und läuft unter Windows 3.11, Windows 95 und Windows NT. Alle Abfragen erfolgen graphisch-interaktiv, und als Ergebnis wird eine graphisch aufbereitete Präsentation der Adressen auf der Basis von digitalen Landkarten erstellt. Das System erlaubt außerdem das Zoomen und Scrollen in den zur Visualisierung genutzten Karten, die sich auch zu Dokumentationszwecken ausdrucken lassen.

Das Geo-Informationssystem kann ebenfalls für Standortanalysen, Geo-Marketing etc. im Rahmen anderer Anwendungen eingesetzt werden.

Flughafen Frankfurt am Main, Wartebereich Gate 15

TRADE: A Transatlantic Research And Development Environment (Dr. S. Noll, N. Schiffner)

Mit dem TRADE-Projekt konnte erstmals eine kontinuierliche internationale Anbindung Darmstadts an das transatlantische Hochgeschwindigkeitsnetz nach Nordamerika bereitgestellt werden. Im Rahmen des gemeinsam vom Fraunhofer Center for Research in Computer Graphics (CRCG) und dem IGD durchgeführten Projektes TRADE wird eine Netzinfrastruktur für Telekommunikationsanwendungen aufgebaut, die als Arbeitsplattform für Telekommunikationsprojekte des CRCG und der Fraunhofer Ressource Centers (FRC) dienen soll. Dies betrifft sowohl

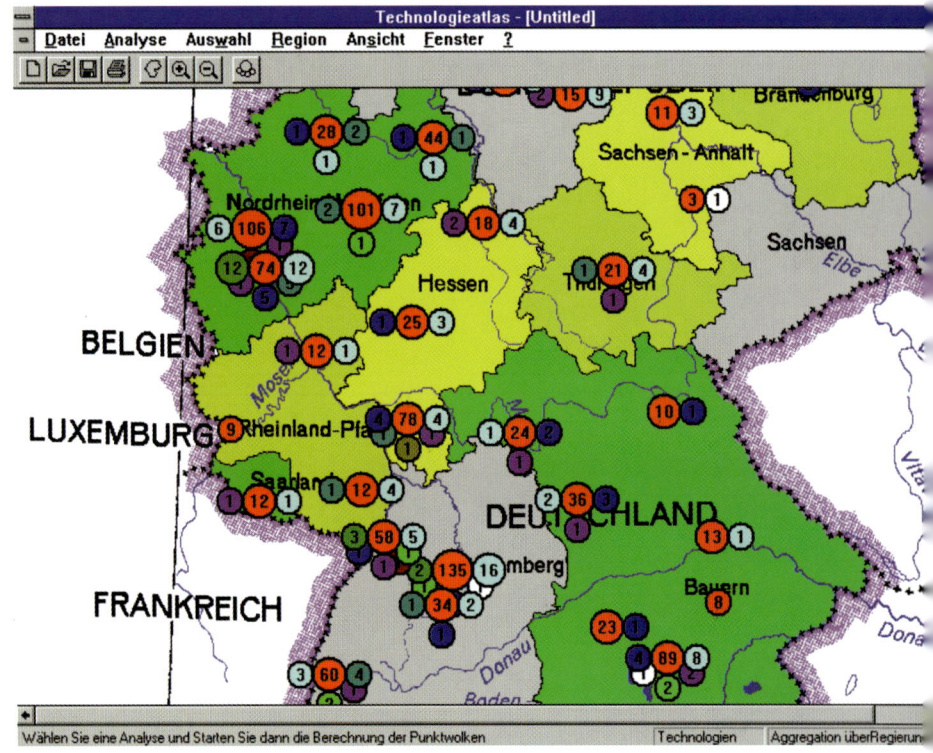

Analyseergebnis des Technologieatlas', aggregiert über Regierungsbezirke in Deutschland

Graphische Datenverarbeitung

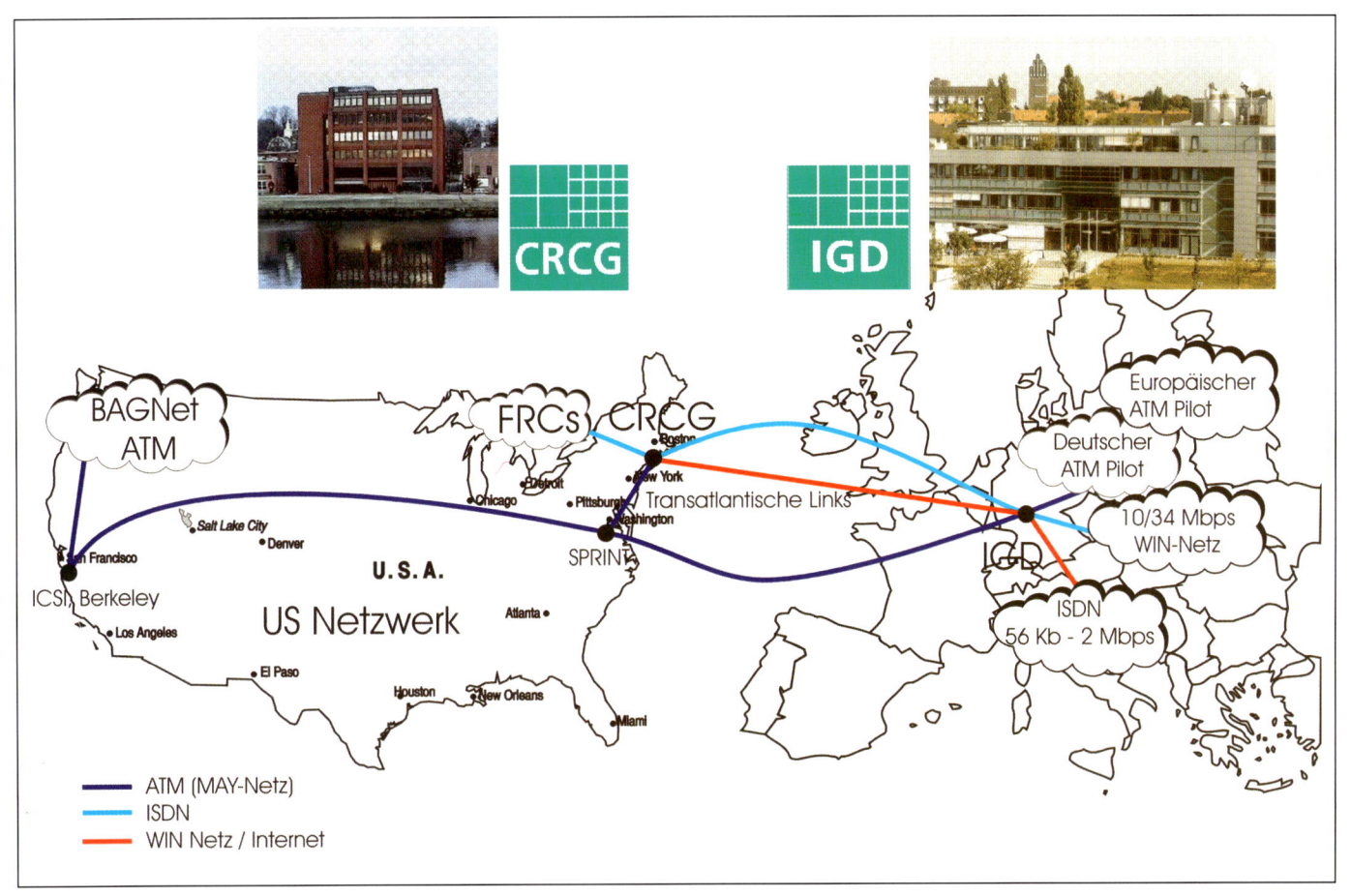

Telekommunikationsplattform für Arbeiten zwischen Darmstadt und den USA

Projekte mit US-Firmen wie auch Projekte, die transatlantische Telekommunikationsverbindungen benötigen, da TRADE eine Hochgeschwindigkeitsverbindung auf ATM-Basis (ATM=Asynchronous Transfer Mode) zwischen dem CRCG und dem IGD bereitstellt.

Das Ziel von TRADE ist die Erstellung einer Plattform für die Entwicklung von multimedialen Kommunikations- und Anwendungsdiensten im transkontinentalen Umfeld („TK"-Labor). Durch den Aufbau dieses TK-Labors leistet die Fraunhofer-Gesellschaft einen strategischen Beitrag, um innerhalb des sehr dynamischen Telekommunikations- und Informationsumfeldes bzw. Technologiemarktes (TK/IT-Markt) eine auch international bedeutende Rolle zu spielen. Internationale Unternehmen werden durch innovative Produkte und Serviceleistungen neue Geschäftsfelder im Bereich des internationalen Informationsaustausches entwickeln und besetzen. Dafür sind neue Technologien, Services, Metaphern und Kommunikationsstrukturen nötig, die auf TRADE entwickelt, erprobt und demonstriert werden können.

Konzepte für IT-basierte Aus- und Weiterbildung (Dr. K. Böhm, M. Mengel)

Mit den wegweisenden Ergebnissen, erarbeitet von GRIS, Fraunhofer-IGD und ZGDV, auf dem Gebiet der IT-basierten Aus- und Weiterbildung konnte sich Darmstadt zum internationalen Technologielieferanten für diese Zukunftsthemen etablieren, insbesondere auch für den asiatischen Wirtschaftsraum.

Der Bildungsstand der Bevölkerung ist einer der Schlüsselfaktoren der heutigen Gesellschaft. Der Wandel von einer Produktions- zu einer Dienstleistungsgesellschaft und der vermehrte Einsatz von Informationstechnologie erfordert eine ständige Aktualisierung und Erweiterung des Gelernten. Traditionelle Lehr- und Lernmethoden dominieren immer noch die Aus- und Weiter-

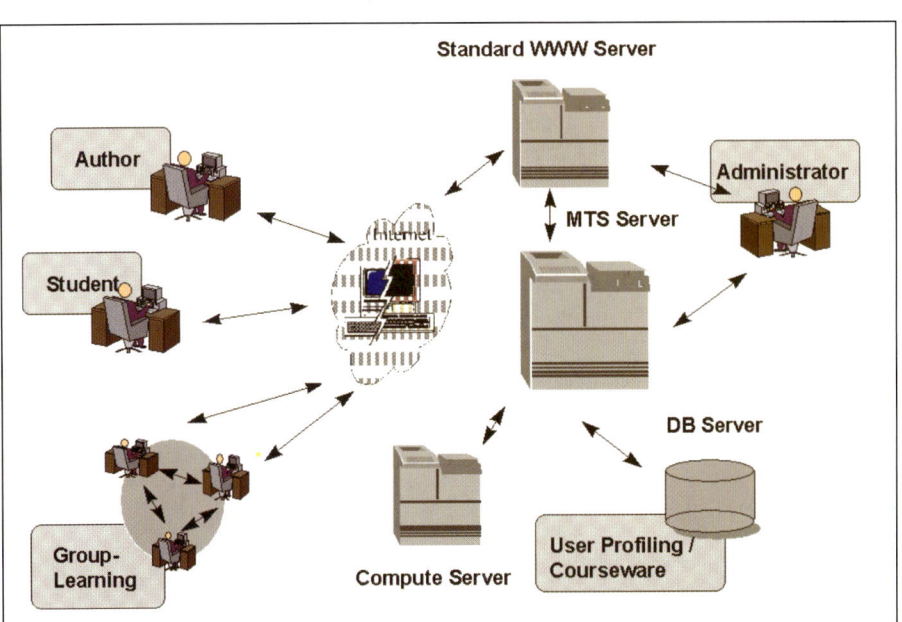

IT-basierte Lern- und Ausbildungsumgebung

Graphische Datenverarbeitung

bildung, obwohl sie nicht die Flexibilität und Verfügbarkeit bieten, die der Markt erfordert. Der gezielte Einsatz von Informationstechnologie (IT)-basierter Aus- und Weiterbildung bietet Ansätze zur Verbesserung.

Die malayische Regierung verfolgt das Ziel, Malaysia bis zum Jahr 2020 in einen industriell, wirtschaftlich und bevölkerungspolitisch voll entwickelten Staat zu überführen. Im Rahmen dieses Programms etabliert die malayische Regierung den sogenannten „Multimedia Superkorridor", in dem verschiedene IT-basierte Leitprojekte Impulse für das gesamte Land geben sollen.

Prof. Encarnação und sein internationales Netzwerk aus Instituten der Computer-Graphik wurden deshalb beauftragt, einen Workshop in Malaysia durchzuführen, um ein Konzept und eine Systemarchitektur für IT-basierte Aus- und Weiterbildung zu entwickeln. Im Rahmen dieses Auftrages wurde eine Konzeptstudie entwickelt, die als Grundlage für den Workshop diente.

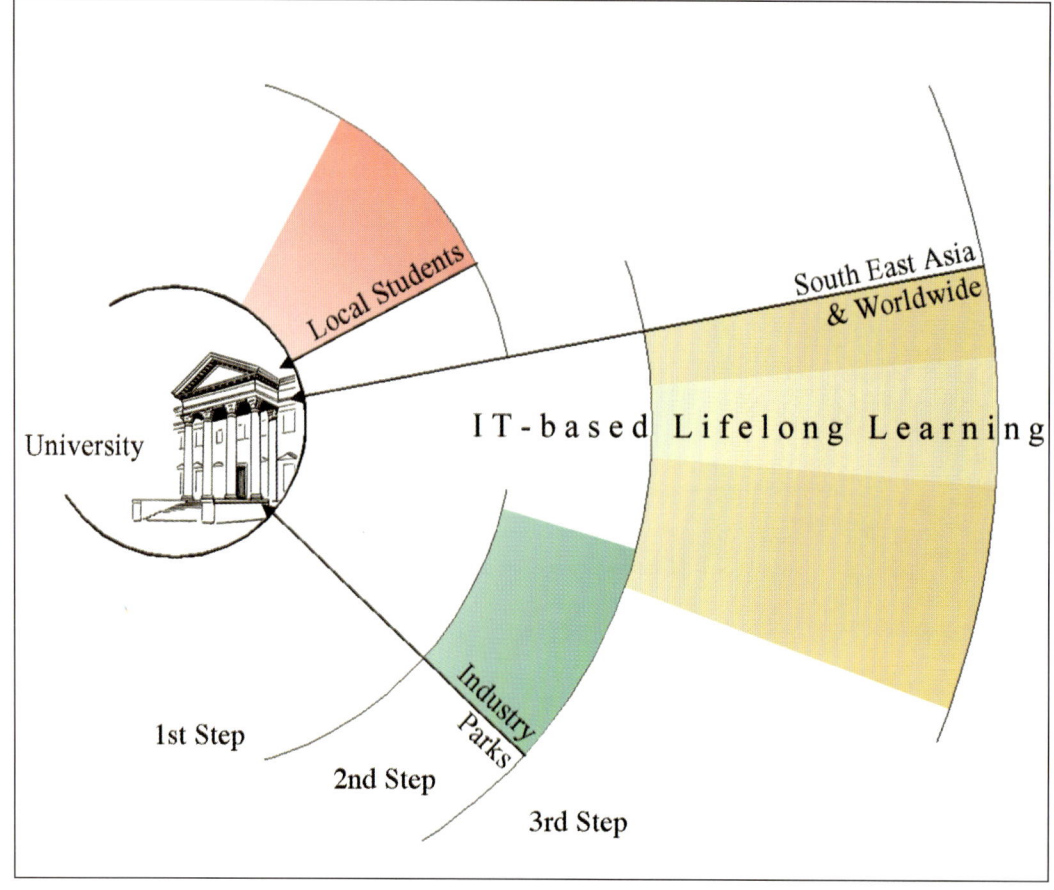

Geplante Einführung von IT-basierter Aus- und Weiterbildung in Sabah, Malaysia

Videobasierte Verkehrserfassung (Dr. C. Busch, Dr. A. Hildebrand)

Das ZGDV in Darmstadt widmet sich intensiv den verkehrstechnischen Problemen, die auch besonders den Rhein/Main-Ballungsraum betreffen. In einer zukünftigen Zusammenarbeit mit dem Fachbereich Verkehrstechnik an der Technischen Universität Darmstadt und der Stadt Frankfurt am Main werden hierfür Lösungen erarbeitet.

Wachsender Verkehr auf europäischen Fernstraßen führt zu zunehmenden verkehrstechnischen Problemen. Verkehrspolitische Maßnahmen zielen daher auf eine effiziente Nutzung vorhandener Verkehrsinfrastruktur und letztlich auf eine umweltverträgliche Bewältigung des Verkehrswachstums. Ein wesentlicher Aspekt ist dabei die Erfassung der aktuellen Verkehrslage, die derzeit nur aufwendig (z. B. mit Hilfe von Induktionsschleifen) und auch lediglich lokal durchgeführt werden kann.

Die Zielsetzung der videobasierten Verkehrserfassung ist die Erhebung von lokalen und streckenbezogenen Daten zur Ansteuerung von Verkehrsbeeinflussungsanlagen. Dabei werden sowohl Linienbeeinflussungsanlagen, die den Autofahrer vor Stau- und Nebelsituationen warnen, als auch Netzbeeinflussungsanlagen, die den Verkehrsstrom durch alternative Routenvorschläge mittels Wechselwegweisern beeinflussen, adressiert. Die videobasierte Verkehrserfassung ermöglicht ferner eine automatisierte Ansteuerung der Verkehrsbeeinflussungsanlagen.

Ein wesentlicher Aspekt bei der Entwicklung des Verkehrserfassungssystems besteht darin, die Funktionalität verschiedener Sensoren wie etwa Induktionsschleifen, Radardetektoren oder Streulichtmesser unter Verwendung einer Videokamera in einem Sensor zu integrieren. Der Einsatz

Segmentierung von Fahrzeugen aus einem Videobild

Graphische Datenverarbeitung

von Videokameras bietet zudem ein leicht installierbares, kostengünstiges und portables System. Das videobasierte Erfassungssystem löst die Aufgabe der Querschnittzählung an einer Streckenstation durch die vollautomatische Auswertung der Videodaten. Dabei werden Algorithmen der Bewegtbildanalyse eingesetzt, die beispielsweise die Segmentierung von Fahrzeugen in einer Bildfolge lösen. Für ein passierendes Fahrzeug werden dadurch relevante Informationen gewonnen. Darunter fallen beispielsweise Geschwindigkeit, Fahrzeugklasse und die Uhrzeit, zu der das Fahrzeug erfaßt wurde. Daraus lassen sich mit den Methoden der Verkehrstechnik direkt Steuerparameter für Linienbeeinflussungsanlagen gewinnen und somit stau- und unfallmindernde Maßnahmen einleiten. Darüber hinaus werden an einer lokalen Streckenstation Informationen erfaßt, die zur Wiedererkennung eines passierenden Fahrzeugs an einer anderen Streckenstation im Verkehrsnetz benötigt werden. Dies sind neben der Farbe eines Fahrzeugs vor allem signifikante Merkmale, die aus der Kennzeichenmatrix abgeleitet werden.

In einer zentralen Systemkomponente laufen die Ergebnisse, die an verschiedenen Streckenstationen gewonnenen werden, zusammen. Durch eine geeignete Auswertung können streckenbezogene Verkehrsdaten ermittelt und damit der Verlauf von Verkehrsströmen statistisch quantifiziert werden. Die videobasierte Erfassung leistet damit einen wesentlichen Beitrag zur Informationsgewinnung über die jeweils aktuelle Verkehrslage.

Innovative Ansätze zum Einsatz von interaktivem Video (N. Gerfelder, L. Neumann)

Darmstadt hält eine Vorreiterrolle bei Technologieentwicklungen inne, wie beispielsweise bei der Verschmelzung von Internet mit trditionellem Fernsehen, was folgendes ZGDV-Projekt anschaulich demonstriert. Heutige Ansätze zum Einsatz von interaktivem Video beschränken sich bezüglich der Übertragung auf die Nutzung eines gemeinsamen Kanals für Video und Word Wide Web (WWW) Daten (wie bei Videotext) oder bezüglich der Interaktion auf die Steuerung der Videodarstellung (wie bei einem Videorecorder). Diese Ansätze bieten für den Nutzer keinerlei Vorteile gegenüber heute üblichen Technologien und Diensten und schöpfen in keiner Weise das Potential von digitalem Video und Internet-Diensten, z. B. dem WWW, aus.

Am Zentrum für Graphische Datenverarbeitung (ZGDV) wurde ein Prototyp eines integrierten Systems entwickelt, der die Nachteile heutiger Ansätze überwindet und innovative Einsatzmöglichkeiten für die Zukunft aufzeigt. Das System hat den Namen MOVieGoer und ermöglicht eine Interaktion des Benutzers mit Objekten innerhalb eines Videos. Ein Anwender kann, während er Videos betrachtet, mit der Maus Objekte selektieren, um mehr über sie zu erfahren. Diese Informationen, welche über Hyperlinks mit den Objekten innerhalb des Videos verbunden sind, werden über das WWW bereitgestellt und können verschiedene multimediale Daten wie Text, Bilder, Video und Audio umfassen.

MoVieGoer unterstützt ein erweitertes Ankerkonzept für den inhaltsbasierten Zugriff auf Videos. Sensitive Regionen werden als solche markiert und mit den zur Verfügung stehenden Zusatzinformationen verknüpft. MoVieGoer basiert auf standardisierten Technologien und kann in unterschiedlichen Szenarien eingesetzt werden. So wurden Beispielapplikationen in den Bereichen Sport und Schulung erstellt. In einem Sportvideo können die Zuschauer Zusatzinformationen über Spieler, den Stand des Spiels etc. erfahren. Bei einem wissenschaftlichen Video können Informationen über die gezeigten Szenen oder einzelne Objekte abgerufen werden. Die Windows 95/NT-basierte Version stellt einen relevanten Schritt im Kontext interaktives Fernsehen und der Realisierung ansprechender Online-Dienste da. ∎

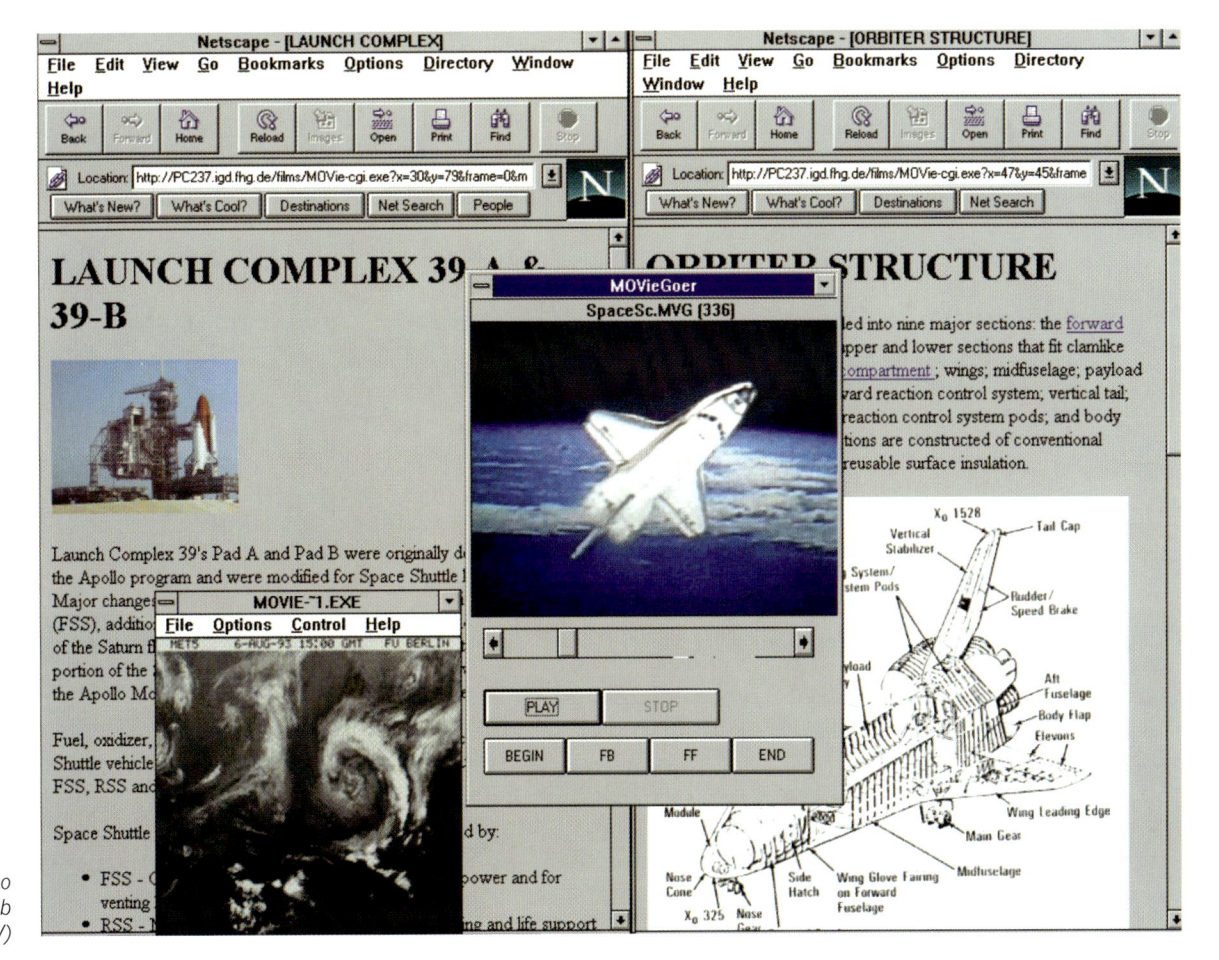

Interaktives Video und WorldWideWeb (WWW)

digitaltype
publishing · multimedia · internet

digitaltype gmbh

Geschäftsführer:
Andreas Buddrus
Alexander Weber

Gründungsjahr: 1993

Mitarbeiter: 5

Technische Ausstattung:
3 Belichter bis Format 760 x 1020
Trommelscanner
Irisproof
Großformatplotter bis DIN A0
TaigaSpace Ausschießstation
Digitalkamera
Computersysteme: MAC/PC/SUN

Planumsatz 1997: 1,8 Mio. DM

Anschrift:
Riedstraße 8
64295 Darmstadt
Telefon (06151) 31 01 10
Telefax (06151) 31 01 20
ISDN Leo (06151) 31 01 32
e-mail digigmbh@aol.com

Unternehmensportrait

digitaltype – Pioniere mit Phantasie und Kompetenz

Einer der leistungsfähigsten Betriebe der digitalen Druckvorstufe auf dem Weg ins nächste Jahrtausend.

Idealismus, Kundennähe und vor allem Phantasie sind wohl die drei wesentlichen Faktoren, die das junge Unternehmen digitaltype innerhalb von nur fünf Jahren zu einem der leistungsfähigsten Betriebe der digitalen Druckvorstufe in Darmstadt gemacht haben.

Vorsprung durch modernste Technik

Den Blick in dieser schnellebigen Branche stets in die Zukunft gerichtet, ist man hier technisch auf dem neuesten Stand: leistungsfähige PowerMacs, Pulsar, Pentium Rechner, professionelle Trommelscanner, Digitalproof, Digital-Kamera sowie drei High-End-Filmbelichter mit einem traumhaften Belichtungsformat von bis zu 760 x 1020 mm und einem täglichen Filmausstoß von über 1000 Seiten DIN A4 und der digitalen Ausschießstation TaigaSpace.

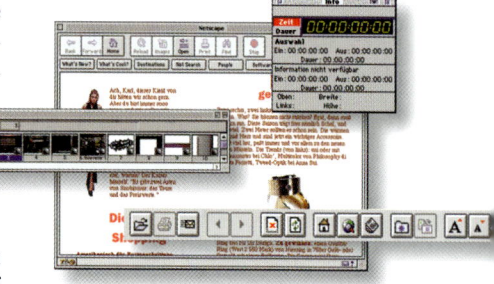

Elektronische Medien fest im Griff

Spezialisten für PrePress Probleme

Das junge Team verfügt über fundierte jahrelange Erfahrung im PrePress-Bereich und einem Know-How aus Hunderten von Problemlösungen. Druckereien, Verlage und Werbeagenturen aus dem gesamten Rhein-Main-Gebiet schätzen die professionellen Leistungen aus einer Hand: Satz, perfekte Lithografie und Illustration – auch auf digitalen Medien – ein Leistungsspektrum, das allen Ansprüchen und Terminen gerecht wird. Durch gezielte Investition und ein fachlich hochqualifiziertes Mitarbeiter-Team liefert digitaltype heute hochwertige Produkte in kürzester Zeit.

Digitale Bogenmontage

Neben der Integration der digitalen Medien – Multimedia und Internet – geht man in Darmstadt auch in der klassischen Druckvorstufe konsequent den Weg ins nächste Jahrtausend: volldigitale Bogenmontage im Format 72 x 102 mm auf einem Qualitätsniveau, zu dem es im gesamten Bundesgebiet kaum Alternativen gibt. Neben der Positionierung der Seiten entsprechend jedem nur denkbaren Schema, liefert das TAIGA-System eine inhaltlich verbindliche farbige Bogenpause und generiert für alle Farben korrekte Überdruckungen und Überfüllungen.

Großformatbelichter für die Belichtung ausgeschossener Filme im 3B Format mit Blaupausen-Erstellung vor der Filmausgabe

Unternehmensportrait

BOS – betriebs- und erfolgsorientierte Unternehmensberatung

Die praxiserfahrenen Darmstädter Berater haben sich einen guten Ruf weit über Deutschland hinaus erworben

Innerhalb weniger Jahre hat sich die BOS-Unternehmensberatung einen hervorragenden Ruf weit über Deutschland hinaus erworben. Alle Mitarbeiter des Darmstädter Unternehmens verfügen neben einer qualifizierten Hochschulausbildung über Erfahrungen in Unternehmen und aus einer mehrjährigen Beratertätigkeit; sie sind an den Erfolgen ihres Unternehmens beteiligt.

Die BOS-Unternehmensberatung zählt Auftraggeber aller Größenordnungen der verschiedensten Branchen zu ihren Klienten. Erfolgreich führt sie die Organisation der Einführung von integrierter Standardsoftware durch. Bereits bei der Konzepterstellung werden alle relevanten Aufgabenstellungen und die organisatorischen Abläufe des Unternehmens berücksichtigt.

Vernetztes Denken führt zu integrierten Lösungen

Die BOS Beratung wird immer darauf ausgerichtet sein, daß Strategien, Strukturen und Ressourcen vernetzte Bestandteile der Unternehmensführung sind und Insellösungen nie optimal wirken. Durch vernetztes Denken macht BOS neue Aufgabenstellungen sichtbar, denen mit dem Einsatz integrierter Lösungen Rechnung getragen wird. Das wird heute in der Regel durch den Einsatz von EDV-Anwendungssystemen unterstützt, die den effizienten Einsatz der Unternehmensressourcen gewährleisten. SAP-Standard-Software bietet für diese Aufgabenstellungen kompetente Lösungen an. BOS verändert mit der Einführung eines EDV-Systems Arbeitsabläufe und -inhalte im Unternehmen, Routinearbeiten werden durch Anwendungen mit hohem Integrationsgrad ersetzt. Personalentwicklung und Ausbildung erhalten in diesem Zusammenhang eine zunehmende Bedeutung.

Der Beratungsauftrag wird zusammen mit dem Auftraggeber definiert. Zielsetzung, Arbeitsweise, Zeitbedarf, Beraterprofil, Termin und Aufwand der Beratung werden gemeinsam erarbeitet. Die Projektdurchführung erfolgt meist in Projektteams, in die die Mitarbeiter des Auftraggebers eingebunden werden. Diese Arbeitsweise sichert den schnellen und zielgerichteten Zugang zu allen relevanten Informationen. Die Berücksichtigung der kundenspezifischen Gegebenheiten und die Umsetzbarkeit der Untersuchungsergebnisse werden sichergestellt. Die Zusammenarbeit im Team leistet einen entscheidenden Beitrag zur Akzeptanz der Berater und ihrer Arbeit. BOS-Berater legen eine Machbarkeitsstudie über DV-gestützte Standard-Lösungen sowie deren Einsatz-Strategie vor. Strukturen und Organisationsabläufe der tangierten Unternehmensbereiche werden erfaßt und analysiert. Auf der Basis der Analyseergebnisse werden Soll-Konzepte entwickelt, in denen die Optimierung der Aufgaben und Arbeitsabläufe der Unternehmensbereiche unter Berücksichtigung des Softwareeinsatzes als Hauptaufgabe angesehen werden. BOS unterstützt umfassend die Einführung der DV-Systeme. Neue Märkte brauchen neue Qualifikationen, und qualifizierte Mitarbeiter erhöhen den Erfolg. Deshalb vermittelt BOS Wissen, berät und trainiert die Mitarbeiter von Unternehmen.

Die **BOS-Akademie** bietet das gesamte Marketing-Spektrum, von den Grundlagen des modernen und zeitgemäßen Marketings über die Strategieentwicklung bis hin zum internationalen Marketing. Je ähnlicher und austauschbarer die Produkte und Dienstleistungen der Marktteilnehmer werden, desto wichtiger wird es – dank konsequentem Marketing – Präferenzen für das eigene Angebot zu schaffen. BOS bietet deshalb auch im Bereich Kommunikation, Verhalten und Präsentation ergänzende Seminare an. Dazu gehört zum Beispiel ein Seminar „Visualisieren, präsentieren, moderieren", bei dem die Teilnehmer in die Rede- und Präsentationstechnik eingeführt werden. Die Veranstaltungen finden in der Regel von Freitag bis Sonntag statt, damit den Teilnehmern viel Zeit bleibt, erfolgreiche Marketing-Konzepte zu entwickeln, zu kommunizieren und zu präsentieren. BOS ist allerdings auch in der Lage, ganz auf den speziellen Bedarf und die individuelle Firmensituation maßgeschneiderte Konzepte zu erstellen und umzusetzen, zu jedem gewünschten Termin. ∎

BOS
Unternehmensberatung für Betriebsorganisation und Software-Integration GmbH

Geschäftsführer:
Dipl.-Ing. Kazem Ahmadi
Dr. Martin Braun
Matthias Hellwig

Gründungsjahr: 1990

Mitarbeiter: 30

Arbeitsgebiete:
Betriebsorientierte Unternehmensberatung für
Projektmanagement
Logistik/Materialwirtschaft
Anlagenwirtschaft
Personal-/Arbeitswirtschaft
Controlling
Informationsverarbeitung

Leistungsangebot:
Organisationsstudien, Schwachstellenanalysen, Konzeption und Realisierung von DV-Projekten, Schulung von Projektteams und Anwendern, Beratungs- und Implementierungspartner der SAP AG

Kunden: weltweit

Anschrift:
Schepp Allee 47
64295 Darmstadt
Telefon (06151) 39 93-0
Telefax (06151) 39 93-10
EMail: bos.gmbh@bos-consult.de

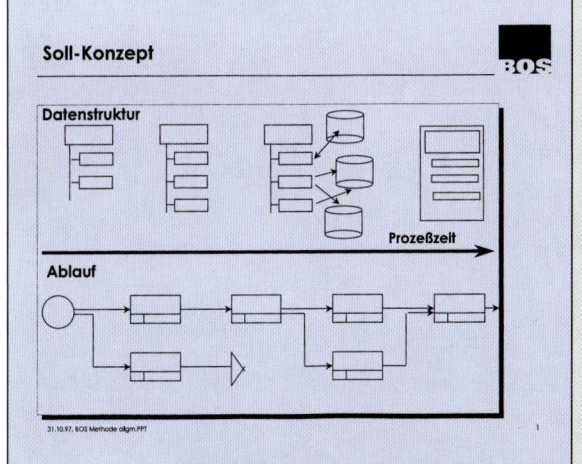

mahr & müller
INFORMATIONSSYSTEME

Mahr & Müller
Informationssysteme GmbH

Geschäftsführer:
Helmut Mahr,
Günther Müller

Gründungsjahr: 1981

Geschäftsfelder:

Hardware:
Compaq: *Notebooks, Desktops, Workstations, Server, Netzwerkprodukte*
OKI, Hewlett Packard

Software:
Microsoft, Novell, Sybase, Apertum, Habala,

Service:
Presales-Beratung,
Reparaturen und Konzeptionierung,
Hotline, Systeminstallationen,
Hardwarekonfiguration,
Hard- und Softwarebetreuung,
Wartungsverträge für Hardware mit garantierten Reaktions- und Behebungszeiten

Aktionsradius:
Rhein-Main-Gebiet

Anschrift:
Heidelberger Landstraße 190,
64297 Darmstadt
Telefon (06151) 94 59-0
Telefax (06151) 94 59-20
e-mail kontakt@m-m.de
Internet http://www.m-m.de

Die Firmengründer Helmut Mahr (links) und Günther Müller

Unternehmensportrait

Beratend verkaufen, fachgerecht installieren, angemessen warten

Mahr & Müller Informationssysteme GmbH garantiert ihren Partnern Kompetenz, Effizienz und Zuverlässigkeit

Wenn Sie morgens im Supermarkt um die Ecke Brot oder Brötchen holen, abends die Wettervorhersage nach der Tagesschau sehen oder Electronic-Banking benutzen, dann ist Mahr & Müller indirekt auch daran beteiligt. Die Firma betreut und beliefert seit vielen Jahren einige (national und international tätige) im Rhein-Main-Gebiet ansässige Unternehmen.

Schon 1981 gegründet, gehörte das Unternehmen Mahr & Müller zu den ersten PC Systemhäusern Deutschlands. 1984 wurde das Unternehmen von der Compaq Computer GmbH als Compaq Fachhändler autorisiert und gehört mittlerweile zu den 120 größten direkt belieferten Compaq System- und Service-Partnern in Deutschland.

Durch den Vertrieb von kaufmännischen Lösungen in kleinen und mittleren Unternehmen erkannten die beiden Firmengründer, wie wichtig und notwendig eine kompetente Beratung und ein zuverlässiger Service für den Käufer und somit für den Erfolg eines Unternehmens ist.
Nachdem weit über 1.000 MS-DOS Warenwirtschaftsplätze in den vergangenen Jahren verkauft wurden, fand auch hier eine Wandlung statt. Mit Apertum, einem auf Windows 95/NT basierenden 32 Bit Client/-Server Warenwirtschaftssystem mit SQL-Datenbanken für den Einsatz in Mittelstandsunternehmen, stellte sich das Unternehmen der großen Herausforderung neuer Softwaretechnologien.

COMPAQ-ProLiant-Rack Serverinstallation bei Eumetsat in Darmstadt.

Durch ungewöhnliches persönliches Engagement, die ständige Weiterbildung und den täglichen Umgang mit neuesten Technologien haben sich die Mahr & Müller-Mitarbeiter eine hohe Kompetenz erworben. Sie betreuen jeden Partner so effizient, indem sie ihn bei der Auswahl der Systeme qualifiziert beraten, die Software zuverlässig installieren und durch Wartung die Ausfallzeit auf ein Mindestmaß reduzieren. Somit hat der Kunde durch das profunde Know-How von Mahr & Müller, auch bei ständig wachsenden Benutzerzahlen und einer Vielzahl von LAN- und WAN-Topologien, eine hohe Investitionssicherheit.

Um auch für extreme Ausfälle gerüstet zu sein, bietet das Eberstädter Unternehmen seinen Kunden maßgeschneiderte Wartungsverträge bis hin zu 24-Stunden-Bereitschaft sieben-Tage-die-Woche mit festgelegten, vom Kunden gewünschten Behebungszeiten. Für diese Fälle wird fast jedes Server-Modell im Wartungsbestand bevorratet.

Unternehmensportrait

Von der Konzeption bis zur Einführung: Informationssysteme für die Entscheider

Die Darmstädter MIS-Gruppe entwickelte sich innerhalb von neun Jahren von einer 4-Mann-Firma zu einer Unternehmensgruppe, die heute über 150 Mitarbeiter zählt, 37 Millionen DM Umsatz erwirtschaftet und sich auch in den USA etabliert hat

Die MIS-Zentrale in Darmstadt.

Der Erfolg der seit 1988 mit Hauptsitz in Darmstadt expandierenden Unternehmensgruppe ist in ihrem Leistungsprofil begründet.

Der Schwerpunkt liegt auf komplexen Lösungen auf Entscheiderebene für die Bereiche Controlling, Vertrieb und Management-Informationssysteme, die im Unternehmensbereich „Delta Solutions" zusammengefaßt sind. „Delta Solutions" bietet eine vielseitige Plattform für Anwendungen in den Bereichen Planung, Analyse und Controlling. Basierend auf der OLAP Technologie entsteht durch die nahtlose Integration in z. B. Excel eine Lösung, die weltweit in Hunderten namhaften Unternehmen wie z. B. der Bayer AG, Hoechst AG, Bahlsen KG etc. eingesetzt wird.

Ein weiteres wichtiges Standbein von MIS sind Lösungen rund um Dokumentenmanagement und Workflow, die im Geschäftsbereich „Alpha Solutions" realisiert werden. Die Produkte dieser Familie ermöglichen es, im Unternehmen moderne Dokumentenmanagement- und Workflow-Lösungen zu implementieren. Alle Produkte tragen dazu bei, die wachsende Informationsflut sinnvoll zu verwalten, zur Verfügung zu stellen und sie in Arbeitsprozesse zu integrieren. Unternehmen wie die Mercedes-Benz AG oder die DATEV eG sind nur zwei Namen einer mittlerweile umfangreichen Liste an bedeutenden Referenzkunden.

Im Bereich der Individualprojekte ist MIS auf die kostengünstige Lösung innovativer Aufgabenstellungen mit den Schwerpunkten Management- und Vertriebs-Informationssysteme spezialisiert. So realisiert die MIS derzeit für eines der größten deutschen Pharmaunternehmen die komplette Vertriebs- und Außendienststeuerung für den US-amerikanischen Markt.

Die 1993 gegründete M.I.S. CONSULTING GMBH bietet Managementberatung mit den Schwerpunkten Prozeß- und Informationsmanagement an. Kern des Leistungsangebotes ist die Lösung betriebswirtschaftlicher und organisatorischer Fragestellungen mit Hilfe innovativer Informationstechnologien und Methoden für die Bereiche Marketing, Vertrieb, Controlling und Unternehmensleitung.

Die umfassende betriebswirtschaftliche Beratung stellt im Hinblick auf die komplexer werdende Informationslandschaft eine ideale Ergänzung zum Leistungsangebot des Systemhauses MIS AG dar. Aus kleinen Anfängen mit zunächst drei Mitarbeitern ist heute ein Unternehmen entstanden, das an den Standorten Darmstadt und Hamburg 40 Mitarbeiter beschäftigt und weiter expandiert.

Internationalisierung

Zur Philosophie des Unternehmens zählt auch der Anspruch, mit Standorten in Darmstadt, Hamburg, Berlin, Düsseldorf, Hannover, Konstanz und München bundesweite Beratungsressourcen für komplexe Projekte bereitzustellen.

Für die europäische Expansion der MIS-Gruppe wird ein breites Dienstleistungsnetz etabliert, das gegenwärtig Partnerunternehmen in Wien, St. Gallen, Prag, Paris und London umfaßt. Bereits 1996 erfolgte die Gründung der ersten MIS-Niederlassung in den USA. Von Florham Park, New Jersey, startete die MIS in den weltgrößten Markt der Informationstechnik. ■

Die MIS-Gruppe

MIS AG
M.I.S. CONSULTING GMBH
Man Soft Managementsoftware und -beratung GmbH, Konstanz
EFS & Partner Informationstechnologie, Wien

Vorstand AG:
Sven Anwander
Eric Engels
Peter Raue
Jiri Vodicka

Geschäftsführer CONSULTING:
Franklin Syrowatka
Peter Raue

Gründungsjahr: 1988

Mitarbeiter: 155

Planumsatz 1997:
37 Mio. DM

Kundenstamm:
über 5000 weltweit

Standorte:
Darmstadt, Berlin, Hamburg, Düsseldorf,
Hannover, München,
Konstanz,
New Jersey/USA,
Prag/CR

Partnerunternehmen in:
Deutschland, Österreich, Schweiz,
Frankreich, Ungarn, Großbritannien,
Spanien

Anschrift:
MIS
Landwehrstraße 50
64293 Darmstadt
Telefon (06151) 866-600
Telefax (06151) 866-666
Intrrenet www.mis-ag.de

Informationstechnik

GMD – Forschung auf den Schlüssel-Gebieten der modernen Informationstechnik

Die GMD ist das nationale Forschungszentrum für Informationstechnik. Sie ist Mitglied der Hermann von Helmholtz-Gesellschaft Deutscher Forschungszentren. Mit ihren Schwerpunkten
· Entwurfsverfahren
· Kommunikations- und Kooperationssysteme
· Intelligente Multimediale Systeme
· Paralleles Rechnen
forscht die GMD auf den Schlüsselgebieten der Informationstechnik. Ihre Forschungs- und Entwicklungsarbeit ist anwendungsorientiert, in ihren Projekten arbeitet sie eng mit Partnern aus der Wirtschaft und Wissenschaft zusammen.

Gegründet wurde die GMD 1968 als gemeinnützige GmbH. Gesellschafter sind die Bundesrepublik Deutschland, vertreten durch das Bundesministerium für Bildung, Wissenschaft und Technologie, mit einem Anteil von 90 Prozent und die Länder Berlin, Hessen und Nordrhein-Westfalen. Die GMD hat rund 1.250 Mitarbeiter, davon 250 Studenten, Doktoranden und Auszubildende. Der jährliche Gesamtetat der GMD beträgt rund 170 Millionen Mark, davon knapp 30 Prozent aus Drittmittelforschung, also aus Kooperationsverträgen mit der Wirtschaft. Sie hat vier Forschungsinstitute an ihrem Hauptsitz in Sankt Augustin, je zwei Forschungsinstitute in Darmstadt und Berlin und eine Außenstelle in Tokio. In Darmstadt befinden sich die Einrichtungen „Institut für Telekooperationstechnik" und das „Institut für integrierte Publikations- und Informationssysteme".

Das Institut für Telekooperationstechnik gehört zu den Pionieren der deutschen und europäischen computergestützten Telekooperation. Es forscht und entwickelt im Vorfeld des industriellen Wettbewerbs und kooperiert mit Partnern aus Wissenschaft, Industrie und Anwenderorganisationen. Die Schwerpunkte liegen in der Erforschung der technischen Grundlagen der Telekooperation, in der Konzeption telekooperativer Szenarien und in der Entwicklung prototypischer Anwendungen.

Werden Rechner und Netze als Mittel der Telekooperation eingesetzt, ergeben sich spezielle Anforderungen technischer, organisatorischer und rechtlicher Art. Da Werte, Leistungen und Kommunikationsnachweise nur immateriell vorliegen, sind sie besonders leicht zu verändern und zu verfälschen. Um die Sicherheit der Telekooperation zu gewährleisten, müssen die verwendeten Systeme über Mechanismen verfü-

---

Der Autor

Prof. Dr. Heinz Thielmann

Der Autor ist 1944 geboren und studierte von 1964 bis 1973 an der TH Darmstadt Nachrichtentechnik, Regelungstechnik und Informationstechnik. Dort promovierte er auch und übte anschließend verschiedene Tätigkeiten bei Philips Communication Systems in den Bereichen Forschung und Entwicklung, Produktmanagement und Vertrieb aus. Seit Juli 1994 ist er Leiter des Instituts für TeleKooperationsTechnik der GMD – Forschungszentrum Informationstechnik GmbH, Darmstadt. Seit 1995 ist der Autor Honorarprofessor an der TU Darmstadt.

In Darmstadt unterhält die GMD zwei Institute.

Informationstechnik

Antennen der GMD am Darmstädter Standort.

gen, die sie vor Angriffen und mißbräuchlicher Nutzung schützen. Dieses setzt zunächst einmal das verläßliche Funktionieren der Systeme selbst voraus und ihre prinzipielle Ungefährlichkeit für den Benutzer. Darüber hinaus werden Regelungen und Hilfsmittel sowie die entsprechenden technischen Mechanismen und Funktionen gebraucht, die Telekooperation, über das reine Funktionieren hinaus, sicher, fair und verläßlich machen. Neue Telekooperationsformen werden gesellschaftlich unterschiedlich bewertet. Gewohnheiten und Innovationen reiben sich, und neue Konventionen vertragen sich nicht sofort mit gewachsenen Strukturen.

Das Institut arbeitet einerseits an Lösungen, die auf europäische Verhältnisse und Bedürfnisse zugeschnitten sind und andererseits an Konzepten, die Fragen der Akzeptanz und Toleranz gegenüber technischen Entwicklungen aufmerksam berücksichtigen.

Offene Kommunikationsnetze erhöhen zum einen die Mobilität des Benutzers, zum anderen die der Daten und Informationen. Arbeitsplätze sind nicht mehr notwendigerweise an Orte gebunden, und Arbeitszeiten können freier denn je gestaltet werden. Das Absetzen und Aufsuchen von Informationen, zum Beispiel im Internet, ist nicht nur leichter und schneller geworden, es hat auch neue Umgangsformen erzeugt. Wir arbeiten an Modellen, die diese neuen Mobilitäten in praktikable und vertretbare Technik umsetzen.

Um Technik sozialverträglich zu gestalten, orientieren wir uns an den Kriterien der Verfassungskonformität und Anwendergerechtigkeit. Ziel unserer Bemühungen ist die Minimierung etwaiger Schäden für den Einzelnen und die Gesellschaft, die durch technische Fehler oder Mißbrauch entstehen können. Um die Verwirklichung gültiger Verfassungsziele nicht durch technische Entwicklungen zu gefährden, prüfen wir die Verfassungskonformität von technischen Lösungen.

Unter dem Thema Anwendergerechtigkeit tragen wir dazu bei, psychosoziale Beeinträchtigungen zu vermeiden und die Gestaltung von Telekooperation mit den Anforderungen des Datenschutzes zu vereinbaren. Durch den Einsatz telekooperativer Techniken ergeben sich u. a. Rechtsunsicherheiten. Die Beweiskraft elektronischer Dokumente, die Verbindlichkeit elektronisch abgeschlossener Verträge, Urheberschutz, Rechtskraft elektronischer Verwaltungsakte und andere juristisch relevante Fragen machen technische und rechtliche Antworten erforderlich.

Durch die Entwicklung von geeigneten Kommunikationsprotokollen und Sicherheitsfunktionen tragen wir auf der technischen Seite zur Rechtssicherheit bei; auf der anderen Seite machen wir Rechtsprechung und Gesetzgebung mit den neuesten technischen Entwicklungen vertraut, um gemeinsam drohende Rechtslücken zu identifizieren und Vorkehrungen für eine angemessene Rechtsgestaltung zu treffen. Wir nehmen durch unsere Mitarbeit in nationalen und internationalen Normungsgremien Einfluß auf Herstellung und Gestaltung jener High-Tech-Produkte, die in der Informationstechnik eingesetzt werden, und tragen dazu bei, daß Telekooperation auf kompatible Systeme zurückgreifen kann. Zu unseren Themen gehören außerdem die Anwendung der Telekooperationstechnik im geschäftlichen Bereich, Technologien der Telekooperationstechnik, zum Beispiel Verschlüsselungsverfahren, Smart-Card-Technologien, Digitale Signaturen, Zertifizierungs-Infrastrukturen und Grundlagen-Aspekte der vertrauenswürdigen Telekooperation, wie zum Beispiel methodische Grundlagen, Testverfahren und Modellierung. ■

SOFTWARE AG

Vorstand:
Dr. Erwin Königs, Vorsitzender
Volker Dawedeit
Dr. Helmut Wilke

Gründungsjahr: 1969

Mitarbeiter: 2.500

Kunden:
weltweit

Umsatz 1996: 759 Millionen DM

Tochter- und Partnerunternehmen:
weltweit in über 50 Ländern

Anschrift:
Uhlandstraße 12
64297 Darmstadt
Telefon (06151) 92-0
Telefax (06151) 92-1191
Internet www.softwareag.com

Unternehmensportrait

Die SOFTWARE AG – Information unternehmensweit

Die SOFTWARE AG wurde im Jahre 1969 in Darmstadt gegründet und ist heute eines der weltweit größten, unabhängigen Softwarehäuser mit Niederlassungen und Partnern in über 50 Ländern.

Sie ist bekannt für die Entwicklung von hochwertigen Softwaresystemen, die sich im Einsatz für geschäftskritische Anwendungen bei zahlreichen Kunden weltweit zuverlässig bewähren. Mehr als 5.000 mittelgroße bis große, multinationale Unternehmen verlassen sich auf die Systeme der SOFTWARE AG.

Mit ihren Produktlinien ADABAS, NATURAL und ENTIRE bietet die SOFTWARE AG das gesamte Spektrum zur Realisierung unternehmensweiter, offener Informationssysteme. Schon vorhandene Infrastrukturen lassen sich darin ebenso integrieren wie zukünftige Entwicklungen der Informationstechnologie.
ADABAS bietet eine hochleistungsfähige Datenbanktechnologie, die große Datenmengen und höchste Transaktionsraten bewältigt.
NATURAL ist die 4GL-Entwicklungsumgebung, die über alle relevanten Rechnerplattformen hinweg verfügbar ist und zusammen mit den Produkten der ENTIRE Middleware eine unternehmensweit integrierte, verteilte Informationsverarbeitung ermöglicht.

Die Middleware der SOFTWARE AG unterstützt auch Microsoft's DCOM-Technologie, mittels derer komponentenbasierte Software bisher schon auf Windows-Plattformen eingesetzt werden konnte. Jetzt hat die SOFTWARE AG in enger Zusammenarbeit mit Microsoft diese Technologie auf zahlreiche UNIX-Plattformen und den Mainframe erweitert. Dies ermöglicht erstmals den Aufbau einer unternehmensweiten DCOM-Plattform, auf der Softwarekomponenten unterstützt und verteilt werden können – Basis der Zukunftstechnologie „Componentware", die mit dem Einsatz von Softwarekomponenten (in sich logisch abgeschlossene Teile von Anwendungen) durch deren Wiederverwendbarkeit auch eine beträchtliche Produktivitätssteigerung in der Softwareentwicklung verspricht.

Neueste Produkte der SOFTWARE AG unterstützen Internet- und Web-Technologien und machen es möglich, bestehende Anwendungssysteme mit entsprechenden Netzdiensten zu koppeln. Sie leisten damit einen wichtigen Beitrag zur Nutzung des Internets für Zwecke des Electronic Commerce, einer Vertriebsform, die für viele Unternehmen zukünftig eine entscheidende Rolle im Kampf um Wettbewerbsvorteile spielen wird.

Professionelle Dienstleistungen im Zusammenhang mit ihren Produkten runden die Angebotspalette der SOFTWARE AG ab. Objektive Beratung führt dabei zur Maximierung des Kundennutzens. Die Systeme werden exakt auf die betrieblichen Bedürfnisse des Kunden zugeschnitten. Vorhandene Infrastrukturen werden nahtlos integriert, damit keine der früher getätigten Investitionen verlorengeht. Die reibungslose Implementierung ist ebenso gewährleistet wie die hohe Effizienz im täglichen Einsatz. Das garantieren sorgfältige Wartung der Systeme wie qualifizierte Schulung der Mitarbeiter des Kunden.

Durch die partnerschaftliche Zusammenarbeit der SOFTWARE AG mit einer Reihe von Software- und Hardwareherstellern kann der Kunde immer die Gewißheit haben, für seine Situation die beste Lösung auf dem jeweilig neuesten Stand der Technik zu erhalten.

Zentrale des Unternehmens in Darmstadt.

Unternehmensportrait

Die SOFTWARE AG –
im Internet unter

www.softwareag.com

Wenn Sie es genauer
wissen möchten, was
wir für Sie tun können.

CA Computer Associates GmbH

Geschäftsführerin:
Gabriele Rittinghaus

Gesellschafter:
Computer Associates International, Inc.
Islandia (New York), USA

Gründungsjahr: 1976

Mitarbeiter:
weltweit 10.000,
in Deutschland 450 (Stand September 1997)

Gruppenumsatz:
4 Milliarden US-Dollar (1996/97)

Produkte:
Softwarelösungen für Unternehmen

Kunden:
weltweit

Anschrift:
Marienburgstraße 35,
64297 Darmstadt
Telefon (06151) 949-0
Telefax (06151) 949-100
Internet http://www.cai.com

Unternehmensportrait

CA – Partner der Großunternehmen

Computer Associates ist eines der weltgrößten Softwareunternehmen

Gegründet 1976 von dem Exil-Chinesen und Wahlamerikaner Charles B. Wang, entwickelte sich Computer Associates zu einem der weltweit führenden unabhängigen Software-Unternehmen mit 160 Niederlassungen in 40 Ländern. Die deutsche Tochter hat von Anfang an ihren Sitz in der Umgebung von Darmstadt. Die starke Expansion machte immer wieder Umzüge erforderlich. 1990 errichtete CA ein modernes Bürogebäude in Darmstadt-Eberstadt, das heute rund 160 Mitarbeitern einen Arbeitsplatz bietet

Die Hauptverwaltung der CA Computer Associates GmbH.

und noch ausgebaut werden kann. In Deutschland zählt das Unternehmen insgesamt 450 Mitarbeiter.

Wie kein anderes Softwarehaus hat sich CA überall auf der Welt den Ruf als Partner der Unternehmen für effiziente Informationsverarbeitung erworben. CA entwickelt, lizensiert und unterstützt mehr als 500 Produkte. Hierzu zählen Softwarelösungen für unternehmensweites DV-Management, Werkzeuge für Anwendungsentwicklung, Systeme für Finanzwesen, Logistik, Produktionsplanung und -steuerung. Zudem bietet CA komplette Beratungsleistungen für das Informationsmanagement von Unternehmen.

Die größte Stärke: Herstellerunabhängigkeit

Die Stärke von CA liegt in der Herstellerunabhängigkeit. Das Softwareunternehmen liefert seine Produkte für sämtliche Rechnerplattformen. Größter Wert wird darauf gelegt, daß die Kunden frei sind in der Wahl der Technologie und ihre Investitionen in die Informationsverarbeitung geschützt werden. Mit allen relevanten Anbietern von Rechnersystemen wie zum Beispiel Hewlett Packard, Microsoft und Sun ist CA strategische Allianzen eingegangen. „Evolution statt Revolution" lautet das Leitmotiv der Unternehmenspolitik.

Ohne die Produkte von CA würde in vielen Unternehmen nichts mehr laufen. CA-Software ist wahrer Treibstoff für das Betriebsgeschehen. 97 der 100 größten Betriebe in Deutschland und mehr als 90 Prozent der Top 1.000 der Weltmärkte setzen die „weiche Ware" von CA ein. Viele Produkte sind unternehmenskritisch und müssen daher zuverlässig und ausfallsicher funktionieren. Der Technische Service von CA steht 365 Tage im Jahr 24 Stunden rund um die Uhr den Anwendern zur Verfügung.

Mit Werkzeugen für die Steuerung großer Rechenzentren groß geworden, ist Computer Associates bis heute international marktführend auf dem Gebiet des Systemmanagements. Mit dem Produkt „Unicenter TNG" (TNG steht für The Next Generation) können Unternehmen sämtliche Ressourcen ihrer meist grenzüberschreitenden DV-Infrastruktur von einem Punkt aus verwalten und überwachen.

Als internationales Unternehmen mit hoher Wertschöpfung bietet CA attraktive Arbeitsplätze mit guten Aufstiegschancen. Ob Bürokaufmann/frau, Informatiker, Betriebswirtschaftler oder Quereinsteiger – in Darmstadt zählt weniger der Hochschulabschluß als vielmehr praktisches Können, Verantwortungsbewußtsein, Engagement und eine ausgereifte Persönlichkeit. Die Mitarbeiter erhalten viele Fortbildungsmöglichkeiten und können ihre Arbeit im Rahmen der Zielvorgabe frei gestalten. Entscheidend ist allein, daß die Aufgaben zuverlässig und gut erledigt werden und der Kunde zufrieden ist.

Unternehmensportrait

Das debis Systemhaus - High-Tech in Darmstadt

Moderne Architektur in verkehrsgünstiger Lage - eine Schmiede innovativer Technologie in unmittelbarer Nähe des Hauptbahnhofs

Das debis Systemhaus, ein Unternehmen im Daimler-Benz-Konzern, ist in Deutschland der größte herstellerneutrale Anbieter auf dem Gebiet der Informationstechnologie. Auch in Europa nimmt das Unternehmen einen führenden Platz als Software- und Beratungsunternehmen ein, über 8.000 Mitarbeiter erwirtschaften derzeit rund 2,5 Milliarden DM Jahresumsatz. Das debis Systemhaus ist an mehr als 50 Standorten in Deutschland vertreten und bietet für alle Branchen umfassende Komplettlösungen von der Beratung über die Entwicklung bis zum Betrieb. Kernkompetenzen wie das uneingeschränkt professionelle Management von Projekten jeder Größenordnung, die ausgeprägte Beratungskompetenz, die internationale Präsenz und Expertise sowie die hohe Innovationsfähigkeit stehen in Verbindung mit dem branchenorientierten, herstellerunabhängigen Fullservice-Portfolio für das einzigartige Leistungsspektrum des debis Systemhauses. Das Angebot umfaßt die strategische Management-Beratung, die konzeptionelle Unterstützung bei der Analyse der Geschäftsprozesse sowie die Entwicklung und den Betrieb von Software und Systemen. Einschließlich der erforderlichen Integrationsleistungen sind die Lösungen perfekt ausgerichtet auf die individuellen Anforderungen der Kunden.

Drei Ziele bilden die Eckpfeiler der Unternehmensphilosophie:
• Zufriedenheit des Kunden
• Zufriedenheit der Mitarbeiter
• Zufriedenheit des Unternehmens

Diese drei Punkte sind auch zentrale Aspekte des debis-Systemhaus-eigenen Qualitätsmanagements, welches nach ISO 9001 zertifiziert ist. Im Mittelpunkt aller Aktivitäten steht die uneingeschränkte Zufriedenheit der Geschäftspartner. Das bedeutet von Anfang an die Übernahme von Verantwortung im Rahmen einer partnerschaftlichen, vertrauensvollen Zusammenarbeit.

Das debis Systemhaus entwickelt hochwertige Gesamtlösungen, die auf einer ganzheitlichen Betrachtung von Mensch, Technik und Organisation basieren.

„Das einzig Beständige ist der Wandel"

Diese Erkenntnis ist im debis Systemhaus gelebte Praxis. Die kontinuierliche Fähigkeit und Bereitschaft zur Veränderung sind vitale Erfolgsfaktoren. Als modernes Dienstleistungsunternehmen betrachtet das debis Systemhaus hochmotivierte Mitarbeiter als wichtigste Ressource.

Die Geschäftsstelle Darmstadt des debis Systemhauses blickt auf 28 Jahre erfolgreiches Wirken an dem bedeutenden Softwarestandort zurück. 1969 wurde sie als Niederlassung der AEG gegründet, um den Telex-Auskunftsdienst als DV-Projekt zu entwickeln. Zu diesem Zeitpunkt arbeiteten weniger als zehn Mitarbeiter in Darmstadt, heute sind über 500 dort beschäftigt.

Das Kerngeschäft der Geschäftsstelle Darmstadt liegt in der Konzeption, Planung, Realisierung, Integration und Pflege von komplexen Datenverarbeitungssystemen. Unter anderem werden Vertriebs-, Auftragsabwicklungs- und Abrechnungssysteme realisiert.

Die Wachstumsraten der Geschäftsstelle Darmstadt, einer der größten des debis Systemhauses, liegen deutlich über dem Branchendurchschnitt. ■

---

debis Systemhaus

Geschäftsstellenleitung:
Klaus P. Schippers

Gründungsjahr: 1969

Mitarbeiter: 500

Geschäftstätigkeit:
Konzeption, Planung, Realisierung, Integration und Pflege von komplexen Datenverarbeitungssystemen

Kunden: europaweit

Anschrift:
Goebelstraße 1-3
64293 Darmstadt
Telefon (06151) 820-0
Telefax (06151) 820-111
Internet:
http://www.debis.de

Telekommunikation

Heimat zahlreicher Produkte und Dienstleistungen der Deutsche Telekom AG

Viele unserer 44 Millionen Telefonkunden benutzen täglich Telekommunikationsendgeräte, die in Darmstadt in enger Zusammenarbeit mit den Herstellern entwickelt wurden. Hierbei kommen täglich mehrere 100 Millionen Gesprächs- oder Datenverbindungen zustande. Wer abends den Fernseher einschaltet und Bilder über die Antenne oder das Kabelnetz empfängt, kommt direkt mit Entwicklungsleistungen der Deutschen Telekom „made in Darmstadt" in Kontakt. Entwicklungen, die für uns fast schon alltäglich sind. Die folgenden Zentren sorgen für innovative und kundenfreundliche Konzepte und Technologien:

Zentrum für Endgeräteentwicklung

Telekommunikations-Endgeräte sind heute nicht mehr bloß Gebrauchsgegenstände, sondern sie unterliegen auch massiven modischen Trends und müssen ständig mit den neuesten Features im Netzbereich schritthalten. Die Mitarbeiter des Zentrums für Endgeräte kümmern sich um die gesamte Produktpalette von Telefon-, Fax- und Multimedia-Endgeräten, und zwar über den kompletten Produktlebenszyklus hinweg: Angefangen bei der Produktstrategie über die technische Konzeptionierung mit der Herstellerfirma bis hin zur Markteinführung.

Eines der Entwicklungsziele ist zur Zeit die Spezifizierung von Endgeräten, die das Netz der Deutschen Telekom (T-Net) kundenfreundlich unterstützen. Ein Beispiel für die innovative Rolle der Endgeräte ist das „Speech AB", ein Telefon mit Spracherkennung zur komfortablen Bedienung.

Der Zeitgeist und die Mode sorgen aber auch dafür, daß täglich tonnenweise alte Endgeräte von den Kunden zurückgeliefert werden. Was für die Automobilindustrie neu ist, war und ist für die Endgerätespezialisten schon seit jeher selbstverständlich. Die Deutsche Telekom nimmt ihre alten Geräte kostenlos zurück und sorgt für eine fachgerechte Wiederverwertung bzw. Entsorgung. Das Zentrum für Endgeräte betreibt ein vom Bundesamt für Post- und Telekommunikation (BAPT) akkreditiertes Testlabor. Die Prüfprotokolle (Zulassungstests, Tests für CE-Kennzeichnung sowie Funktions- und Interoperabilitäts-Tests) werden international von Zulassungsbehörden anerkannt. Das Ergebnis erfolgreicher Entwicklungsarbeit im Zentrum für Endgeräte spiegelt sich regelmäßig bei Produktvergleichen von Fachzeitschriften wider. Telefon- und Faxgeräte der Deutschen Telekom belegen hier häufig vorderste Plätze. Mit der schon fast sprichwörtlichen „Telekom-Qualität" hat die Deutsche Telekom im Wettbewerb mit fernöstlichen Endgeräten ihren Marktanteil behauptet.

Zentrum rund um den Telefondienst

Zu den Entwicklungen rund um den Telefondienst zählen zum Beispiel auch die Aktivitäten des Zentrums Fakturierung und Debitorenkontokorrent (ZFRD). 400 Mitarbeiter sind hier konzeptionell verantwortlich für über 40 Milli-

Im virtuellen Windkanal wird der aerodynamische Test von Automobilen demonstriert.

Der Autor

Prof. Dr. Eckart Raubold

Der Autor studierte Physik in Göttingen und Hamburg und war wissenschaftlicher Mitarbeiter am Deutschen Elektronen-Synchrotron (DESY) in Hamburg, wo er 1968 promovierte. Bei DESY leitete er bis 1974 den Bereich Datenverarbeitung und wechselte dann als Institutsleiter zur Gesellschaft für Mathematik und Datenverarbeitung (GMD) nach Darmstadt. Hier arbeitete er mit seinen Mitarbeitern an der Standardisierung der Datenkommunikation, Systementwurfs-Verfahren und Sicherheitstechniken. 1989 wurde er Honorarprofessor an der Goethe-Universität in Frankfurt am Main. Seit 1994 arbeitete er beim Forschungs- und Technologiezentrum (FTZ) der Deutschen Telekom in Darmstadt und leitet seit dem 1. Dezember 1995 das neu gegründete Technologiezentrum Darmstadt.

Telekommunikation

Der zwei Geschoßebenen durchbrechende Glaskubus dient als funktional vollendeter Vortragsraum.

onen Rechnungen in jedem Monat. Im Mittelpunkt der Entwicklungsbemühungen steht der Kunde. Jeder – egal ob Privat- oder Geschäftskunde – soll künftig eine einzige Rechnung für alle Leistungen des Konzerns Deutsche Telekom erhalten können. Darüber hinaus wird daran gearbeitet, dem Kunden die Telefonrechnung via T-Online präsentieren zu können, also übers Netz abrufbar, detailliert und aufgeschlüsselt mit einzelnen Verbindungsdaten.

Die Mitarbeiter des Zentrums für öffentliche Kommunikation (ZÖTK) arbeiten an Konzepten und Neuentwicklungen für bundesweit 160.000 Karten- und Münztelefone. Das Zentrum verfügt über die Expertise, angefangen vom Chip über die verschiedenen Endgerätetechnologien bis hin zu der netzseitigen IV-Infrastruktur. Schwerpunkt der Entwicklungsaktivitäten ist eine komplette Neukonzeptionierung der öffentlichen Kommunikationsendgeräte. Basierend auf dem digitalen Netz „T-Net ISDN" werden öffentliche Geräte mit PC-Schnittstelle aufgebaut und eine kostengünstige Kopplung von öffentlichen Kommunikationsendgeräten mit dem Mobilfunk D 1 der Deutschen Telekom getestet.

Zentren für die Medienwelt

Sowohl die Techniken für die Verbreitung von Rundfunk und Fernsehen, wie auch für den multimedialen Internet-Zugang werden in Darmstadt betreut, weiterentwickelt und produktgerecht aufbereitet.

Im Zentrum für Rundfunk und Audiovision (ZRA) sorgen Planer und Ingenieure dafür, daß auch im entferntesten Winkel unseres Landes eine Grundversorgung mit terrestrischen Fernseh- und Rundfunkprogrammen gewährleistet wird. Zusätzlich wird hier konzeptionelle Entwicklungsarbeit für zur Zeit rund 17 Millionen Kabelanschlußkunden geleistet. Der Kabelanschluß ist mit 25 Millionen anschließbaren Haushalten der zweitgrößte Massendienst der Deutschen Telekom. Auch beim Rundfunk stehen die Weichen auf „digital". Die Rundfunkexperten befassen sich zur Zeit mit der Digitalisierung der Übertragungs- und Sendernetze, sowie mit neuen Produkten wie z. B. „Digitales Audio-Broadcasting (DAB)" und „Digitales Video-Broadcasting (DVB)". Beide Produkte werden künftig dem Kunden ungeahnte Möglichkeiten in puncto Audio- und Bildqualität sowie zusätzliche Informations- und Nutzkanäle bringen.

Forschung und Entwicklung für T-Net Produkte und Dienstleistungen

Im Zentrum für Internet- und Online-Transportplattformen (ZIOT) wird die Netzplattform geschaffen, auf der der boomende T-Online Dienst aufsetzt und Internet-Provider ein hochbitratiges Backbone-Netz vorfinden. Das ZIOT entwickelt die technische Basis für die Internet-Aktivitäten der Deutschen Telekom. Die Vermarktung des auf dieser Plattform betriebenen Dienstes wird von der ebenfalls in Darmstadt ansässigen 100prozentigen Telekom-Tochter Online-Pro Dienste GmbH gesteuert.

Telekommunikation

Das TV-Labor im High-Tech-Forum FutureLab.

Dreh- und Angelpunkt eines Netzbetreibers wie der Deutschen Telekom ist selbstverständlich die Weiterentwicklung des Telekommunikationsnetzes und seiner Funktionalität. Ziele sind hierbei, mehr kundenorientierte Dienstleistungen (wie z. B. Dreierkonferenz, Makeln, Anklopfen etc.) und mehr Bandbreite, d. h. schnellere Anschlüsse zur Nutzung der Online-Medien anzubieten.

Spätestens seit der Einführung von ISDN im Jahre 1988 gibt es technisch keinen Unterschied mehr zwischen einer Sprachübertragung (Telefon) und einer Datenübertragung (Fax, Modem, Online-Dienste). Beides läuft digitalisiert über ein Netz und über vorhandene Kupfer-Anschlußleitungen beim Kunden.

Im Datenverkehr ist ein klarer Trend hin zu höheren Bitraten – d. h. zu höherer Übertragungsgeschwindigkeit – zu erkennen, um speziell die aktuellen Online-Dienste wie T-Online und Internet mit mehr Performanz (Dynamik) zu unterstützen. Beide Dienste explodieren geradezu. Daraus resultieren ständig neue Ausbaunotwendigkeiten, auch für das Kernnetz der Deutschen Telekom.

Besonders die Vereinigung der beiden deutschen Staaten 1990 stellte die Deutsche Telekom vor eine enorme Herausforderung im Netzausbau. Es mußten in möglichst kurzer Zeit Millionen neue Telefon- und Datenanschlüsse bereitgestellt werden, da der Aufbau Ost sehr entscheidend von der Kommunikationsinfrastruktur abhängig war und ist. Seither wurden mehr als 150 Milliarden DM vorwiegend in den Netzausbau investiert.

Neue Technologien für innovative Anwendungen

Das Augenmerk liegt zur Zeit auf der bundesweiten Digitalisierung aller Anschlüsse. Zur Jahreswende 97/98 sollen alle unsere Kunden die neuen Features im digitalen Netz nutzen können.

Multimedia-Online-Dienste

Multimedia umschreibt die Ergänzung der bisherigen sprachlichen Kommunikation um interaktive Audio-, Video-, Bild- und Texttechniken. In der Darstellung der Kommunikationsforscher gibt es jedoch nach oben hin kaum Grenzen. Angefangen bei der virtuellen dreidimensionalen Darstellung bis hin zur Einbindung weiterer Sinne des menschlichen Körpers, wie z. B. des Geruchs- und Tastsinnes.

Im Technologiezentrum Darmstadt wird u. a. an der Entwicklung einer modular aufgebauten „**M**ulti**M**edia **D**ienste**P**lattform" gearbeitet; sie wird die Basis sein z. B. für Anwendungen aus den Bereichen TeleMedizin, TeleArbeit, TeleLernen, TelePublishing, TeleComputing, TeleInfo, TeleInfotainment und TeleCommerce.

Für die offene, kulturvolle und schöne Stadt

Dreidimensionale Bilder – ein weiterer Schritt zur realitätsnahen Kommunikation.

Ergebnis der jüngsten Kommunikationsforschung ist die „stereoskopische Bild-Aufnahme-, -Übertragungs- und -Wiedergabetechnik" – häufig schlagwortartig als 3D-TV bezeichnet. Sie erlaubt die plastische Tiefendarstellung von farbigen Bewegtbildern in sehr hoher Qualität. Grundlage ist die Aufnahmetechnik mit zwei im Augenabstand montierten Kameras, eine geeignete ein- oder zweikanalige Übertragungstechnik und entsprechende Wiedergabeverfahren. Als Wiedergabeverfahren bieten sich brillenlose Methoden (für derzeit noch geringere Qualitätsansprüche) oder die Betrachtung mit 3-D-Brille (für hohe Anforderungen) an. Insbesondere im Bereich der Architektur, des Maschinenbaus oder der Medizin

Telekommunikation

wird diese Technologie eingesetzt, um komplexe Zusammenhänge oder Befundungen (z. B. in der Tumordiagnose im Rahmen der Krebstherapie) darstellen zu können. In umfangreichen Projekten zur Telemedizin werden Aspekte der Endgeräte und der Übertragungstechnik untersucht und implementiert. Die Erprobung erfolgt hierbei in unmittelbarem Anwenderkontakt. Durch die Möglichkeit von Fernkonsultation erschließt Telemedizin völlig neue Dimensionen in technischer Hinsicht, aber auch zum Thema „Kostenersparnis im Gesundheitswesen".

T-Net, der Breitband-Super-Highway der Deutschen Telekom

T-Net ATM (Asynchrons Transfer Mode) ist die konsequente Weiterentwicklung der heute verfügbaren ISDN-Technik. Unabhängig von der Nutzinformation (Sprache, Daten, Bilder, Text) werden kleine Datenpakete mit einer Adresse auf die Reise geschickt und beim Kommunikationspartner wieder zu einem kompletten Datenstrom zusammengesetzt.

Hierdurch werden bereits heute Bitraten bis zu 155 Mbit/s erreicht, also rund 1.000mal schneller als beim ISDN-Basisanschluß. Als weiteren Vorteil bietet das T-Net ATM eine nutzungsabhängige Berechnung des Verbindungsentgeltes, d. h. der Kunde bezahlt nur die Bitrate, die auch wirklich benötigt wird. Zukünftig ist, basierend auf der ATM-Technik, die Ausdehnung der Übertragungsrate auf 2 Gbit/s möglich.

ATM wird heute schon bei vielen hochbitratigen Übertragungen eingesetzt. So wird zum Beispiel das ZDF-Frühstücksfernsehen in Berlin produziert, per ATM nach Mainz übertragen und von dort in bester Qualität verteilt.

Mit der nachfolgend beschriebenen ADSL-Technik kommt die ATM-Technologie sogar zum privaten Endnutzer über die vorhandene Kupfer-Doppelader ins Haus.

ADSL – der schnelle Zugang zum T-Net für jedermann

Schwerpunkt der Netzforschung und Netzentwicklung ist seit geraumer Zeit die Mehrfachausnutzung der herkömmlichen Kupfer-Anschlußleitungen in den über 44 Millionen Haushalten. Ein besonderes Entwicklungsergebnis stellt in diesem Zusammenhang die ADSL-Technologie dar (Asymmetrical Digital Subscriber Line). Mit ADSL werden der gewöhnlichen Telefon-Kommunikation digitale Signale auf Hochfrequenz-Trägern überlagert, die den Telefonverkehr nicht beeinflussen. Es ist ein paralleler Datenverkehr mit max. 8 Mbit/s in eine Richtung (z. B. als Videobild zum Kunden) und ca. 500 kbit/s in die Gegenrichtung zwischen dem Kunden und der Zentrale möglich. Pilotversuche für einen „Video on Demand"-Dienst auf ADSL-Basis haben gezeigt, daß das Telefon ohne Beeinflussung weiter funktioniert, während der Kunde für ihn frei wählbare Videofilme in Videorecorder-Qualität auf der Telefonanschlußleitung frei Haus geliefert bekommt.

Mit einem weiteren Entwicklungsschritt sind sogar 25 Mbit/s transportierbar, wenn auch über kürzere Entfernungen. Die Machbarkeit haben die Telekom-Forscher bereits untersucht und nachgewiesen.

Netzsicherheit – ein entscheidender Qualitätsparameter für Netzbetreiber

Die zunehmende Bedeutung der Telekommunikation verstärkt auch die Anforderungen bezüglich Abhörsicherheit und mißbräuchlicher Nutzung von Daten. Ein praktisch weltweit offener Markt für Kommunikationsendgeräte eröffnet neben mehr Dynamik und günstigeren Preisen auch mehr Möglichkeiten des Mißbrauches.

Die Deutsche Telekom AG hat dieser Entwicklung durch die Gründung eines Zentrums für Netzsicherheit (ZFN) in Darmstadt Rechnung ge-

ATM-Technologie

Das Asynchrone-Transfer-Mode-Netz ist die Weiterentwicklung der heutigen ISDN-Technik

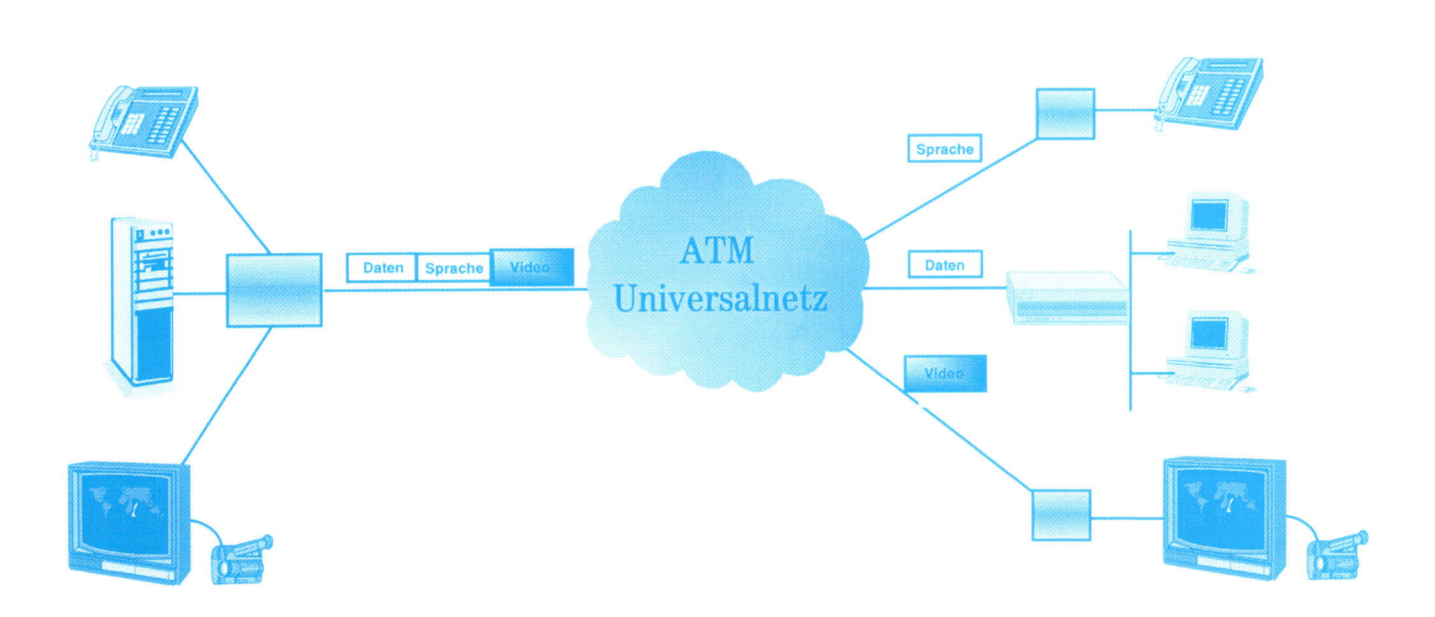

Telekommunikation

Telesec – Das neue System zur vertraulichen und rechtsverbindlichen Telekommunikation

tragen. Netzsicherheits-Experten untersuchen beispielsweise alle Vermittlungssysteme auf unberechtigte Nutzung oder setzen Konzepte um, für die Sicherung von Netzelementen gegen das Eindringen von außen, etwa durch Hacker. Auf diese Weise können frühzeitig Gefährdungspotentiale für Telekom-Kunden erkannt und ausgeräumt werden. Die Telekommunikationsnetze der Deutschen Telekom werden dadurch in puncto Sicherheit auf dem höchsten Qualitätsstandard gehalten und weiterentwickelt.

Damit auch Kunden direkt von der Arbeit des Netzsicherheits-Zentrums der Deutschen Telekom profitieren, wurde 1996 ein spezielles Kompetenzzentrum für Fragen der Netzsicherheit eröffnet. In dieser ständigen, 400 qm großen Ausstellung Am Kavalleriesand zeigen wir unseren Kunden – ähnlich den Beratungsstellen der Kriminalpolizei in Fragen der Sicherheit – beispielhafte Schutzvorkehrungen für Telekommunikations-Systeme und beraten bei der Umsetzung entsprechender Lösungsvorschläge.

FutureLab – Showcase für innovative Ideen der Deutschen Telekom AG

Unter dem Motto „Bei uns hat die Zukunft schon begonnen" wurde das FutureLab im Februar 1997 eröffnet. Der Name „FutureLab" verdeutlicht schon die Intention, die hinter der Idee steckte: „Das FutureLab soll als High-Tech-Forum helfen, neue Wege in der Kommunikation aufzuzeigen, Visionen vermitteln und Faszination auslösen". Auf 1.200 qm Fläche können unsere Groß- und Geschäftskunden auf zwei Etagen Telekommunikation von heute und morgen sehen, erleben und verstehen. Die Themenkreise reichen von visionären virtuellen Kommunikationsformen im Laborstadium bis hin zu bereits im Markt befindlichen Produkten und Anwendungen.

Dominierend im Blickfeld des FutureLab-Besuchers wirkt sofort der zwei Geschoßebenen durchbrechende Glaskubus, der als funktional vollendeter Vortragsraum dient. Hier werden die Kunden in virtuelle Welten geführt. Gesteuert durch einen digitalen Datenhandschuh wird der aerodynamische Test eines Automobils im „virtuellen Windkanal" hautnah gezeigt. Farbige, rasante Partikel fliegen über die Testkarosserie und zeigen den Ingenieuren das Windverhalten. Die Partikel werden in Echtzeit, getrennt von den Grafikbildern, berechnet und über das Inhouse-ATM-Netz übertragen. Mit diesem Projekt zeigt Telekom sehr anschaulich, daß auch hochkomplexe Entwicklungstechnologien mit T-Net ATM beliebig transportierbar und somit weltweit nutzbar werden.

Eines der Highlights sind zweifellos auch die beiden „Talking Head", die den Besucher zur visionären Form künftiger Telepräsenz einladen. Die Gesprächspartner werden hier dreidimensional auf eine Marmorbüste projiziert. Spezielle Grafikrechner ermöglichen einen tatsächlichen Aug-in Aug-Kontakt. Die enormen Datenmengen überträgt ein Hochleistungsrechner via Glasfaser und den Inhouse-ATM-Knoten in Echtzeit – das heißt, die Daten werden nahezu gleichzeitig erhoben, verarbeitet und versandt. Das Futurelab erreichte bereits in kurzer Zeit hohes nationales und internationales Ansehen. Die Deutsche Telekom AG ist der zweitgrößte Arbeitgeber in Darmstadt. Die geschilderten vielfältigen Aufgaben der Entwicklungszentren sind nur ein Teil des Telekom-Engagements am Standort Darmstadt. Die Deutsche Telekom hat eine Niederlassung zur Betreuung ihrer regionalen Kunden und betreibt z. B. Software-Entwicklung und Rechenzentrumsplanung in Darmstadt. Die Darstellung im Einzelnen würde jedoch den Rahmen dieses Beitrages gesprengt haben.

Unternehmensportrait

Mit fortschrittlichen Informationstechnologien beschleunigt PROFI den Informationsfluß in Unternehmen

PROFI realisiert IT-Lösungen auf UNIX-Systemen von IBM

Das Unternehmen, 1984 als Ingenieurbüro gegründet, entwickelt und vermarktet heute Gesamtlösungen schwerpunktmäßig im Client-Server-Umfeld. Dank frühzeitiger Fokussierung auf die IBM-UNIX-Rechnerfamilie verfügt PROFI inzwischen über eine 10jährige Erfahrung mit dem Betriebssystem AIX und den verschiedenen umfangreichen Systemverwaltungsprodukten, von der Rechnerkopplung und Datensicherungskonzepten über Ausfallsicherheit bis zur Überwachung heterogener Netze. PROFI wurde hierfür von IBM als AIX Centre of Excellence with Distinction akkreditiert. Diese Kompetenz nutzt das Unternehmen, um seine Kunden im Sinne der Unternehmensberatung bei der Auswahl und Implementierung von Informationstechnik zu unterstützen.

Zentrale Themen hierbei sind die Strukturierung und Überwachung heterogener Netzwerke (Tivoli), Absicherung der Unternehmensabläufe gegen Rechnerausfälle (HACMP) und Backup-Konzepte (ADSM) zum Schutz vor Datenverlust. Hinzu kommen die technische Implementierung von SAP R/3 Servern, vornehmlich SP-Systemen, sowie die Vorbereitung der Unternehmenskommunikation über Lotus Notes. Zielsetzung ist es stets, den Kunden in die Lage zu versetzen, exakte Informationen zu jeder Zeit und an jedem Ort des Unternehmens verfügbar zu machen.

Für die Unterstützung der Kunden, von der Analyse über Sizing, Installation, Projektbetreuung und Abnahme bis zur Schulung und Hotline-Support, stehen hochqualifizierte Systemingenieure zur Verfügung. Permanente Weiterbildungsmaßnahmen stellen sicher, daß sich das Know-How dieses Teams auf dem neuesten technologischen Stand befindet. Darüber hinaus sichert das nach EN ISO 9001 zertifizierte Qualitätsmanagement-System ein gleichbleibend hohes Qualitätsniveau über alle Unternehmensfunktionen hinweg.

Kooperationen schaffen wertvolle Synergien

Mit der Gründung der PROFI Consulting GmbH im Jahre 1992 wurden die Geschäftsfelder um den Bereich der Kooperationen mit Software- und Projekthäusern erweitert. Hierbei kann sich der Kooperationspartner auf sein Kerngeschäft, also alle anwendungsspezifischen Aufgabenstellungen, konzentrieren. PROFI liefert die Hardware und übernimmt alle systemnahen Aufgaben, von der Rechnerauslegung bis zur schlüsselfertigen Übergabe des Systems, für die Implementierung der Anwendung. Im Sinne einer Backup-Funktion steht PROFI seinen Kooperationspartnern in jeder Phase eines Projekts zur Verfügung. Wenn gewünscht, bietet PROFI als Service aus einer Hand Hotline-Unterstützung, vorbeugende Softwarewartung und Betreuung der Systeme in der Produktionsphase. Auf Basis dieser Synergien kann PROFI seinen Kunden und Partnern ein ständig wachsendes Lösungsportfolio zur Verfügung stellen.

PROFI - Softwareentwicklung für Forschung und Technik

Das Programmsystem PROFI (Programming and Calculations of Fields) zur Berechnung, Simulation und Optimierung von magnetischen und elektromagnetischen Feldern wird in der Konstruktion von elektrischen Geräten und Teilen eingesetzt und hat sich bei namhaften Unternehmen im In- und Ausland etabliert. Ein hochspezialisiertes Team von Entwicklungsingenieuren, zum Teil ansässig in der 1992 gegründeten Tochter PROFI Polska GmbH, Posen, treibt die Weiterentwicklung des Programms voran. Aufgrund der zahlreichen Kontakte zu Forschungsabteilungen der Industrie sowie nationalen und internationalen Forschungseinrichtungen ist PROFI zudem in europäischen Forschungsverbundprojekten vertreten. Deren Ziel ist es, auf Basis wissenschaftlicher Erkenntnisse neue Lösungsansätze für die sich durch z. B. Umweltgesetzgebung verändernden Aufgaben der Industrie zu liefern. Daneben beschäftigt sich PROFI auch mit kundenspezifischen Lösungen, z. B. für die Datensicherung oder die Qualitätskontrolle. Mit seinem breiten Spektrum an Produkten und Dienstleistungen wird PROFI der Kundenforderung „alles aus einer Hand" bestens gerecht.

Die Devise: Hand in Hand mit den Kunden arbeiten bis hin zum gemeinsamen Erfolg. ∎

PROFI
Lösungen mit System

PROFI Engineering Systems GmbH

Geschäftsleitung:
Dr.-Ing. Udo Hamm
Susanne Hamm
Reinhart Schindhelm

Gründungsjahr: 1984

Mitarbeiter: 48

Produkte und Dienstleistungen:
AIX, UNIX, NT, Netzwerke, Client-Server, Multiprozessor-Systeme,
CAD, FEM, PPS, Logistik,
Back-up-Konzepte (ADSM),
Ausfallsicherheitskonzepte (HACMP),
Netzwerkmanagement (Tivoli),
Unternehmenskommunikation (Lotus Notes),
SAP Sizing und Installation,
Analyse, Beratung und Konzeption, Sizing,
Projektmanagement, Implementierung,
Einführungsunterstützung, Schulung,
Hotline-Service

Kunden: europaweit
Auswahl:
ABB, ABC Leasing, BASF, Robert Bosch, Boehringer Mannheim, EDS, Flughafen AG, GSI, HEAG, Heyde + Partner, Honda, Hugendubel, Lufthansa, Merck, Naturin, ProMarkt, Carl Schenck, Schoeller, Stadtwerke Wiesbaden, Uni Frankfurt, VEW, VW

Umsatz (1996): 30 Mio DM

Anschrift:
Otto-Röhm-Straße 26,
64293 Darmstadt
Telefon (06151) 82 90-0
Telefax (06151) 82 90-16
email profi@profi-da.de

Unternehmensportrait

Die neue Telekommunikationswelt kommt aus Darmstadt

14 Betriebs- und Entwicklungszentren der Deutschen Telekom AG

Wer weiß schon, daß alle neuen Telefone und Fax-Geräte der Deutschen Telekom oder die neuen digitalen Netztechnologien ihre Wiege in Darmstadt haben?

Jeden Tag kommen mehrere 100 Millionen Gesprächs- und Datenverbindungen zustande, und die 44 Millionen Telefonkunden fordern selbstverständlich jeden Monat eine korrekte und transparente Telefonrechnung. Wer weiß schon, daß die Konzepte für das Handling der dazugehörigen Datensätze in Darmstadt erdacht und gepflegt werden?

Die Deutsche Telekom ist ein weltweit operierender „Vollsortimenter" in der Kommunikations-

Luftbildaufnahme der Zentren in Darmstadt.

Studie „Talking Head" im FutureLab

branche. Wir bieten unseren Kunden nicht nur die am besten ausgebaute Infobahn der Welt mit T-Net ISDN, City-Netzen und T-Net ATM, sondern auch modernste Endgeräte vom ISDN-Telefon bis hin zum Videokonferenz-Studio. Komplettiert wird die Palette durch ein umfassendes Mobilfunkangebot unserer Tochter T-Mobil und einen flächendeckenden Service für alle diese Dienstleistungen. Die Akzeptanz unserer Leistungen spiegelt sich letztendlich auch in dem äußerst erfolgreichen Börsengang der Deutschen Telekom wider.

Voraussetzung für all diese innovativen Produkte ist eine intensive Forschungs- und Entwicklungsarbeit – und die wird in Darmstadt schon seit 50 Jahren mit zur Zeit rund 3.500 Beschäftigten geleistet. Natürlich sind die Darmstädter Zentren dabei auf die Hilfe von Forschungseinrichtungen und der Computer-Industrie angewiesen. Deshalb bestehen zahlreiche Forschungskooperationen, zum Beispiel mit der GMD Forschungszentrum Informationstechnik GmbH und der Technischen Universität Darmstadt. Viele Softwarehäuser und Entwicklungslabors in der Umgebung von Darmstadt sind Auftragnehmer der Deutschen Telekom. 1947 wurde aus dem ehemaligen Reichspostzentralamt das Post- und Fernmeldetechnische

Von der Behörde zu flexiblen Entwicklungs- und Produktzentren

Zentralamt gebildet. Das Amt sollte auf die Städte Hamburg, Bad Salzuflen, Rastatt, München und Frankfurt am Main verteilt werden. Trotz intensiven Bemühens gelang es aber nicht, im stark kriegszerstörten Frankfurt am Main geeignete Räumlichkeiten zu finden. Die Stadt Darmstadt bemühte sich jedoch seinerzeit intensiv um die Ansiedlung bizonaler Behörden und wurde dabei von der hessischen Regierung und der amerikanischen Militärregierung unterstützt. Darüber hinaus konnte die Stadt Unterbringungsmöglich-

Unternehmensportrait

Virtueller Windkanal

keiten in der 1938 errichteten ehemaligen Kavalleriekaserne anbieten, die zuvor als Internierungslager genutzt worden war. Bereits 1949 wurden die Aufgaben entsprechend den Fachrichtungen Fernmeldewesen und Postwesen getrennt. Es entstand das Fernmeldetechnische Zentralamt (FTZ).

Die Anforderungen des Wirtschaftswunders ließen auch die Aufgaben an neue Techniken im Kommunikationsbereich rapide wachsen. Mit den Aufgaben wuchs auch die Anzahl der Beschäftigten von anfangs rund 800 Mitarbeitern (1949) auf über 3.000 Ende 1989.

Über die Hälfte der Mitarbeiter waren Wissenschaftler und Ingenieure. Das Aufgabenspektrum erstreckte sich von der Entwicklung von Kabeln und Telefonen bis hin zu hochkomplizierten Nachrichtensatelliten einschließlich deren Start und Steuerung. Bis 1982 wurden vom FTZ auch die Zulassungsuntersuchungen von fernmeldetechnischen Geräten durchgeführt. Die nach erfolgreicher Prüfung erteilte FTZ-Nummer führte zu einem hohen Bekanntheitsgrad des FTZ.

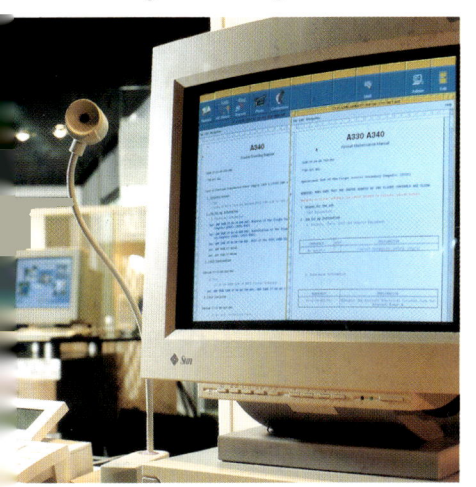

Im Rahmen der Trennung der Deutschen Bundespost in die Unternehmensbereiche Postdienst, Postbank und Telekom und der anschließenden Privatisierung zur heutigen Deutschen Telekom wurden hoheitliche Aufgaben, wie zum Beispiel die Frequenzverwaltung, ausgegliedert.

Das Fernmeldetechnische Zentralamt wurde zunächst unter Beibehaltung des Kürzels FTZ in Forschungs- und Technologiezentrum umbenannt. Die für die Telekommunikation überaus bedeutenden Meilensteine wie die Entwicklungen der ISDN-Technik (bei der die Deutsche Telekom heute weltweit führend ist) oder die GSM Technik, mit der die digitalen Mobilfunknetze betrieben werden, wurden im FTZ gesetzt.

Die Modernisierung der Deutschen Telekom führte auch zur Reorganisation des Forschungs- und Technologiezentrums (FTZ) in insgesamt 14 Zentren am Standort Darmstadt. Ziel war eine flexiblere Reaktion auf die Bedürfnisse der Kunden und des sich schnell entwickelnden Telekommunikationsmarktes. Die neuen Zentren arbeiten eigenverantwortlich an von Auftraggebern innerhalb des Telekom-Konzerns erstellten Innovationszielen.

Größtes Zentrum ist das Technologiezentrum Darmstadt (TZ), in dem die netzbezogenen Forschungs- und Entwicklungsaktivitäten des ehemaligen FTZ zusammengefaßt wurden. Heute beschäftigt allein das Technologiezentrum Darmstadt 1.000 Mitarbeiter, zum großen Teil Wissenschaftler und Ingenieure.

Multimediale Zukunft im FutureLab.

·· **T** Deutsche Telekom

Deutsche Telekom AG

Vorstandsvorsitzender:
Dr. Ron Sommer

Anschrift:
Friedrich-Ebert-Allee 140
53113 Bonn

Entwicklungs- und Produktzentren:
Technologiezentrum Darmstadt (TZ)
Prof. Dr. Eckart Raubold
Telefon   (06151) 83-25 01

Zentrum für Rundfunk und Audiovision (ZRA)
Horst Willenberg
Telefon   (06151) 83-21 75

Zentrum für Endgeräte (ZEG)
Werner Simon
Telefon   (06151) 83-53 01

Zentrum Öffentliche
Telekommunikation (ZÖTK)
Dieter Scheib
Telefon   (06151) 83-36 01

Informations- und
Dokumentationszentrum (IDZ)
Hans-Martin Lichtenthäler
Telefon   (06151) 83-20 04

Zentrum Integriertes Datennetz (ZIDN)
Uwe Horn
Telefon   (06151) 83-69 05

Dienstleistungszentrum
International (DLZ IN)
Dr. Petruschke
Telefon   (030) 34 79-10 01

Dienstleistungszentrum
Weiterbildung (DLZ Wb)
Erwin Ihm
Telefon   (06151) 83-65 37

Entwicklungszentrum (EZ)
Jürgen Wegner
Telefon   (06151) 8 86-602

Informationszentrum (IZ)
Willi Seemke
Telefon   (06151) 8 18-102

Zentrum für Internet- und Online-
Transportplattformen ((ZIOT)
Wolfgang Schmitz
Telefon   (06151) 83-52 01

Zentrum für Einkauf
von Endeinrichtungen PK und Gk (ZEk)
Paul-Jürgen Arens
Telefon   (06151) 83-57 09

Zentrum für Fakturierung, Rechnungsbearbeitung, Debitorenkontokorrent (ZFRD)
Horst Frickel
Telefon   (06151) 83-37 01

Dienstleistungszentrum Kommunikation,
Marketing und Research d. Vorstandsbereiches Personal u. Recht (DLZ KMR)
Richard Zimmermann
Telefon   (06151) 83-68 09

Stadtgeschichte

Darmstadt von den Anfängen bis zur Gegenwart - die wechselvolle Geschichte einer deutschen Stadt

Am Anfang der Geschichte Darmstadts steht eine kleine dörfliche Siedlung, die erstmals Ende des 11. Jahrhunderts als „Darmundestat" namentlich erwähnt wird. Über den Zeitpunkt der Gründung wie auch über die Bedeutung des Namens wissen wir nichts sicheres. Um die Mitte des 13. Jahrhunderts errichteten die Grafen von Katzenelnbogen hier eine Wasserburg, die den nördlichen Ausgangspunkt der als Verkehrsweg vielgenutzten Bergstraße und damit den Verkehr zwischen Heidelberg und Frankfurt kontrollierte. Kaiser Ludwig der Bayer verlieh Graf Wilhelm I. von Katzenelnbogen zum Dank für treue Dienste am 23. Juli 1330 das Stadtrecht für seinen Ort Darmstadt. Dies bedeutete vor allem das Recht, eine Mauer zu errichten und einen Markt abhalten zu dürfen. Die in den folgenden Jahrzehnten entstandene Stadtmauer, von der Reste erhalten sind, kennzeichnet den Umfang der Stadt bis zum Ende des 16. Jahrhunderts.

Innerhalb der Mauern lebten zu dieser Zeit kaum mehr als 1.000 bis 1.500 Einwohner. Den größten Grundbesitz in der Stadt hatten neben den Katzenelnbogener Stadtherren die Mönche des Zisterzienserklosters Eberbach im Rheingau. Die fälligen Zins- und Pachtabgaben an Eberbach mußten die Darmstädter auf dem westlich der Stadt gelegenen Eberbacher Wirtschaftshof Geaborn abliefern.

Obwohl Darmstadt als Handelsplatz von nun an eine Mittelpunktfunktion erfüllte, bewahrte es den Charakter einer Ackerbürgerstadt, deren Bewohner von der Landwirtschaft und vom Weinbau lebten. Der einzige Platz, gleichzeitig Mittelpunkt des wirtschaftlichen Lebens, war der Marktplatz, an dessen Rand das 1397 erstmals erwähnte Rathaus lag.

1369 wurde Darm-

Markttreiben auf dem Marktplatz um 1890

Der Autor

Dr. Peter Engels

Der Autor ist 1959 in Hilden bei Düsseldorf geboren, studierte in Köln Geschichte, Latein und Musikwissenschaft, legte 1987 das Staatsexamen in Geschichte und Latein ab und promovierte 1990 mit der Edition einer lateinischen Kreuzzugschronik aus dem 13. Jahrhundert. Seit 1993 ist er Leiter des Stadtarchivs Darmstadt.

stadt nach Herauslösung aus der Pfarrei des Nachbardorfes Bessungen zur selbständigen Pfarrei, die Marienkirche war nun Stadtkirche.

Nebenresidenz zur Burg Rheinfels bei St. Goar

Eine Stadtverwaltung gab es noch nicht. Die alte Dorfverfassung mit dem Schultheißen als Vertreter des Landesherrn an der Spitze, der mit Hilfe eines Schöffenkollegiums die Geschicke Darmstadts leitete, bestand fort. Ein wenig von dem glanzvollen Leben der Grafen von Katzenelnbogen, die meist auf Burg Rheinfels bei St. Goar residierten, strahlte auch auf ihre Nebenresidenz Darmstadt aus. 1385 nahm Gräfin Else von Katzenelnbogener ihren Witwensitz und begründete erstmals eine fürstliche Hofhaltung. 1422 wurde mit großem Prunk die Hochzeit Graf Philipps von Katzenelnbogen mit der ebenso reichen Anna von Württemberg in Darmstadt gefeiert.

1546 Zerstörung des Schlosses

Als Graf Philipp 1479 ohne männliche Erben starb, fiel die Grafschaft Katzenelnbogen an die in Marburg residierenden Landgrafen von Hessen.

Stadtgeschichte

Marktplatz mit Blick auf das Schloß mit dem 1715 abgebrannten Kanzleibau

Darmstadt geriet ganz an den Rand des hessischen Territoriums. Zu den wenigen bemerkenswerten Ereignissen dieser Zeit gehören die Einführung der Reformation im Jahre 1527 sowie die beiden Belagerungen 1518 durch Franz von Sickingen und 1546 durch kaiserliche Truppen im Schmalkaldischen Krieg, die Darmstadt schwere Schäden brachten. Das Darmstädter Schloß wurde 1546 vollständig zerstört.

Einen Neubeginn und ihre erste Blütezeit erlebte die Stadt, als sie im Jahre 1567 zur Residenz erhoben wurde. Georg, der jüngste Sohn des im gleichen Jahr verstorbenen hessischen Landgrafen Philipp des Großmütigen, erbte die alte Obergrafschaft Katzenelnbogen und nahm als Georg I. (1567-1596) in Darmstadt Residenz.

Der Hof verändert das Gesicht der Stadt

Der ständig präsente Hof und die Beamtenschaft prägten von nun an entscheidend die soziale, wirtschaftliche und kulturelle Entwicklung Darmstadts. Die kulturelle Tradition wurde vom Hof begründet und blieb mit ihm verbunden. Das Gesicht Darmstadts änderte sich nachhaltig. Georg I. vollendete den Neubau des Renaissanceschlosses, dessen Reste im Altschloß heute noch zu sehen sind, und ließ 1580 den Herrngarten anlegen, der im 17. Jahrhundert zu einem Barockgarten und 1766 zu einem englischen Landschaftsgarten umgestaltet wurde. Die Stadt sprengte ab 1590 erstmals ihre mittelalterlichen Mauern durch die Anlage der alten Vorstadt östlich des Schlosses. Hier wurde Wohnraum für die Hofbeamten und die neu zuziehenden Handwerker geschaffen. Georg I. verbesserte die städtische Wasserversorgung durch die Errichtung der Drei-Brunnen-Leitung und ließ 1570 den großen Woog anlegen. Am Marktplatz, der durch den Abriß eines Häuserblocks erweitert wurde, errichtete die Stadt als Ausdruck des neuen Selbstbewußtseins 1566/68 ein neues Rathaus, so daß der Stadtherr im Schloß und die Stadtverwaltung im neuen Rathaus vis à vis residierten. Hier am Marktplatz wurde das Mit- und Gegeneinander von Bürgerstadt und Fürstenresidenz, das zukünftig die Geschicke der Stadt bestimmen sollte, augenfällig. Die erste Blüte der jungen Hauptstadt wurde durch die Leiden und Nöte des 30jährigen Krieges jäh unterbrochen. Nachdem man den Einfall der kaiserlichen Truppen des Grafen Mansfeld 1622 noch relativ glimpflich überstanden hatte, brachten die Jahre ab 1631 mehrmalige Durchmärsche von Truppen, Einquartierungen und Plünderungen, vor allem aber die Pest, der alleine 1635 über 2.000 Menschen zum Opfer fielen, darunter viele Bewohner des verwüsteten Umlandes, die sich hinter die schützenden Mauern Darmstadts geflüchtet hatten. Von den Verheerungen des Krieges - der landgräfliche Hof war zeitweilig nach Schloß Lichtenberg und nach Gießen geflüchtet - erholte sich die Stadt erst nach Jahrzehnten.

Ehrgeizige Pläne für eine prunkvolle Barock-Residenz

Mit Landgraf Ernst Ludwig (1688-1739) hielt der Barock Einzug in Darmstadt. Ernst Ludwig plante zusammen mit seinem Hofbaumeister Louis Remy de la Fosse mehrere ehrgeizige Bauvorhaben, um Darmstadt in eine prunkvolle Barock-Residenz zu verwandeln. 1695 legte er den Grundstein zur großen Stadterweiterung nach Westen, es entstanden die Rheinstraße bis zum späteren Luisenplatz und die Luisenstraße. Aus Geldmangel mußten jedoch die Bauarbeiten in der Neustadt ebenso eingestellt werden wie der nach einem Brand 1715 begonnene Neubau des Schlosses, von dem bis 1727 nur zwei Flügel im Rohbau fertiggestellt waren. Von der gleichzeitig begonnenen Orangerie in Bessungen konnte ebenfalls nur der Westflügel fertiggestellt werden.

Das 1629 eröffnete Pädagogikum, Darmstadts erste höhere Schule

Stadtgeschichte

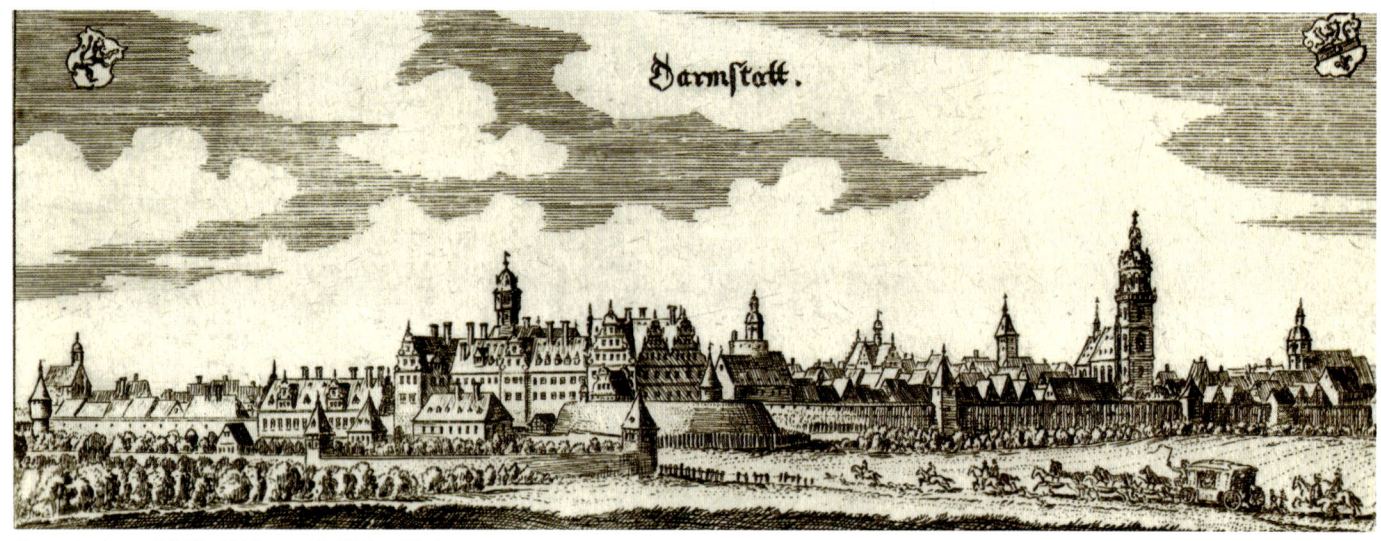

Darmstadt um 1646, Stich von Matthäus Merian.

Die barocke Bauwut, der Wunsch nach äußerer Repräsentation, war nur die eine Seite der künstlerischen Ambitionen Ernst Ludwigs. Seine große Leidenschaft galt dem Theater. Die alte Reithalle, auf dem Gelände der Technischen Universität am Herrngarten gelegen, wurde seit 1670 ständig für Theateraufführungen genutzt und war eines der frühesten festen Theater Deutschlands. Es wurde bis 1944 als kleines Haus des Landestheaters bespielt. Ernst Ludwig holte 1711 den Komponisten Graupner als Kapellmeister nach Darmstadt und verpflichtete ein festes Ensemble, das jedoch bereits 1718 wieder entlassen werden mußte. Der Hofmaler Johann Christian Fiedler hat uns viele Bilder hinterlassen, die einen Eindruck vom höfischen Leben der damaligen Zeit vermitteln. Eine weitere Liebhaberei Ernst Ludwigs war die seit 1708 betriebene Parforce-Jagd, die auch sein Sohn Ludwig VIII. (1739-1768) fortführte. Für dieses sehr kostspielige Jagdvergnügen wurden die Wälder Darmstadts mit breiten Schneisen durchzogen und Jagdhäuser errichtet. Die Jagd verursachte enorme Flurschäden und war deshalb bei der Bevölkerung verhaßt.

Der Tod Ludwig VIII. brachte 1768 ihr abruptes Ende. Landgraf Ludwig IX. (1768-1790) sanierte die von seinen Vorgängern zerrütteten Staatsfinanzen. Ausgeführt wurden seine rigorosen Reformen von Minister Carl von Moser, der 1773 am späteren Luisenplatz als Sitz der Landesbehörden das Kollegiengebäude errichten ließ, das in seiner wiederaufgebauten Form heute Sitz des Regierungspräsidenten ist.

1777 genau 9038 Einwohner

Moser ließ als Grundlage seines Reformwerks die nach ihm benannten Moserschen Tabellen aufstellen, das erste verläßliche statistische Werk Hessen-Darmstadts. Die Hauptstadt hatte danach 1777 genau 9038 Einwohner.

Der Landgraf selbst residierte meist in seiner Garnison Pirmasens, wo er seine Truppen nach selbstkomponierten Märschen exerzieren ließ. Seine Gattin Henriette Karoline leitete den Darmstädter Hof. In die Geschichte ging sie als die „Große Landgräfin" ein, nicht aufgrund ihrer administrativen Verdienste, sondern weil sie ab 1771 eine Reihe von Musikern und Dichtern um sich versammelte, den Kreis der „Empfindsamen". Treibende Kraft dieses Kreises war neben Karoline der Darmstädter Kriegsrat Johann Heinrich Merck. Zu den Mitgliedern zählten Herder, Klopstock, Wieland und der junge Goethe, dessen „Götz von Berlichingen" Merck 1771 in Darmstadt herausbrachte.

Landgraf Ludwig wird Großherzog

Die Wende vom 18. zum 19. Jahrhundert brachte für die Landgrafschaft Hessen-Darmstadt und für die Hauptstadt einen größeren Entwicklungsschub als die Residenzerhebung 1567. Diese Entwicklung kam wesentlich von außen. Die territorialen Umwälzungen der napoleonischen Zeit, die mit der Säkularisation 1802/03 einsetzten und über die Gründung des Rheinbundes und das

Der Luisenplatz im Jahre 1892, vorn die Ludwigssäule, links das Kollegiengebäude, im Hintergrund das Barockschloß (1716-1727)

Stadtgeschichte

Ende des Alten Reiches 1806 bis zum Wiener Kongreß 1815 führten, hatten aus der kleinen Landgrafschaft das auf mehr als das doppelte seines ursprünglichen Territoriums angewachsene Großherzogtum Hessen mit der neuen Provinz Rheinhessen entstehen lassen. Landgraf Ludwig X. (1790-1830) nannte sich fortan „Großherzog Ludewig I. von Hessen und bei Rhein". Die Hauptstadt erhielt eine neue Bedeutung als Verwaltungssitz eines beträchtlich vergrößerten, souveränen Staates. Hof und Beamtenschaft wuchsen und benötigten größere Verwaltungs- und Gerichtsgebäude und standesgemäße Wohnungen. Für die Truppen der neuen Garnison, zeitweise über 3.000 Mann, mußten Kasernen errichtet werden.

Eine völlig neue Stadtanlage im Westen

Die Einwohnerzahl stieg von knapp 10.000 zur Jahrhundertwende auf etwa 25.000 im Jahre 1830. Diesem Zuwachs konnte nur mit einer großangelegten Stadterweiterung begegnet werden, die der 1810 nach Darmstadt berufene Architekt Georg Moller in enger Zusammenarbeit mit Großherzog Ludewig I. ins Werk setzte. Es entstand in wenigen Jahrzehnten eine ganz neue Stadtanlage im Westen, die die alte Stadt an den Rand drängte und das Zentrum Darmstadts an den neuen, nach Großherzogin Luise benannten Platz verlegte.

Langer Ludwig erinnert an erste hessische Verfassung

Als Denkmal der ersten hessischen Verfassung, die die Stände dem Großherzog 1820 abgerungen hatten, erhebt sich auf dem Luisenplatz das 1844

Blick auf den kleinen Woog und das Pädagogikum, um 1850. Links ist die Kuppel der Ludwigskirche zu erkennen.

errichtete Monument, der „Lange Ludwig". Als Geschäftsviertel und als Verknüpfung von Alt- und Neustadt legte Georg Moller um 1825 die Ludwigstraße und den Ludwigsplatz an, auf dem seit 1906 das Bismarckdenkmal steht. In den hinter dem Marktplatz gelegenen Gärten entstand ab 1863 die Ernst-Ludwig-Straße.

Entscheidend geprägt wurde die Darmstädter bürgerliche Gesellschaft des 19. Jahrhunderts durch die in der Tradition des aufgeklärten Absolutismus stehende Kunst- und Kulturpolitik Ludewig I., welche die Erhöhung der allgemeinen Bildung der Residenz-Gesellschaft zum Ziel hatte. Georg Moller errichtete das 1819 eingeweihte neue Hoftheater, das mit einer Kapazität von rund 2.000 Plätzen bewußt für breitere Bevölkerungskreise gedacht war (nachdem das Theater 1871 ausbrannte und 1944 erneut zerstört wurde, erstrahlt es als „Haus der Geschichte" seit 1994 wieder in altem Glanz).

Der Großherzog eröffnete 1817 die Hofbibliothek und 1820 die großherzoglichen Sammlungen für die Allgemeinheit - bereits seit 1802 war der Herrngarten allgemein zugänglich - , förderte begabte Maler durch Einrichtung einer Malerschule und durch Vergabe von Stipendien für Auslandsreisen (z. B. August Lucas und Heinrich Schilbach), reformierte die Kommunalverwaltung durch die hessische Gemeinde-

Georg Büchner muß flüchten

ordnung von 1821 und des Schulwesen durch die Einführung der Realschule 1821/22.
Bereits 1790 hatte er die katholische Gemeinde wieder zugelassen, für die Georg Moller 1822-27 die Kirche St. Ludwig erbaute.

Der Steubenplatz mit dem Main-Neckar-Bahnhof und dem Ludwigsbahnhof vor 1890.

Stadtgeschichte

Mit dem Tod Ludewigs I. setzte unter seinem schwachen Nachfolger Ludwig II. und dessen Staatsminister du Thil eine Phase der politischen Restauration ein. Bekanntestes Opfer der neuen Politik war der Darmstädter Arztsohn Georg Büchner, der erst viel später als großer Dichter auch in Darmstadt zu Ruhm und Ehren kommen sollte. Er gründete 1834 in Darmstadt eine Sektion der revolutionären „Gesellschaft der Menschenrechte" und gab den „Hessischen Landboten" heraus, in dem er vor allem auf das starke soziale Gefälle zwischen der Bevölkerung der wohlhabenden Residenz und dem erbärmlichen Leben der Landbevölkerung, etwa im Odenwald, aufmerksam machte. Der Verfolgung und drohenden Verhaftung entzog er sich 1835 durch die Flucht nach Straßburg.

Ruf nach Pressefreiheit und Strafrechtsreform

Die politischen Diskussionen und Agitationen, die wegen der scharfen Zensur und Überwachung in unverdächtigen Turn- und Gesangsvereinen stattfanden, verschafften sich unter dem Eindruck der revolutionären Ereignisse des Jahres 1848 in Forderungen nach Pressefreiheit, Volksbewaffnung und Strafrechtsreform Luft. Verschärft wurde die Situation durch eine Versorgungskrise aufgrund der Mißernten der Jahre 1846 und 1847. Ludwig II. entließ schließlich Minister du Thil und berief seinen Sohn Ludwig III. zum Mitregenten, der am 5. März 1884 den politischen Forderungen nachgab. Die revolutionären Ereignisse der kommenden zwei Jahre führten jedoch wie andernorts, so auch in Darmstadt zu einer obrigkeitsstaatlichen Reaktion, die die neuen Freiheiten wieder abschaffte und zum Teil sogar hinter die Errungenschaften des Vormärz zurückfiel.

1836 bereits größere Manufakturbetriebe

Die zweite Hälfte des 19. Jahrhunderts stand in Darmstadt ganz im Zeichen einer raschen Industrialisierung. Bereits 1836 zählte eine Übersicht mehrere Manufakturbetriebe auf, darunter eine Tapetenfabrik mit mehr als 70 Arbeitern, eine Hemdenfabrik mit 60 Näherinnen, eine Zündholzfabrik und eine Maschinenbauanstalt.

Die von dem Apotheker Heinrich Emanuel Merck begründete chemisch-pharmazeutische Fabrik produzierte ab 1842 auf dem Gartengelände am heutigen Merckplatz. Auf der Londoner Weltausstellung 1851 waren aus Darmstadt u. a. die Hutfabrik August Schuchard und die Spielkartenfabrik Fromann und Reuter

Die untere Rheinstraße mit einem Zug der Dampfstraßenbahn

vertreten. 1853 wurde die Bank für Handel und Industrie, die spätere Darmstädter Bank, gegründet, die vornehmlich den Kreditbedarf der Industrie decken sollte. Ein großer Teil ihres Kreditvolumens wurde in Darmstadt plaziert. In den folgenden drei Jahrzehnten gründeten sich viele neue Fabriken, darunter noch heute klangvolle Namen wie Goebel, Roeder und Schenck. Einen für Jahrzehnte bedeutenden Industriezweig stellte die Möbelindustrie mit Firmen wie Bechtold, Glückert, Alter und Trier dar. Vorbereitet und begleitet wurde die wirtschaftliche Entwicklung Darmstadts von weitreichenden Maßnahmen zur Verbesserung der Infrastruktur.

1846 der erste Bahnhof

Umfangreiche städtebauliche Maßnahmen zielten auf die Modernisierung des Verkehrswesens, die Optimierung der Energieversorgung und die Berücksichtigung zeitgemäßer Hygienestandards. Im August 1846 wurde der Main-Neckar-Bahnhof eröffnet und die Bahnstrecke Heidelberg - Darmstadt - Frankfurt für den Verkehr freigegeben. 1858 folgten die Bahnstrecken nach Mainz und Aschaffenburg, 1869 die Odenwaldbahn, 1871 die Riedbahn von Darmstadt nach Worms.

Dampfstraßenbahn nach Eberstadt

Den wachsenden innerstädtischen Verkehrsproblemen begegnete man 1886 mit der Einrichtung der Dampfstraßenbahn, die die Vororte Eberstadt, Arheilgen und Griesheim mit Darmstadt verband und das tägliche

Beengte Wohnverhältnisse in der Altstadt um die Jahrhundertwende

94

Stadtgeschichte

Einpendeln der Industriearbeiter ermöglichte. Ab 1897 wurde das steigende Verkehrsaufkommen in der Innenstadt durch die elektrische Straßenbahn bewältigt, die ihren Strom aus dem 1888 errichteten Elektrizitätswerk in der Schuchardtstraße erhielt.

Durch die Zunahme der Bevölkerung und der Industrie- und Gewerbebetriebe hatte Darmstadt schon seit der Jahrhundertmitte unter einem allmählich unerträglich werdenden Wassermangel zu leiden, der auch zu untragbaren hygienischen Zuständen führte.

Mit der Einführung der zentralen Wasserversorgung und der gleichzeitigen Einrichtung einer Schwemmkanalisation seit 1880 entschärfte sich die Situation rasch.

Auch auf dem Bildungssektor trug man der Entwicklung Rechnung. Zur bereits 1821/22 errichteten Real- und Technischen Schule kam 1877 schließlich eine Höhere Gewerbeschule, die 1878 zur Polytechnischen Schule und 1887 schließlich zur Technischen Hochschule erhoben wurde. Ebenfalls ins Jahr 1836 datiert die Gründung des Gewerbevereins für das Großherzogtum Hessen. Im Zuge der Industrialisierung ist noch einmal ein sprunghafter Bevölkerungsanstieg zu verzeichnen. Von rund 32.500 Darmstädtern im Jahre 1861 über knapp 40.000 zehn Jahre später und 56.500 im Jahre 1890 stieg die Zahl der Einwohner auf 72.300 zur Jahrhundertwende und auf fast 88.000 im Jahr 1907.

Stadtviertel künden noch von alter Pracht

Umfangreiche städtische Bauplanungen waren die Folge. In wenigen Jahrzehnten entstanden neue Wohnviertel mit Mietwohnungen wie das Johannesviertel (ab 1871) und das Martinsviertel (seit etwa 1880), nach der Jahrhundertwende das überwiegend villenartig bebaute Tintenviertel im Südosten und die Gartenvorstadt am Hohlen Weg (Komponistenviertel). Nur an diesen Stadtvierteln, deren Bausubstanz und ursprüngliche Anlage in großen Teilen erhalten sind, läßt sich heute noch der einstigen Pracht der alten Haupt- und Residenzstadt nachspüren.

Die „Insel" mit dem zum Stadtjubiläum 1930 errichteten Dadderichbrunnen, im Hintergrund die Stadtkirche.

Leidtragende der Entwicklung waren die Bewohner der Altstadt, des alten Stadtkerns, der erst im ersten Drittel des 19. Jahrhunderts mit der Stadterweiterung durch Moller zur Altstadt wurde. Wohlhabende Beamte, Kaufleute, Handwerker zogen in die Neustadt. Die Altstadt wurde das Wohnviertel der kleinen Handwerker und Tagelöhner, gegen Ende des Jahrhunderts zunehmend das der Industriearbeiter. In den engen Gassen herrschten drangvolle Enge und bedenkliche hygienische Verhältnisse. Durch Straßendurchbrüche und Niederlegung von Häusern versuchte die Stadtverwaltung der Altstadt Luft zu verschaffen. So entstand 1885 die „Insel", ein Platz, der für alte Darmstädter der Inbegriff des alten Darmstadts war, das im Feuersturm 1944 unterging.

Der letzte Darmstädter Großherzog Ernst Ludwig (1892-1918) war ebenso wie sein Vorfahre Ludewig I. durch Neigung und Begabung mit den Künsten verbunden, er malte, komponierte und schrieb Gedichte.

Künstlerkolonie auf der Mathildenhöhe

Auch Ernst Ludwig beteiligte sich persönlich am Theaterbetrieb. Ganz am Anfang seiner Regierung verwarf er die bereits fertigen Pläne für ein Landesmuseum im Gründerzeitstil und entwarf mit dem jungen Architekten Alfred Messel die Konzeption des Neubaus des Hessischen Landesmuseums. In die ersten Jahre seiner Regierung fiel auch der repräsentative Neubau der Technischen Hochschule am Herrngarten.

Die entscheidende Bedeutung Ernst Ludwigs für die Kunst liegt jedoch in der 1899 erfolgten Berufung von sieben Künstlern, darunter der Wiener Architekt Joseph Maria Olbrich, nach Darmstadt und die Gründung einer Darmstädter Künstlerkolonie auf der Mathildenhöhe, mit der er in Darmstadt völlig neue Wege beschritt.

Erstmals „Ein Dokument deutscher Kunst"

Es war der Versuch, durch Übernahme und bewußte Weiterentwicklung kunsthandwerklicher Reformbestrebungen Kunst und Gewerbe, Künstler und Handwerker enger zusammenzuführen und ihre Arbeit miteinander zu verknüpfen. Die Kunst sollte ihren Platz nicht nur im Museum, sondern im Alltag der Menschen, in ihren Gebrauchsgegenständen finden. Die Kunstförderung Ernst Ludwigs fand ihren öffentlichen Ausdruck zuerst in der 1901 eröffneten Ausstellung „Ein Dokument deutscher Kunst". In dieser und in drei weiteren Ausstellungen 1904, 1908 und 1914 präsentierten die wechselnden Mitglieder der Künstlerkolonie Architektur und Kunsthandwerk bewußt für alle Bevölkerungsschichten. Die erhoffte Breitenwirkung und Ausstrahlung ihrer Konzeption wurde jedoch

Stadtgeschichte

nicht erreicht. Eingang fanden die Entwürfe der Mathildenhöhkünstler hingegen in die Produktion der Darmstädter Möbelindustrie.

Die Formensprache des Jugendstils beeinflußte auch die Darmstädter Baumeister und Architekten der Zeit vor dem ersten Weltkrieg. Ihre repräsentativen Bauten, die fast alle noch heute Akzente im Stadtbild setzen, weisen häufig Jugendstilelemente auf: die Maschinenhalle der Technischen Universität von Georg Wickop (1908), die Pauluskirche von Friedrich Pützner (1907), von dem auch das Hauptgebäude der Merckschen Fabrik und der Hauptbahnhof stammen, sowie das Hallenbad von August Buxbaum (1909).

„Freie sozialistische Republik Hessen"

Der erste Weltkrieg, an dessen Ende die Stadt 2.000 Gefallene zu beklagen hatte, unterbrach die Aufwärtsentwicklung Darmstadts. Die politischen Umwälzungen bei Kriegsende mündeten in die Absetzung des Großherzogs und die Begründung einer von den demokratischen Kräften Hessens begrüßten Republik. Am 9. November 1918 wurde die „freie sozialistische Republik Hessen" ausgerufen, aus der mit der Verabschiedung der Verfassung am 12. Dezember 1919 der Volksstaat Hessen hervorging.

Die Zeit der Weimarer Republik wurde in Darmstadt geprägt durch die unmittelbaren und mittelbaren Folgen des ersten Weltkrieges. Die französische Besatzungszone des Brückenkopfes Mainz reichte bis Arheilgen und Griesheim und erschwerte den wirtschaftlichen Neubeginn ebenso wie der Wegfall von Hof und Garnison. Im April und Mai 1920 war Darmstadt selbst von französischen Truppen besetzt. Ausgewiesene und Flüchtlinge aus dem besetzten Gebiet und zurückkehrende Soldaten sorgten für einen großen Mangel an Wohnraum. Die Stadtverwaltung versuchte mit mehreren Straßen- und Wohnungsbauprogrammen, bei denen hauptsächlich Notstandsarbeiter eingesetzt wurden, der schwierigen Lage Herr zu werden. Wohnblocks und Siedlungshäuser entstanden in großer Zahl im Westen und Südwesten der Stadt in der Waldkolonie, entlang der Bahnstrecke am Haardtring und auf der aufgelassenen Trasse der Odenwaldbahn, dem heutigen Rhön- und Spessartring.

An der Lichtwiese wurde 1930 das neue Hochschulstadion und bereits einige Jahre früher (1924/25) der Darmstädter Verkehrsflughafen eröffnet, von dem bis zu seiner Verlegung nach Frankfurt im Jahre 1933 Lufthansa-Flüge in die großen Städte des Reiches und Westeuropas starteten.

Der Marktplatz mit altem Rathaus und Stadtkirche 1932.

Inflation, Weltwirtschaftskrise und die hohe Arbeitslosigkeit, die weit über dem Reichsdurchschnitt lag - 1930 waren in Darmstadt 21.000 Menschen ohne Arbeit -, sorgten für eine Destabilisierung der politischen Verhältnisse.

50 Prozent der Stimmen für die Partei Hitlers

Bereits seit 1929 saßen Mitglieder der NSDAP in der Darmstädter Stadtverordnetenversammlung. Die politischen Auseinandersetzungen nahmen an Heftigkeit zu. Bei den folgenden Landtags- und Reichstagswahlen lag die NSDAP immer über 40 Prozent. Am 5. März 1933 wählten sogar 50 Prozent der Darmstädter die Partei Adolf Hitlers. Einen Tag später wehte die Hakenkreuzfahne als Zeichen der Machtergreifung über dem Landtagsgebäude am Luisenplatz. Zwei Wochen später wurde erstmals die Schließung jüdischer Geschäfte verfügt.

Regimegegner wandern ins Gefängnis

Der hessische Innenminister Wilhelm Leuschner, der Darmstädter Reichstagsabgeordnete Carlo Mierendorff und weitere Regimegegner wanderten in Gefängnisse und Konzentrationslager.

Die Mathildenhöhe 1928 mit Hochzeitsturm, Ausstellungsgebäude und Russischer Kapelle. Im Hintergrund links das 1944 zerstörte Brauereiviertel.

Durch Verfügung des Reichsstatthalters Jakob Sprenger wurden die Vororte Arheilgen und Eberstadt - gegen den Willen der dortigen Verwaltung und Bürgerschaft - zum 1. April 1937 nach Darmstadt eingemeindet, das damit zur Großstadt mit 110.738 Einwohnern wurde. Ein Jahr später war Darmstadt auch kreisfrei. Kurz darauf brannten die Nazis die beiden Darmstädter Synagogen sowie die Synagoge in Eberstadt nieder. Rund 3.000 Juden aus Darmstadt und Umgebung wurden in drei Transporten 1942 und 1943 nach Auschwitz, Theresienstadt und in andere Lager deportiert.

Über 11.000 Bombenopfer in einer Nacht

Zu dieser Zeit hatte die Stadt bereits die ersten alliierten Bombenangriffe erlitten und die ersten Todesopfer zu beklagen. Der schlimmste Angriff stand ihr jedoch noch bevor.

„a quiet trip all around, with everything going according to plan" beschrieb ein englischer Bomberpilot das furchtbarste Ereignis der Darmstädter Geschichte, die totale Zerstörung der alten Haupt- und Residenzstadt in der Nacht vom 11. zum 12. September 1944, die über 11.000 Menschen das Leben kostete und eine Trümmerwüste hinterließ, deren Beseitigung 15 Jahre dauern sollte.

Als am 25. März 1945 amerikanische Panzertruppen einmarschierten und Darmstadt ein vorzeitiges Kriegsende bescherten, lebten noch 50.000 der 115.000 Vorkriegsbewohner in Kellerhöhlen, Gartenhäuschen und den weniger zerstörten Vororten.

Unter großen personellen und materiellen Schwierigkeiten begann der Aufbau einer Verwaltung mit dem Rechtsanwalt Ludwig Metzger als Oberbürgermeister an der Spitze. Große Anstrengungen mußten unternommen werden, um zunächst die Ernährung und Versorgung der Bevölkerung sicherzustellen und die Räumung von ca. drei Millionen Kubikmeter Trümmerschutt aus den Straßen zu organisieren. Erst nach der Währungsreform 1948 kam der Wiederaufbau der Stadt in Gang. Seit 1949 entstanden am Stadtrand neue Wohnsiedlungen, hauptsächlich für Vertriebene aus dem Osten geplant und mit tätiger Selbsthilfe der neuen Bewohner errichtet.

Neue Unternehmen mit 10.000 Arbeitsplätzen

Ebenfalls 1949 begann die von dem Architekten Kurt Jahn gemeinsam mit der Stadt getragene Wiederaufbau GmbH mit der Ansiedlung von Betrieben der „rauchlosen Industrie" auf dem Gelände des ehemaligen Exerzierplatzes und der umliegenden Kasernen.

Bis 1959 gelang die Ansiedlung von etwa 170 Verlagen, Druckereien, Nahrungsmittel- und Kosmetikbetrieben mit insgesamt 10.000 neuen Arbeitsplätzen.

Vor allem aber der schnelle „kulturelle Wiederaufbau" (so ein Schlagwort der Zeit) half Darmstadt über den in vieler Augen drohenden Identitätsverlust hinweg, denn die Stadt hatte zusätzlich zur schweren Zerstörung auch den Verlust der Hauptstadtfunktion und die Abwanderung der Regierungsbehörden nach Wiesbaden zu verkraften. Der schnellen Wiedereröffnung des Theaters und der Technischen Hochschule folgte 1946 die Gründung der „Ferienkurse für neue Musik". Die Deutsche Akademie für Sprache und Dichtung, die alljährlich mit dem Georg-Büchner-Preis den bedeutendsten deutschen Literaturpreis vergibt, nahm ihren Sitz 1951 ebenso in Darmstadt wie das deutsche PEN-Zentrum. Aufsehen erregten die seit 1950 veranstalteten „Darmstädter Gespräche", ein internationales Gesprächsforum, das bis 1975 elfmal namhafte Gelehrte aus dem In- und Ausland zu öffentlichen Podiumsgesprächen über die großen Themen der Zeit in Darmstadt zusammenbrachte. Daß die Darmstädter das Feiern nicht verlernt hatten, zeigte das 1951 als identitätsstiftende Maßnahme begründete und seitdem jährlich veranstaltete Heinerfest, das anfänglich zwischen Baracken und Ruinen stattfand. 1955 konnten die Darmstädter vor dem wiederaufgebauten alten Rathaus die 625-Jahr-Feier der Stadtgründung begehen, auch wenn sich die Geschichte der gefeierten Stadt im Stadtbild kaum noch erahnen ließ.

Der Luisenplatz 1945.

Kunst

In Darmstadt leben die Künste – ein Slogan wird täglich bestätigt und geht millionenfach in die Welt

Kulturpolitik gewann in den vergangenen zwei Jahrzehnten in vielen Städten der Bundesrepublik Deutschland zunehmend an Bedeutung. Vor allem in größeren Zentren besann man sich, nachdem die Strukturen der materiellen Daseinsgestaltung weitestgehend geschaffen waren, auf Kultur im Zusammenhang mit der Herstellung von Standortvorteilen, von Lebensqualität, von Freizeitanimation und von Urbanität.

Kultur hebt die Attraktivität der Kommune

Kultur war (und ist) der Faktor, mit dem man die Attraktivität einer Kommune heben und den Anspruch, eine internationale Metropole zu sein, demonstrieren kann. So wurden mancherorts kulturelle Einrichtungen und Ereignisse nach quantitativen Gesichtspunkten gezüchtet, nicht selten entspricht dann das künstliche kulturelle Klima, das dadurch erzeugt wurde, nur einem zwar glanzvollen, aber dennoch flüchtigen Feuerwerk, vor allem, wenn die Finanzressourcen knapper werden. Im Gegensatz hierzu kann die Stadt darauf verweisen, daß ihr Ruf als Stadt der Künste und der Kultur auf einer gesicherten historischen und kulturpolitischen Basis ruht. In einer beispiellosen Kontinuität wurden seit dem 19. Jahrhundert in Darmstadt die Künste gepflegt und gefördert.

Überdurchschnittliche urbane Lebensqualität

Kaum eine andere Kommune verbindet ihre Identität so eng mit der Kulturpflege wie Darmstadt, und kaum eine andere Stadt wird, von außen betrachtet, ähnlich stark mit Kultur in Verbindung gebracht wie Darmstadt. Dies gilt nicht nur in einem überregionalen Bezugsfeld, sondern auch und besonders im internationalen Rahmen.

Kultur in Darmstadt, das war und ist stets ein Begriff für ein weithin anerkanntes Programm,

Der Autor

Dr. Klaus Wolbert

Der Autor wurde 1940 in Aschaffenburg geboren. Zunächst Studium der freien Malerei und der angewandten Graphik an der Städelschen Hochschule der Bildenden Künste in Frankfurt und an den Werkkunstschulen in Pforzheim und Offenbach. Sodann, nach Berufsjahren als Layouter und Texter in Werbeagenturen, Studium der Kunstgeschichte, der Philosophie, der Kulturanthropologie, der Klassischen Archäologie und der Germanistik an den Universitäten Frankfurt, Würzburg und Marburg. Nach der Promotion im Fach Kunstgeschichte Anstellung als Volontär am Hessischen Landesmuseum Darmstadt, dann dort Leiter der Graphischen Sammlung seit 1982. Ab 1985 stellvertretender Leiter des Instituts Mathildenhöhe und seit 1989 Einsetzung als Direktor dieses Instituts. Gleichzeitig Ernennung zum Kulturreferenten der Stadt Darmstadt. Lehrbeauftragter am Kunstgeschichtlichen Institut der Universität Frankfurt sowie an der Fachhochschule Darmstadt.

---

für lebendige geistige und sinnliche Anregung, für überdurchschnittliche urbane Lebensqualität. Kultur in Darmstadt, das bedeutet für die Menschen in dieser Stadt ein Mehr an humaner Selbstverwirklichung. Kultur in Darmstadt, das ist für viele draußen ein Beispiel für vorbildliches kommunales Engagement in allen Bereichen der Kunst, der Literatur, des Theaters und der Musik.

Möglichkeiten kultureller Teilhabe als Standortvorteil

Früher als andere Städte hatte man in Darmstadt erkannt, daß zur Urbanität nicht nur eine effizi-

Das Museum Künstlerkolonie im Ernst-Ludwig-Haus.

Kunst

Die Mathildenhöhe mit dem Fünffingerturm und der Russischen Kapelle

ente Wirtschaftsstruktur gehört, sondern daß dazu auch vielfältige Möglichkeiten kultureller Teilhabe geschaffen werden müssen. Was heute als Standortvorteil im Wettbewerb der Städte bezeichnet wird, meint eben diesen in Darmstadt schon lange verwirklichten Sachverhalt: Das Reich der Notwendigkeit in Form der Werte schaffenden Arbeit muß durch das Reich der Freiheit in Form der Entfaltung geistiger, ästhetischer und emotionaler Werte ergänzt werden. Die autonome Kultur ist eine der bedeutendsten Errungenschaften der freien humanen Gesellschaft.

Dieses Ideal war für die Darmstädtische Kulturpolitik immer ein entscheidender Leitgedanke. Das hat dazu geführt, daß vor allem nach 1945 das kulturelle Angebot quantitativ und qualitativ permanent verbessert wurde, daß die finanzielle Förderung der Kultur wie der Kulturschaffenden eine bedeutende Ausweitung erfuhr und daß die Beteiligung immer größerer Bevölkerungsteile am kulturellen Leben erreicht werden konnte.

Das Selbstverständnis eines mit seiner Stadt verbundenen Darmstädters ist zu einem beträchtlichen Teil getragen von dem stolzen Bewußtsein, in einer Kommune zu leben, die weit mehr als vergleichbare große Städte durch eine besondere kulturelle Lebensqualität ausgezeichnet ist.

Kunstsinn via Poststempel in alle Welt

Darmstadt ist in Tradition und Gegenwart die Stadt der Künste, und man ist hier selbstsicher genug, diesen Sachverhalt auch mit dem Slogan „In Darmstadt leben die Künste" via Poststempel millionenfach in aller Welt zu dokumentieren.

Nun könnte man zur Bekräftigung dieses Anspruchs einfach auf eine Zahl verweisen, nämlich auf den prozentualen Anteil des Kulturetats im Rahmen des Gesamthaushaltes der Stadt. Da steht Darmstadt mit mehr als sieben Prozent sehr prominent mit an der Spitze, was beweist, wie hoch der Stellenwert der Kultur hier von Seiten der Stadtpolitik veranschlagt wird.

Worauf aber baut dieser Anspruch inhaltlich auf, welches Motiv ist es, das die spezifische corporate identity Darmstadts ausmacht? Welche herausragenden identitätsstiftenden Ereignisse der Kunst- und Geistesgeschichte waren es, die Darmstadt in den Stand einer Kapitale der Kultur hoben?

Wie so oft ist auch zur Beantwortung dieser Frage ein Blick zurück in die Stadtgeschichte nützlich. Darmstadt war - und ist es noch heute - geprägt durch den Umstand, Sitz eines regierenden Fürstenhauses gewesen zu sein. Dies waren seit dem 16.

Postkarte um 1896 mit einem Jugendstilmotiv

Jahrhundert die Landgrafen von Hessen-Darmstadt, später, ab 1906 - Napoleon sei Dank - durften diese sich Großherzöge nennen.

Berühmte Namen des Kunst- und Geisteslebens

Darmstadt war also eine Residenzstadt, zwar nicht eine der vielen feudalen Winzlinge, wie sie im Deutschen Reich so zahlreich waren, aber auch nicht auffällig glänzend und an Größe bedeutend. Die Hofhaltung war eher bescheiden, zu allzu üppigem Reichtum konnte auch ein kleiner Fürst im 18. oder 19. Jahrhundert nicht kommen. Dennoch - das Kunst- und Geistesleben war immer wieder durch berühmte Namen und durch besondere Aktivitäten bestimmt, der Mantel der Geschichte streifte nur zu oft an der Stadt vorbei. Die „Große Landgräfin" Karoline bewirkte mit dem Kreis der „Empfindsamen" eine geistig-kulturelle Ausstrahlung, die Darmstadt zu einem weithin anziehenden literarischen Zentrum machte.

Besonderer Aufschwung unter Ludwig I.

Matthias Claudius, Johann Gottfried Herder, Christoph Martin Wieland, Friedrich Klopstock weilten hier, und der später größte von allen, Johann Wolfgang von Goethe, wurde gar straffällig, als er, unter Übertretung des Badeverbots, im Jahre 1775 in den Woog zum Schwimmen ging.

Kunst

Frühlingssturm (um 1894 entstanden) von Ludwig von Hofmann

Einen bemerkenswerten Aufschwung nahm Darmstadt aber dann vor allem unter der Regierung des ersten Großherzogs Ludwig I.. Dieser, ein aufgeklärter, von liberalem Gedankengut erfüllter Monarch, legte auf allen Gebieten der Kunst die Grundlagen zur weiteren kulturellen Entwicklung der Stadt, wobei jetzt auch die bürgerliche Kunstpflege entschieden an eigenständiger Bedeutung hinzugewann.

Darmstädter Malerschule seit dem 19. Jahrhundert

Der Hofbaumeister Georg Moller prägte mit seinen klassizistischen Bauten das Bild Darmstadts, das Theaterleben, die Musikpflege, die Literatur und die Bildenden Künste standen in Blüte. Vor allem junge Maler sahen sich in der Gunst des Fürsten, er sorgte mit Stipendien dafür, daß diese ihr Talent in Italien ausbilden konnten und schuf damit die Voraussetzungen für die Entstehung einer eigenen Darmstädter Malerschule im 19. Jahrhundert, die mit den Darmstädter Romantikern begann und die kontinuierlich bis ins 20. Jahrhundert fortbestand.

Die Künstlerkolonie Mathildenhöhe entsteht

Doch Ludwig I. wurde noch übertroffen durch das Engagement eines späteren Nachkommen seines Hauses: Großherzog Ernst-Ludwig (1892-1937) richtete alle seine Energien und seinen Idealismus auf die Förderung der Künste und begründete mit der Einrichtung der Künstlerkolonie Mathildenhöhe den eigentlichen weltweiten Ruf Darmstadts als Stätte der Kunst.

Freiraum kreativer Entfaltung

Ernst-Ludwig war beflügelt von der Idee, der fortschrittlichen Kunst wie der Architektur und dem Kunsthandwerk um 1900 in Darmstadt einen Freiraum zu kreativer Entfaltung zu schaffen. Gleichzeitig wußte er, daß Kunst auch eine Produktivkraft sein kann, die zu Produktionsinnovationen führt, welche in der Lage ist, das heimische Gewerbe mit einem Schub an die Spitze des Fortschritts zu katapultieren. Dies gelang!

Die Künstler, welche Ernst-Ludwig nach Darmstadt rief, damit sie seine Vorstellungen in die Praxis umsetzen, begründeten eine neue Epoche der Kunst, der Lebensgestaltung und der Produktästhetik, es war der Aufbruch in die Moderne. Von da an stand der Name der Stadt für die Kultur, Darmstadt hatte sein Image gefunden. Mit dem Ende der Künstlerkolonie im Jahre 1914 kam es in Darmstadt jedoch keineswegs zu einem Nachlassen des künstlerischen Lebens, nur hatten sich jetzt, während und am Schluß des ersten Weltkrieges, die Ziele der Kunst völlig gewandelt. Rebellen waren am Werk, die nach neuen Möglichkeiten des Ausdrucks suchten, befreit von akademischen Fesseln.

Rebellen suchen nach neuen Möglichkeiten

Und wieder war Darmstadt einer der Brennpunkte der Kunstrevolution: Junge Literaten und bildende Künstler, vom Geist des Neuen getrieben, gründeten 1919 die Darmstädter Sezession, und 1920 fand auf der Mathildenhöhe die legendäre Ausstellung „Deutscher Expressionismus" statt, in der zum ersten Mal die wichtigsten Vertreter der Moderne in der Kunst versammelt waren.

Diese künstlerische Aufbruchstellung wurde dann jäh unterbrochen durch die Zeit des Nationalsozialismus, und erst nach dessen Zusammenbruch kam für Darmstadt erneut die Chance, wieder an seinem kulturellen Fundament zu bauen. Und in der verwüsteten, zu 80 Prozent zerstörten Stadt ergriffen die Überlebenden diese Chance des Neuanfangs nicht nur zum wirtschaftlichen und materiellen Wiederaufbau, sondern vor allem auch zur geistig-kulturellen Wiedergeburt. Darmstadt wurde jetzt zu einem Entfaltungsraum für die aktuellste Kunst, die, vom NS-Regime unterdrückt und verfolgt, nun als Zeichen einer neu gewonnenen humanen und politischen Freiheit hervortrat. Bereits 1945 fanden in Darmstadt zwei Ausstellungen moderner Kunst statt, eine trug den programmatischen Titel „Befreite Kunst". In keiner anderen Stadt im Nachkriegsdeutschland wurde dieser Schritt ähnlich früh und entschieden unternommen. 1946 wurden die ersten Ferienkurse für internationale Musik veranstaltet, mit

Kunst

denen Darmstadt dann in den Folgejahren in den Blickpunkt der Weltöffentlichkeit auf dem Gebiet der fortschrittlichsten und oft experimentiellen Musikentwicklung rückte, und der Georg-Büchner-Preis, mit dem Darmstadt auch seine Geltung im Bereich der Literatur anmeldete, wurde getragen von einem gewandelten Geist.

Wallfahrtsort für Theaterbegeisterte

Die 50er Jahre brachten schließlich die Blüte der Kultur in Darmstadt, die in jener Zeit weithin als vorbildlich anerkannt wurde: Das Schauspiel wurde unter dem Intendanten Rudolf Sellner zu einer Wallfahrtsstätte für Theaterbegeisterte, die „Darmstädter Gespräche", ein internationales Diskussionsforum für aktuelle Lebensfragen, schufen ein lebendiges intellektuelles Klima, das auch dazu führte, daß eine ganze Reihe bedeutender Kulturinstitutionen ihren Sitz in Darmstadt nahmen. Manches könnte hier bei diesem Streifzug durch den Unterbau der Darmstädter Kultur noch näher ausgeführt werden, vieles ist unerwähnt geblieben, was nicht weniger zum Gesamtmosaik beiträgt.

Doch kommen wir zur heutigen Situation, in der man zwar mit Stolz auf die Leistungen der Vergangenheit zurückblicken darf, in der aber auch und vor allem neue produktive Konzepte für die Gestaltung der Stadtkultur gefordert sind. Darmstadts Alleinvertretungsanspruch für Kultur ist inzwischen relativiert, andere Städte haben auch den Wert der Kulturpolitik für die Lebensqualität oder aber auch für den Standortvorteil im Wettbewerb der Städte untereinander entdeckt.

Staatstheater Darmstadt, in dem jährlich viele bedeutende Inszenierungen stattfinden.

Der Begriff und die inhaltliche Definition von Kultur sind wie niemals zuvor ins Wanken gekommen, veränderte Formen der Sozialisation schufen veränderte Bedürfnisse auch im kulturellen Sektor.

Veränderte Bedürfnisse

Die tradierten Standards der hohen Kultur werden von vielen abgelehnt, infrage gestellt und durch eigene Kulturdefinitionen ersetzt. Basis- und Alternativkulturen fordern die Möglichkeit der kreativen Selbstentfaltung bzw. Selbstverwirklichung für jeden, unabhängig von professionellen Qualitätsansprüchen; die Alltags- und Populärkultur, gestützt und ver-

Modell der Künstlerkolonie auf der Mathildenhöhe

Kunst

breitet durch die Massenmedien, werden mit gesteigertem Anspruch den sogenannten elitären Kulturformen entgegengesetzt. Es herrscht eine egalisierende multikulturelle Pluralität, mit der sehr bewußt der erhöhte Geltungsanspruch der elaborierten entwertet werden soll.

Der Unterschied heutiger kulturpolitischer Orientierungen zu früheren Formen der Kulturarbeit besteht im wesentlichen darin, daß man sich heute von der vielfältigen kulturellen Bedürfnislage der verschiedenen Bevölkerungsschichten und deren diversen Unterhaltungs- und Zerstreuungsansprüchen leiten läßt, während früher die Maßgaben der Kulturarbeit fast gänzlich bestimmt waren von den Leitmotiven der herausgehobenen Bildungs-, Kultur- und Geistesgeschichte. Doch das komplizierte Rezeptions- und Diskussionsniveau dieser Kulturformen hat in der Regel keine Akzeptanz in der großen Breite der Bevölkerung, von daher kommt Kritik: Die elaborierte Kultur wird als elitäre Expertenkultur angegriffen. Die „Wonnen der Gewöhnlichkeit", von denen Nietzsche sprach, die leicht verdauliche „Fast-Food-Kultur", das folgenlose Vergnügen hier und jetzt, dies sind die Verlockungen.

Diese sehr komplexe Entwicklung fordert ein Reagieren in der Kulturpolitik, in dem die Tatsache des permanenten Wandels der Kultur in Abhängigkeit von gesellschaftlichen Entwicklungen genau im Blick bleibt, das aber auch nicht eilfertig in vorauseilender Erfüllung von den Trends bestimmt und gesteuert wird, sondern das durch ein selbstbewußtes kulturpolitisches Konzept getragen wird.

Darmstadt hat viele großherzogliche Bau- und Kulturdenkmäler zu bieten.

Die besondere Darmstädter Identität erhalten

In Darmstadt heißt das, daß man sich nicht in einen Zugzwang, getrieben durch die Forderungen des Tages, oder gar in einen Wettbewerb mit anderen Städten bringen läßt.

Vielmehr gilt es, auf der einen Seite die spezifischen Darmstädte Themen im Bereich der Kultur neu zu definieren und schwerpunktmäßig auszubauen. Wenn Darmstadt seine besondere Identität weiter durch Kultur begründen will, dann darf es seine Kräfte nicht im Aufgehen in einer beliebigen, unterschiedslosen Szene vergeuden, sondern muß sich konzentrieren auf das, was ganz und gar eigen und völlig unverwechselbar ist. Kontinuität im Wandel, Identität bei wacher Offenheit für das aktuelle Geschehen, das ist die Leitlinie.

In jedem Fall aber gilt, daß ein professioneller Qualitätsstandard zugrunde gelegt werden muß. Diese Orientierung ist vor allem auch im Gesamtzusammenhang der wirtschaftlichen und sozialen Gesamtstruktur Darmstadts zu berücksichtigen: Wenn Darmstadt heute mit dem Slogan „Stadt der Kultur, Hochtechnologie und Zukunftsindustrie" firmiert, dann müssen insbesondere auch die Qualität und die Progressivität der Kultur diesem aktuellen Kontext standhalten. ∎

Relief vom Künstler Hoetger auf der Mathildenhöhe

Unternehmensportrait

WBG - Vorsprung durch mehr Wissen

Nicht nur äußerlich, auch inhaltlich expandiert die in Darmstadt ansässige WBG, die demnächst auf 50 Jahre ihres Bestehens zurückblicken kann.

Darmstadt und die WBG – zwei Partner im Dienste der Wissenschaft

Die WBG setzt seit bald 50 Jahren ihre Akzente im wissenschaftlichen und kulturellen Leben Darmstadts. Mit rund 140.000 Mitgliedern weltweit transportiert sie den Namen der Stadt, der ihr Standort ist, über alle nationalen Grenzen hinweg. Ihre Aufgabe sieht sie darin, einem anspruchsvollen Publikum wichtige wissenschaftliche und für die eigene Bildung benötigte Informationen - vor allem in Form von Büchern - anzubieten.

Aufgrund der besonderen Rechtsform - wirtschaftlicher Verein - werden erwirtschaftete Gewinne immer wieder in neue Projekte reinvestiert. Die Förderung von Wissenschaft und Kultur ist dabei das zentrale Anliegen und zeigt sich neben vielen anderen Projekten in der Vergabe von Doktoranden-Stipendien für Nachwuchswissenschaftler.

Bücher und noch viel mehr

Weltanschaulich unabhängig spiegelt das Programm der WBG ein pluralistisches Meinungsspektrum wider. Das Angebot umfaßt Bücher aus vielen wissenschaftlichen Disziplinen für Lehre, Forschung und Studium. Ebenso finden sich gehobene Sachbücher, niveauvolle Bildbände, Klassikerausgaben, Lexika, ausgewählte Kinderbücher und zunehmend auch elektronische Medien. Abgerundet wird die Angebotspalette durch ein buchnahes Ergänzungsprogramm u. a. mit CDs, Originalgraphiken und Büchermöbeln.

Die meisten der über 2.000 lieferbaren Bücher werden in der WBG geplant und erscheinen als Originalausgaben. Zusätzlich erwirbt die WBG von namhaften Verlagen Lizenzen für Bücher, die sie in neuer Ausstattung exklusiv ihren Mitgliedern anbietet.

In bester Gesellschaft

Mitglied der WBG kann jeder werden. Ein geringer Jahresbeitrag von DM 18,- (Schüler und Studenten DM 9,-) sowie eine Bestellung beliebigen Wertes pro Jahr sichern dem Mitglied eine Vielzahl von Vorteilen:
- Preisvorteile von ca. 25%
- Regelmäßige Informationen zum Programm, zu Veranstaltungen und sonstigen WBG-Aktivitäten
- Ein umfangreicher, kostenloser Jahreskatalog als Nachschlagewerk
- Bequeme Auswahl zu Hause und Bestellmöglichkeit per Post, Telefon, Fax oder E-Mail.

Anregungen und Kritik der WBG-Mitglieder fließen unmittelbar als Impulse in die Programmarbeit ein. Das persönliche Vertrauensverhältnis zwischen der Gesellschaft und ihren 140.000 Mitgliedern ist die Basis für den Erfolg und die Zukunft des Unternehmens.

WBG

Wissenschaftliche Buchgesellschaft (WBG)

Vorstand:
Dr. Christoph Wocher (Vorsitzender); Prof. Dr. jur. Dr. jur. h. c. Thomas Oppermann (Erster stellvertretender Vorsitzender, zugleich Schriftführer); Prof. Dr. Dr. h. c. Heribert Meffert (Zweiter stellvertretender Vorsitzender, zugleich Rechner); Werner Merkle, geschäftsführender Direktor; Prof. Dr. Dr. h. c. mult. Helmut Böhme; Prof. Dr. jur. Dr. h. c. mult. Paul Mikat; Prof. Dr. med. Karl Überla; Dr. Paul Wieandt.

Geschäftsführung:
Werner Merkle

Gründungsjahr: 1949

Mitarbeiter: 90

Geschäftstätigkeit:
Einem gebildeten Publikum wichtige wissenschaftliche und für die eigene Bildung benötigte Informationen anzubieten.

Buchprogramm:
Ca. 2.000 lieferbare Titel aus 25 Fachgebieten

Zielgruppe:
Gebildete Leser, Forscher, Lehrende, Studenten, Bibliotheken, Institute

Mitglieder: 140.000

Verbreitungsraum: international

Beteiligungen an:
Primus Verlag Darmstadt; Theiss Verlag, Stuttgart; Conlibro, Darmstadt

Anschrift:
Hindenburgstraße 40

Verleihung des dritten Doktoranden-Stipendiums im Rahmen der „Internationalen Klimaschutzkonferenz" in Heidelberg am 7. 9. 1994.

64295 Darmstadt
Telefon (06151) 33 08-0
Telefax (06151) 31 41 28
eMail: wbg.bestellung@t-online.de
Internet: www.wbg.de

Wohnen und Freizeit

Stadt mit hohem Wohn- und Freizeitwert

Im letzten Jahrhundert im Industrialisierungsprozeß sind die Menschen in die Städte gewandert („Landflucht"), und die Städte haben sich an den für die Industrie günstigen Standorten gebildet, vornehmlich in der Nähe von Rohstoffquellen und Absatzmärkten sowie Verkehrsknotenpunkten (Häfen). Wohnwert und Freizeitwert spielten zwar auch eine Rolle bei der Standortwahl, waren aber im wesentlichen hinzunehmen.

Das hat sich in den letzten Jahrzehnten entscheidend geändert: Eine zunehmende Zahl von Betrieben ist nicht an bestimmte Standorte gebunden, sondern „urbiquitär". Neben der Verfügbarkeit von qualifizierten Arbeitskräften und der möglichst guten Erreichbarkeit von möglichst vielen für die Betriebstätigkeit relevanten Märkten spielen Wohn- und Freizeitwert einer Region für die betriebliche Standortwahl heute eine bedeutende Rolle.

Weder Wohnwert noch Freizeitwert allerdings bedeuten für alle Haushalte das gleiche. An den Wohnwert knüpfen Haushalte je nach Haushaltsgröße und Einkommen unterschiedliche Präferenzen, auch in Abhängigkeit von der Zahl und dem Alter der Kinder und der Bedeutung von Arbeitseinkommen bzw. Nicht-Arbeitseinkommen. Entsprechend unterschiedlich sind die Freizeitpräferenzen verschiedener Haushalte, von Oper und Theater bis Wandern und Schrebergarten. Wenn es darum geht, daß eine Region möglichst vielen Haushalten Attraktives bietet, kann Südhessen nun allerdings ein beträchtliches Füllhorn ausbreiten.

Der Autor

Dr. Uwe Wullkopf

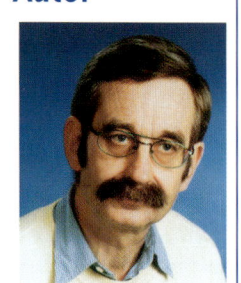

Der Autor wurde 1940 in Hamburg geboren, Studium der Volkswirtschaftslehre an der Universität in Hamburg, Diplom 1963, Dr. rer. pol. 1966. Mitarbeiter der METRON Planungsgruppe in Brugg (Schweiz), Visiting Scholar an der University of California, Berkeley, Assistant Research Economist an der University of California, L.A., Beamter der Wirtschaftskommission für Europa der UN in Genf. Seit 1974 Geschäftsführer des Instituts Wohnen und Umwelt GmbH in Darmstadt, einer Forschungseinrichtung des Landes Hessen und der Stadt Darmstadt.

Wohnwert

Bezieher höherer Einkommen mit Kindern bevorzugen tendenziell Einfamilienhäuser mit Grundstück und Grün. Hier kann Südhessen mit dem Zauberwort „Bergstraße" aufwarten, einem durchgrünten Villengürtel, der sich über den Osten Darmstadts erstreckt und dann im Süden bis nach Bensheim. „Komponistenviertel", „Tintenviertel", „Steinbergviertel", „Villenkolonie" ragen in Darmstadt hervor, oft mit schönen alten Jugendstilvillen, aber auch vielen neuen Baugebieten, oft mit Reihenhauscharakter. Im Stadtteil Kranichstein im Norden gibt es ein Gebiet mit ökologischer Bebauung (Niedrigenergiebauweise, Dachbegrünung usw.), das bundesweit Modellcharakter hat.

Citynahes, verdichtetes Wohnen - insbesondere von Ein- und Zweipersonenhaushalten präferiert - wird in verdichteten Cityrandvierteln geboten, wobei jedes dieser Viertel eigene historisch gewachsene Traditionen aufweist, wie etwa Bessungen, Martinsviertel und das Johannesviertel, oder weiter entfernt gelegen die Kerne von Arheilgen und Eberstadt, zwei ehemals selbständigen Gemeinden mit stark ausgeprägter Identität. Kleine Spezialgeschäfte für den täglichen Bedarf, eine Vielfalt von Handwerksbetrieben, eine ausgeprägte Kneipenszene (besonders im Martinsviertel), ein spezifisches Vereinsleben, lange historische Traditionen (einige Stadtteile können auf mehr als 1.000 Jahre Geschichte zurückblicken) machen diese Identität aus.

Es ist zuzugeben, daß Darmstadts Stadtkern selbst durch die Zerstörung im 2. Weltkrieg im Jahre 1944 außerordentlich gelitten hatte, und im Zuge des - seinerzeit unbedingt erforderlichen -

Ökologische Bebauung.

Wohnen und Freizeit

Reihenhäuser in Niedrigenergiebauweise.

raschen Wiederaufbaus sind ästhetische Dimensionen entstanden, die sich an alten nicht messen können. Geblieben ist immerhin das „Modellmaß", eine vierstöckige Bebauung in menschlichem Maßstab, und entstanden sind Wohnungen mit oft sehr niedrigen Mieten (z. T. noch sozialgebunden) in Citynähe, die ihre Funktion durchaus gut erfüllen.

Darmstadt ist eine Studentenstadt mit über 25.000 Studenten. Lange Zeit waren deshalb Einzimmerwohnungen besonders knapp, doch hat sich in den letzten zwei, drei Jahren gerade dieser Teilmarkt deutlich entspannt, nicht zuletzt deshalb, weil Einpersonenhaushalte mit eigenem Arbeitseinkommen zunehmend größere Wohnungen nachfragen. Eng ist der Markt vor allem für Familien mit mittlerem Einkommen, und diese Situation wird sich wohl kaum ändern angesichts dessen, daß täglich ca. 70.000 Pendler nach Darmstadt zur Arbeit strömen. Allerdings bietet die Umgebung von Darmstadt auch reizvolle Landschaften (Odenwald, Ried) mit vielfach gut erhaltenen und restaurierten alten Ortskernen und gepflegten Neubaugebieten, und im ganzen verkraftet die Infrastruktur der Region diesen Pendlerstrom erstaunlich gut.

Freizeitwert

Darmstadt ist umgeben von zwei Ballungsgebieten mit Metropolcharakter (Rhein-Main und Rhein-Neckar), der Stadt und ihrer Umgebung haften aber durchaus etwas Provinzielles an. Diesen Charakter hat der ehemalige Oberbürgermeister Sabais in seinem „Lob der Provinz" sehr schön herausgearbeitet. Der Geist der alten

Haus Deiters auf der Mathildenhöhe.

Wohnen und Freizeit

Prinz-Georgs-Garten mit Prozellanschlößchen.

Das Löwentor am Eingang zum Park Rosenhöhe.

Luisencenter/Rathaus

großherzoglichen Vergangenheit schimmert in vielen Bauten durch: dem Schloß, der Stadtkirche, der Orangerie und natürlich besonders der Mathildenhöhe und der Rosenhöhe, aber auch den architektonisch bedeutenden Modellbauten und dem Jagdschloß Kranichstein. Daraus hat sich die bereits beschriebene kulturelle Tradition entwickelt, die sich ad hoc vermutlich nirgends ohne weiteres schaffen ließe. In der Innenstadt sind gerade in letzter Zeit viele Anreize geschaffen worden, die Aufenthaltsqualität zu erhöhen: schöne Plätze, Galerien, Cafés laden zum Verweilen ein.

Das „provinzielle" Darmstadt umfaßt aber durchaus auch - TU hin, Fachhochschule her - ein ausgeprägt kleinbürgerliches Milieu mit seinem regen Vereinsleben, seiner Schrebergärten- und Naturfreundekultur. Besonders faszinierend ist die Dichte und Vielfalt dieses Milieus in der Heimstättensiedlung, in der jede einigermaßen verbreitete Hunde-, Schieß-, usw. -sportart ihren Niederschlag in einem eigenen Verein gefunden zu haben scheint, ganz abgesehen von den Traditionsvereinen für die Gruppen der Auslandsdeutschen, die vor nunmehr gut fünfzig Jahren dorthin hatten umsiedeln müssen.

Dieses friedlich-provinzielle Milieu der verkehrsberuhigten Wohnquartiere, die die hohe Auto-

Wohnen und Freizeit

Die Eissporthalle der TSG 1846 Darmstadt.

dichte erträglich machen, findet sich wieder in einer niedrigen Kriminalitätsrate, und beispielsweise auch in zwar hohen Mitgliedsraten von Mieter- und Grundeigentümerverein, aber einem jedenfalls in der Vergangenheit durchaus auf Ausgleich abzielenden Verhalten. Man fährt viel Rad und fühlt sich insbesondere vom Odenwald angezogen, der ein dichtes Netz von Wanderwegen aufweist und an dem das Herz vieler Darmstädter besonders hängt. Es wird natürlich auch allerlei Sport getrieben und mit provinzieller Wehmut angesichts großer Vergangenheit und der Hoffnung auf bessere Zeiten läßt sich die Einstellung zum größten Fußballverein, dem SV 98, beschreiben. Immerhin verfügt Darmstadt über ein bundesligareifes Stadion. Daneben bietet die Stadt beispielsweise eine große neue Eissporthalle, diverse schöne Schwimmbäder und ein Netz von Sport- und Vereinshallen, -räumlichkeiten und -plätzen, deren Bestand die Stadt ihren Wählerinnen und Wählern regelmäßig vermehrt. Insgesamt scheinen aber gerade jüngere Menschen dieses Angebot - wie überall woanders auch - zur Zeit nicht mehr ganz so stark in Anspruch zu nehmen. Wer über gebremsten Enthusiasmus hinaus mehr will, findet in Kultur und Sport in angemessener Erreichbarkeit in den großen Metropolen im Norden und im Süden ein breites Angebot, oft auch der Spitzenklasse.

Der südhessische Raum weist somit ein ausgesprochen vielfältiges kulturelles Milieu auf, und die Verwurzelung in der Geschichte, die Lage in einem bedeutenden europäischen Wirtschaftsraum und die große Präsenz von Studenten liefern besonders günstige Bedingungen für Kreativität in Wissenschaft und Kunst, und die Darmstadt eigene Prise von provinzieller Beschaulichkeit und gelassener Selbstkritik gehört vermutlich auch zu diesen Bedingungen.

Die Liebe zur Region mag bei manchen erst langsam wachsen, aber wegziehen will am Ende kaum jemand.

Die Orangerie im Stadtteil Bessungen.

Umwelt

Darmstadt – die Großstadt im Wald

Das Stadtgebiet von Darmstadt, mit seinen Ortsteilen Wixhausen, Arheilgen, Kranichstein und Eberstadt am nördlichen Ende des Oberrheingrabens gelegen, hat Anteil an drei naturräumlichen Großeinheiten: dem Hessisch-Fränkischen Bergland mit dem Odenwald, dem nördlichen Oberrheintiefland mit der hessischen Rheinebene und der Bergstraße sowie dem Rhein-Main-Tiefland mit der Untermainebene und dem Messeler Hügelland.

Welche Unterschiede innerhalb der Naturräume auftreten können, wird auch einem mit der Darmstädter Situation nicht vertrauten aber aufmerksamen Beobachter klar, der von den kühlen und feuchten Waldhängen des Mordachtals in die Region der heißen, trockenen Dünensande Eberstadts oder von den Flugsandgebieten Griesheims zu den feuchten Waldwiesen Kranichsteins kommt. Auf relativ engem Raum liegen hier verschiedene Lebensräume nebeneinander und bedingen völlig unterschiedliche Landschaftsaspekte.

Fühlt man sich in der Oberrheinebene auf den aus den Rheinsanden aufgewehten Dünen und Flugsanden noch an die Steppen Südosteuropas oder die Kiefernwälder Polens erinnert, so befindet man sich in den nördlichen Odenwaldausläufern in einer typisch mitteleuropäischen Mittelgebirgslandschaft mit Laubwaldbestockung. Höhere Niederschläge und die aus den Graniten entstandenen Lehmböden, manchmal mit Lößauflagen aus Aufwehungen aus dem Rheintal, führen zu einer guten Wasserversorgung im Bereich des Odenwaldes, während die Sandböden des Rheingrabens mit nur geringer Braunerdeauflage eine sehr niedrige Wasserkapazität besitzen. Allerdings werden im Stadtgebiet von Darmstadt nirgendwo Höhen von mehr als 275 m ü. NN überschritten, so daß montane Einflüsse doch relativ gering sind.

Im Übergangsbereich von der Rheinebene in den Odenwald gelegen, zeichnet sich die Bergstraße vor allem durch ihr sehr mildes Klima aus: die Obstbaumblüte beginnt hier früher als in den meisten Teilen der Bundesrepublik. Auch im Osten und im Nordosten Darmstadts stocken auf den staunassen Böden des Rotliegenden des Messeler Hügellandes ausgedehnte Laubwälder. Dort, wo diese zu Wildhege- und Jagdzwecken in früheren Jahren gerodet wurden, finden Feuchtwiesenbereiche mit einigen bereits auf boreale Einflüsse hindeutenden Florenelementen Raum.

Über die Hälfte der Stadt ist von Wald bedeckt

Größere Flüsse fehlen Darmstadt, die vorhandenen kleinen Bäche verlaufen in überwiegend Ost-West-Richtung dem Rhein zu; in ihren Talbereichen haben sich Auelehmböden entwickelt. Ebenso fehlen natürliche Stillgewässer vollständig. Die vorhandenen Teiche und Tümpel wurden ausnahmslos von Menschen angelegt.

52 Prozent des Darmstädter Stadtgebietes sind von Wald bedeckt, der sich wie ein grüner Gürtel um die Stadt legt. Dieser bietet vielfältige Erholungsmöglichkeiten: im Naherholungsgebiet am Steinbrücker Teich und dem Oberwaldhaus oder am Badesee „Grube Prinz von Hessen". Ausgedehnte Fuß- und Radwanderungen sind im Ost- wie auch im Westwald Darmstadts möglich. Die landwirtschaftliche Nutzung wird geprägt vom Getreide- und weniger vom Hackfruchtanbau. Von großer Bedeutung sind jedoch die sogenannten Sonderkulturen im Westen und Norden: auf den von Flugsand gebildeten leichten Böden werden großflächig Spargel und neuerdings auch Erdbeeren angebaut.

Kiefernwälder auf Flugsandböden prägen den Charakter des Darmstädter Umlandes.

Der Autor

Dr. Klaus-Dieter Jung

Der Autor ist 1951 in Hess-Lichtenau geboren und studierte von 1972 bis 1979 an der TH Darmstadt Biologie. 1982 Promotion in Botanik/Pflanzenphysiologie. Bis 1985 war er an der Landesanstalt für Immissionsschutz in Essen tätig und leitete Untersuchungen zur Klärung der Ursache für neuartige Waldschäden.
Seit 1985 ist Dr. Jung Abteilungsleiter im Institut für Naturschutz der Stadt Darmstadt, dem heutigen Umweltamt.

Umwelt

Streuobstwiesenlandschaft in Darmstadt-Eberstadt

Die für den Arten- und Naturschutz im Stadtgebiet von Darmstadt wertvollsten Bereiche befinden sich zum einen im Messeler Hügelland mit seinen die Bachläufe begleitenden Feuchtwiesen, zum anderen in den Flugsandgebieten des Oberrheingrabens mit den zum Teil kalkhaltigen Dünen. Diese Gebiete sind darüber hinaus wegen ihrer Einmaligkeit in ihrer Bedeutung für Hessen und sogar die gesamte Bundesrepublik als extrem wertvoll und gefährdet einzustufen.

Naturschutzgebiete umgeben die Stadt

Dementsprechend befinden sich auch eine Reihe von Naturschutzgebieten in Darmstadt innerhalb dieser Naturräume. So sind große Teile der Hegbachaue, die Silzwiesen von Darmstadt-Arheilgen, Teile des Mörsbacher Grundes, der Brömster bei Darmstadt-Eberstadt, die Ulvenbergdüne, auch bekannt als Eschollkopf oder Eberstädter Düne, der Griesheimer Sand, der ehemalige August-Euler-Flugplatz, der Kleewoog von Gräfenhausen, die Scheftheimer Wiesen, die Darmbachaue, der Große und der Kleine Bruch bei Roßdorf, Lerchenberg und Kerresbelle bei Eberstadt, und die Bessunger Kiesgrube als Naturschutzgebiete ausgewiesen. In Planung zur Ausweisung befindet sich weiterhin der Weiße Berg in der Eberstädter Tanne.

Daneben bestehen in der nächstniedrigeren Kategorie der Schutzgebiete eine Reihe von Naturdenkmalen mit flächenhafter Ausdehnung innerhalb des Stadtgebietes; diese sind die Pfungstädter Düne, die Stahlberge von Arheilgen samt dem Pechbusch, das Wacholderrück in Eberstadt, die Düne Hickebick in Eberstadt, das Eichen- und das Robinienwäldchen hinter dem alten Polizeipräsidium, die Kraftsruhe, der Forellenteich am Böllenfalltor, der Goethefelsen mit Eich am Herrgottsberg, die Eberstädter Friedhofsmauer sowie die Feuchtgebiete Auf der Platte und An der Kieskaute nördlich von Kranichstein. Als Naturdenkmale sind weiterhin eine Reihe von innerstädtischen Alleen sowie auch eine größere Anzahl von bemerkenswerten Einzelbäumen sowohl im Innen- als auch im Außenbereich der Stadt ausgewiesen.

In Naturschutzgebieten und Naturdenkmalen sind alle Eingriffe, die zu einer nachteiligen Beeinträchtigung des Naturhaushaltes führen können, untersagt.

Als weitere und sehr wichtige, weil auch flächenmäßig sehr bedeutsame Schutzkategorie bestehen eine Reihe von Landschaftsschutzgebieten in Darmstadt. Sie umfassen nahezu den gesamten Waldgürtel um die Kernstadt und die Stadtteile, daneben große Teile des Griesheimer Sandes, den östlichen Teil des Oberfeldes, den östlichen Teil der Gemarkung Eberstadts mit den Streuobstwiesen sowie Bereiche westlich und östlich von Arheilgen. Diese Flächen sind von Bebauung freizuhalten, eine Nutzungsänderung bedarf der Genehmigung.

Die hier beschriebenen Schutzkategorien werden entsprechend dem Hessischen Naturschutzgesetz angewendet. Darüber hinaus besteht mit der Fasanerie ein nach dem Waldgesetz geschützter Bannwald innerhalb des Stadtgebietes. ∎

Die seltene Flatterulme bildet in Sumpfwäldern Brettwurzeln aus.

Erneuerung der Weststadt

Die Erneuerung der Weststadt – Darmstädter Modelle städtischer Lebens- und Wirtschaftswelt

Die Darmstädter Weststadt bietet hervorragende Voraussetzungen, um in einem großflächigen innerstädtischen Rahmen zukunftsweisende Modelle städtischer Lebenswelt zu realisieren, welche die Entwicklungschancen und -risiken des beginnenden 21. Jahrhunderts beispielhaft reflektieren.

Die Überalterung der aus der industriellen Vergangenheit entstammenden Strukturen und Nutzungszuweisungen der einst als „Arbeitsstättengürtel" entstandenen Darmstädter Weststadt gibt ihrer gesellschaftlichen, wirtschaftlichen und städtebaulichen Neubestimmung ökonomisch den Raum. Das wertvolle Potential, das der Weststadt aus der direkten Nachbarschaft zum Citybereich, der Lage des Hauptbahnhofs in ihrem Zentrum, der unmittelbaren Anbindung an das Autobahnnetz und der schnellen Erreichbarkeit des Rhein-Main-Flughafens erwächst, steht in krassem Gegensatz zu ihrem Entwicklungsstand als Wirtschafts- und Lebensort und dem eklatanten Mangel an Urbanität. Diese Situation birgt eine einmalige Möglichkeit, in einem weiträumigen Zusammenhang beispielhafte Konzepte städtischer Erneuerung zu entwickeln. Hier will das Vorhaben „Darmstädter Modelle städtischer Lebens- und Wirtschaftswelt" ansetzen. Es geht davon aus, daß Stadtentwicklung eine ganz entscheidende Handlungsebene bildet für die Veränderung der Rahmenbedingungen des zivilisatorischen Wandels.

Orientiert am Leitbild der Zukunftsfähigkeit, verfolgt es den erklärten Anspruch, ökologische Nachteiligkeit mit sozialer Verträglichkeit und ökonomischer Entwicklung zu verbinden. Dafür gilt es, das Verständnis zu öffnen und konkrete Modelle zu schaffen. Die Idee der „Darmstädter Modelle" führte zu dem Plan, das Vorhaben als „Internationale Stadtausstellung zu betreiben.

Das Gebiet der Darmstädter Weststadt.

Der Autor

Professor Bernd Meurer

Der Autor leitet das Laboratorium der Zivilisation, Darmstadt, ist Professor für Gestaltung an der Fachhochschule Darmstadt und war Gastprofessor der Texas A+M University, der State University of California, der University of Alberta und der Musashino University in Tokyo.

Mit 40.000 Arbeitsplätzen wichtiger Gewerbebereich

Das Gebiet der Weststadt reicht von der Eschollbrücker Straße im Süden bis an die Geländegrenzen der Firma Merck im Norden und von der Stadt- und Waldgrenze im Westen bis zu der Linie Frankfurter-, Kasino und Hindenburgstraße im Osten. Die Weststadt ist der für Darmstadt und Umgebung mit nahezu 40.000 Arbeitsplätzen wichtigste Gewerbebereich neben der Innenstadt.

Erstes rauchloses Gewerbegebiet

Das Areal hat sich in mehreren Schüben herausgebildet. Kurz nach der Jahrhundertwende wurde, um der Erweiterung der Stadt Raum zu geben, der Verlauf der Nord-Süd-Eisenbahn um etwa 1000 m nach Westen verschoben. Die Neutrassierung der Eisenbahn, die Verlegung des Hauptbahnhofs und die Anlage eines neuen Güterbahnhofs bildeten die infrastrukturelle Grundlage für die Entwicklung des nördlichen, von

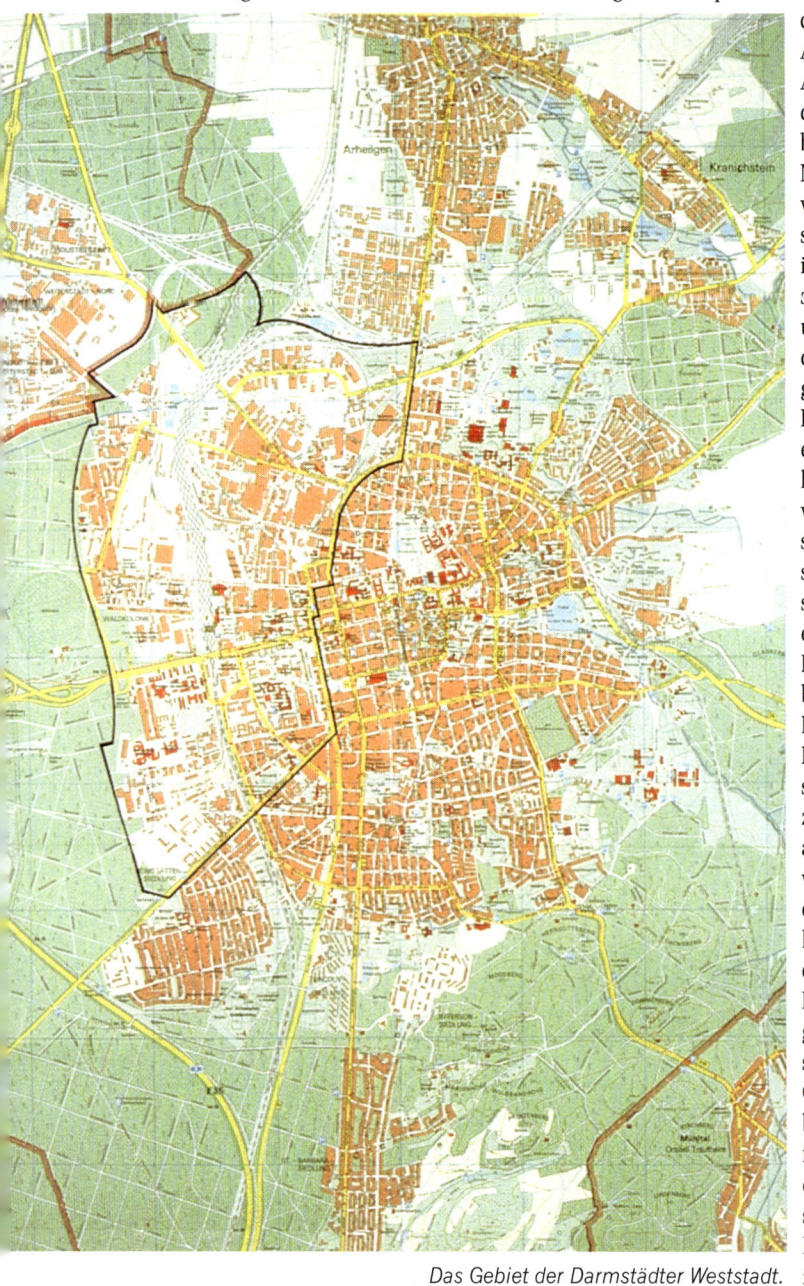

Erneuerung der Weststadt

Das Rhein-Main-Gebiet. Oben sind Frankfurt und Offenbach zu sehen, darunter der Flughafen, links Mainz und Wiesbaden und am unteren Bildrand Darmstadt.

Industriekultur bislang wenig Beachtung geschenkt wurde, sind insbesondere im Kontext der wissensorientierten Standortambitionen Darmstadts völlig neue Perspektiven zu öffnen.

Teil der „Entwicklungsbanane"

Die grundlegende Modernisierung der Weststadt kann das Zusammenwirken Darmstadts mit den regionalen und überregionalen Aktivitäten intensivieren. Darmstadt spielt in dem Städtegeflecht der Rhein-Main-Region eine führende Rolle als Wissenschafts-, Forschungs- und Hochschulort. Es ist Oberzentrum Südhessens. Das Rhein-Main-Gebiet ist mit insgesamt etwa 2,9 Millionen Einwohnern und 1,2 Millionen Arbeitsplätzen einer der bedeutenden Wirtschaftsräume Europas. Es liegt im Zentrum des als „europäische Intensitätszone" bezeichneten Gebietsstreifens, der sich als sogenannte „Entwicklungsbanane" von London über Nordfrankreich, die Beneluxländer, das Ruhrgebiet, die Rhein-Main-Region, Straßburg, Basel und die Alpen bis Turin und Mailand er-

Gleisen durchzogenen Industriegebiets. Nach dem Zweiten Weltkrieg erfolgte die Bebauung des südlichen Teils als, wie man damals sagte, rauchloses Gewerbegebiet mit eingelagerten Wohnbereichen.

Im Gegensatz zu anderen, auf Bahnhofsverlegung beruhenden Stadterweiterungen der Gründerzeit, bei denen, wie etwa in Frankfurt, zwischen Innenstadt und neuem Bahnhof repräsentative Wohn- und Geschäftsviertel entstanden, wurde in Darmstadt das zwischen Stadt und Bahnhofsbereich neu erschlossene Gebiet vor allem als Industrieareal entwickelt. Mittlerweile ist die Mehrzahl der Nutzungsformen, die die Weststadt geprägt haben, obsolet geworden.

170 Hektar potentielle Reservefläche

Für weite Flächen des 790 Hektar messenden Weststadtgebiets stehen Freisetzungsprozesse und Umsetzungsmaßnahmen an. Nach Untersuchungen der Stadt kann nahezu ein Viertel der Fläche (ca. 170 Hektar) als potentielle Reservefläche eingestuft werden.

Die bedeutendsten Flächenreserven und Umnutzungspotentiale liegen im nördlichen Teil. Dieses Gebiet ist am stärksten von den Auswirkungen des gewerblichen und industriellen Strukturwandels betroffen. Dem Verlangen nach Standortsicherung für die existierenden produzierenden Betriebe stehen Möglichkeiten gegenüber, in diesem Areal, bezogen allein auf das Umnutzungspotential der Flächen, über 9.000 Arbeitsplätze im tertiären Sektor schaffen zu können und die zu erwartenden Arbeitsplatzverluste im produzierenden Gewerbe durch Ansiedlung neuer Kapazitäten zu kompensieren. Mit diesen Veränderungen ist der Gedanke verbunden, hier 4.000 neue Wohnungen zu schaffen - als Teil eines komplexen urbanen Gefüges. Für das gesamte Areal der Weststadt könnte nach bisherigen städtischen Schätzungen der existierende Bestand von 39.500 Arbeitsplätzen und 12.150 Bewohnern um 10.000 bis 13.000 zusätzliche Arbeitsplätze und 8.000 bis 17.000 neue Anwohner wachsen. Die Weststadt bietet die Möglichkeit, Arbeit, Wohnen, Öffentlichkeit und Kultur in eine neue städtische Korrelation zu bringen. Die Entwicklung attraktiver, auf innerstädtisches Leben bezogener Wohnmöglichkeiten berührt auch die Frage des Steueraufkommens der Stadt. Die Förderung qualitativen Wohnens hat heute finanzpolitisch einen ähnlichen Stellenwert wie die Gewerbeansiedlungspolitik. Zum Thema Kultur, dem in der Weststadt bis auf das Museum für

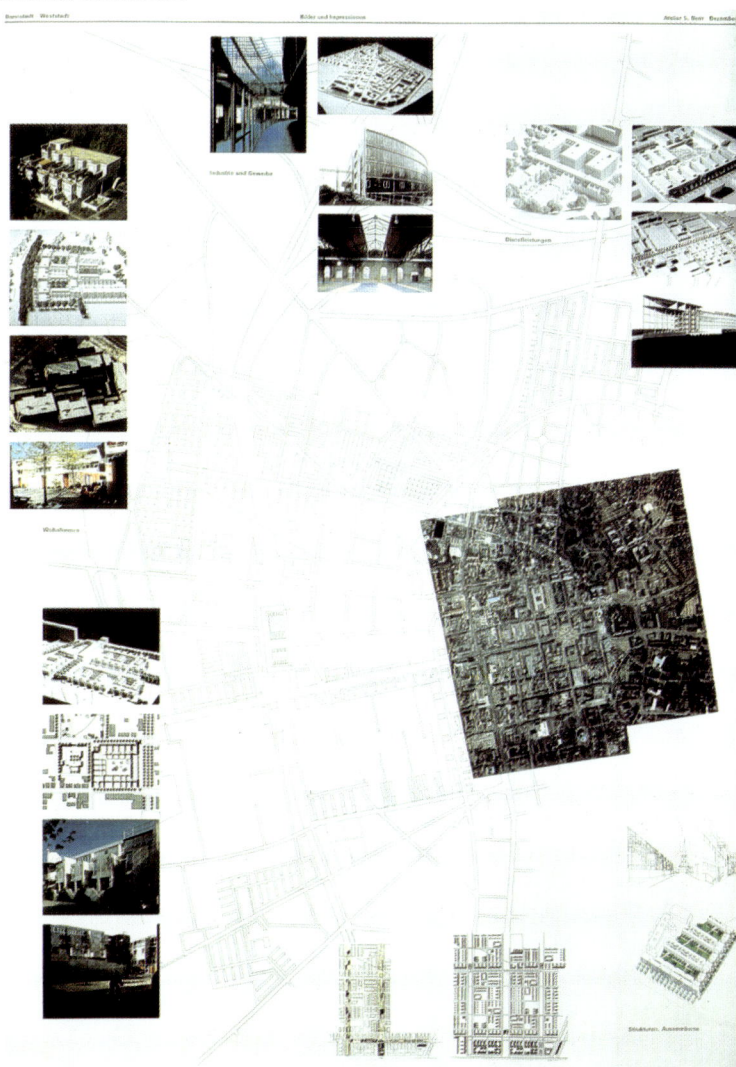

Die Erneuerung der Weststadt, Szenarium Atelier 5, Bern.

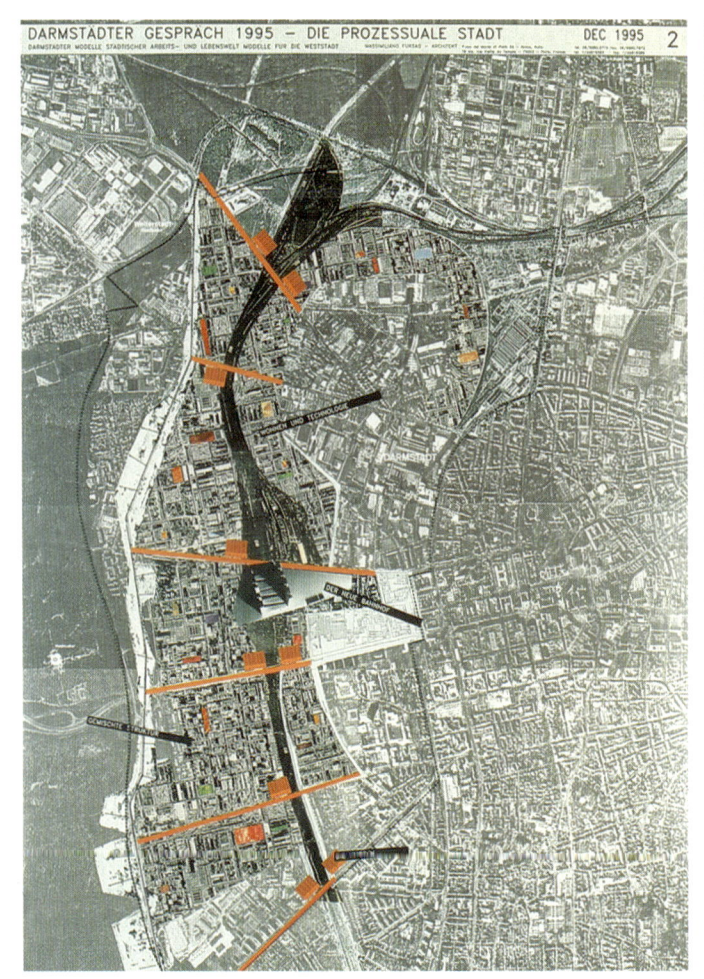

Erneuerung der Weststadt

Szenarium von Massimiliano Fuksas, Rom.

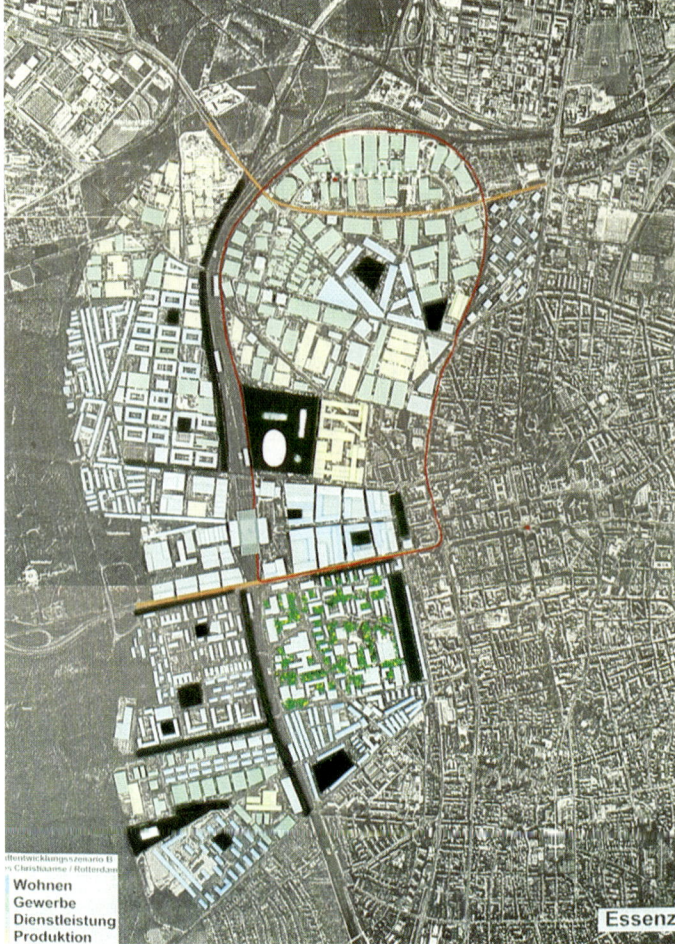

Szenarium von Kees Christiaanse, Rotterdam

streckt. Hier liegen, quasi aufgereiht an einer Perlenschnur, die wirtschaftlich dichtesten Regionen Europas.

Innerhalb dieses Bandes entwickelt sich zwischen Frankfurt, Offenbach, Darmstadt, Wiesbaden und Mainz eine flächendeckende Agglomeration. Der Raum zwischen den Städten und Dörfern wächst mehr und mehr zu. Hier entsteht prototypisch für sich verdichtendes Gebiet ein stadtähnliches Gebilde, das sich der Beschreibung in den herkömmlichen Begriffen von Stadt und Land widersetzt.

Impulse für die Rhein-Main-Region

Sozial und ökonomisch ist die gesamte Rhein-Main-Region als ein zusammenhängender Lebensraum zu begreifen. Der wesentliche Unterschied zu Großstädten wie Berlin, Hamburg, München oder Paris liegt in der polyzentrischen Struktur. Die entwicklungsprägenden Fixpunkte im Kernbereich sind Frankfurt, Darmstadt, Wiesbaden, Mainz und Offenbach. Ihnen kommt als Zentrum im Netz dieses Geflechts eine richtungsentscheidende Rolle im Prozeß des Modernisierungswandels zu. In diesem Kontext bietet die Weststadt mit ihren vielfältigen, noch offenen Möglichkeiten hervorragende Voraussetzungen, neue Impulse zu geben.

Ein Schlüsselproblem des zivilisatorischen Umbruchs ist die Zukunft der Arbeit. Zentrale Themen sind: das Schrumpfen der Erwerbsarbeit, die Entwicklung von alternativen Arbeitsformen, die Idee der Tätigkeitsgesellschaft und die Suche nach neuen sozialen Sicherungsstrukturen. Alle Versuche der Neuansiedlung von Arbeitsplätzen, des Wohnungsbaus, der Verdichtung und der neuen räumlichen Organisation von Wohnen, Arbeiten, Konsum und Erholung stehen in diesem Kontext.

Durch die Transformation des gesellschaftlichen Begriffs von Arbeit und durch die Vernetzung der Arbeitsprozesse verändert sich die gesellschaftliche und räumliche Organisation der Arbeit und mit dieser die gesellschaftliche und räumliche Organisation der Stadt.

Die Lebens- und Arbeitsformen ändern sich und damit auch deren Anspruch an die Gestaltung der städtischen Lebenswelt. Das konfrontiert die Gestaltungspraxis mit völlig neuen Herausforderungen.

Die elektronische Vernetzung der Arbeit erlaubt neue Formen der Nutzung von Raum und Zeit. Die Verkleinerung der Arbeitsgeräte und ihre größere Beweglichkeit beschleunigen einerseits die Mobilisierung der Arbeit, etwa durch Telearbeit, andererseits erlauben sie neue Formen gemeinschaftlicher Raumnutzung mit fließenden Nutzungsarten und -zeiten. Stichworte sind: leasing office, mobile office, home office, office sharing usf..

Für die offene, kulturvolle und schöne Stadt

Der Entwicklung wissensintensiver Arbeitsplätze kommt eine immer wichtiger werdende Bedeutung zu. Mit der Universität, der Fachhochschule und heute bereits über 50 wissenschaftlichen Institutionen sind die Voraussetzungen hierfür in Darmstadt weit günstiger als an vielen anderen Orten. Von besonderem Vorteil ist die hohe Ausbildungskapazität und damit verknüpfte Verfügbarkeit qualifizierter Fachkräfte.

Die moderne, wissensorientierte Wirtschaft setzt, um höhere Synergieeffekte zu erzielen, auf die Entwicklung lebendiger, weltoffener Milieus. Dieses ökonomisch orientierte Interesse läßt sich gut zusammenbringen mit der lebensorientierten Idee der komplexen, dichten Stadt, in der sich die unterschiedlichen Lebens- und Tätigkeitsbereiche attraktiv überschneiden, die sich als Ort der

Erneuerung der Weststadt

Begegnung begreift, die das Private und Öffentliche gleichermaßen fördert, die sich als offener Prozeß versteht, die zur Partizipation an ihrer Entwicklung anregt, die wirtschaftlich prospektiv ist, die kulturell stimuliert, die den fünf Sinnen Nahrung gibt und die auch schön ist.

Mit dem Vorhaben „Darmstädter Modelle städtischer Lebens- und Wirtschaftswelt" hat sich Darmstadt zur Aufgabe gemacht, in der Weststadt diese Vision einer menschlichen Stadt, die ihre Urbanität neu erfindet, zu realisieren.

Bezug zu historischer Stadtentwicklung

Von besonderer Bedeutung für das Weststadtprojekt ist der historische Bezug zu den herausragenden Momenten der Darmstädter Architektur- und Stadtentwicklung in diesem Jahrhundert.

1901 Mathildenhöhe

Das lebensreformerische Stadtmodell Mathildenhöhe mit der Architektur- und Designausstellung „Ein Dokument Deutscher Kunst" verstand sich als Antwort auf den industriegesellschaftlichen Umbruch zur Jahrhundertwende und schuf ein einzigartiges Dokument moderner Stadtgestaltung seiner Zeit.

1951 Mensch und Raum

Das Darmstädter Gespräch „Mensch und Raum" mit der Bauausstellung „Darmstädter Meisterbauten" zum fünfzigsten Jahrestag der Entstehung der Mathildenhöhe versuchte nach der Niederschlagung des Nationalsozialismus und der Zerstörung der Städte neue gestalterische Konzepte für den Wiederaufbau zu formulieren.

2001 Darmstädter Modelle

Zum hundertsten Jahrestag der Eröffnung der Mathildenhöhe sollen die Entwicklungsperspektiven und ersten Ergebnisse des Projektes „Darmstädter Modelle" als Auftakt einer Internationalen Stadtausstellung vorgestellt werden.

Stadtausstellung als lebendiger Prozeß

Der Gedanke, die Weststadt als „Darmstädter Modelle" zu entwickeln, war 1994 entstanden. Auf dem Darmstädter Gespräch „Die prozessuale Stadt", das im Dezember 1995 stattfand, wurden von namhaften Wissenschaftlern und Planungsbüros im Auftrag des Laboratoriums der Zivilisation wissenschaftliche Positionen zum Strukturwandel von Stadt und Gesellschaft und erste planerische Szenarien zur Entwicklung der Darmstädter Weststadt vorgestellt.

Anspruch, Umfang und der stadtgeschichtliche Kontext legten nahe, die Weststadtentwicklung als Internationale Stadtausstellung zu betreiben. Diese Stadtausstellung ist nicht als kurzes Präsentationsereignis gedacht, sondern als lebendiger Prozeß, der sich, wie die Weststadt selbst, schrittweise entwickelt. Die Vorteile, das Vorhaben „Darmstädter Modelle" als Internationale Stadtausstellung voranzutreiben, liegen auf der Hand. Es wird ein verbindlicher, inhaltlich anspruchsvoller Rahmen mit einer zeitlichen Zielsetzung für die Präsentation und Evaluierung eines ersten Entwicklungsschubes geschaffen. Das Jahr 2001 wird hierbei als erste richtungsweisende Zwischenetappe in einem Stadterneuerungsprozeß gesehen, der erfahrungsgemäß auf einen Zeitraum von 15 bis 20 Jahren anzulegen ist. Zugleich bietet eine Internationale Stadtausstellung bessere Möglichkeiten, spezifische Formen von Stadtmarketing und Öffentlichkeitsarbeit zu entwickeln - zusammen mit neuen Prinzipien der Stadtkommunikation und Planungskultur. Die Stadt wird über Jahre hinweg Gegenstand medialer Berichterstattung und Auseinandersetzung.

Arbeit, Wohnen, Freizeit und Kultur sinnvoll verbinden

Im ersten Schritt, zum Auftakt 2001, soll ein umfassendes Transformationskonzept vorgestellt werden und ein erstes baulich realisiertes Modellensemble. Das Transformationskonzept hat die Aufgabe, Entwicklungsperspektiven der Weststadt zu entfalten und anschaulich zu machen. Grundlage ist die Entwicklung eines wirtschafts-, arbeitsmarkt- und wohnungspolitischen Konzeptes, das im Verein mit den dargestellten Zielen neuer Urbanität in einen stadtentwicklungspolitischen „Leitplan" übersetzt werden soll. Das Modellensemble soll die Idee der „Darmstädter Modelle", zugespitzt auf Kernfragen wie zum Beispiel die Aufgabe, Arbeit, Wohnen, Freizeit und Kultur in eine attraktive Korrelation zu bringen, am realisierten Beispiel verdeutlichen. Begleitend soll ein lebendiger Diskurs zum Thema städtische Lebens- und Wirtschaftswelt stattfinden mit Foren, Workshops und kulturellen Ereignissen.

Hauptkennzeichen des Vorhabens „Darmstädter

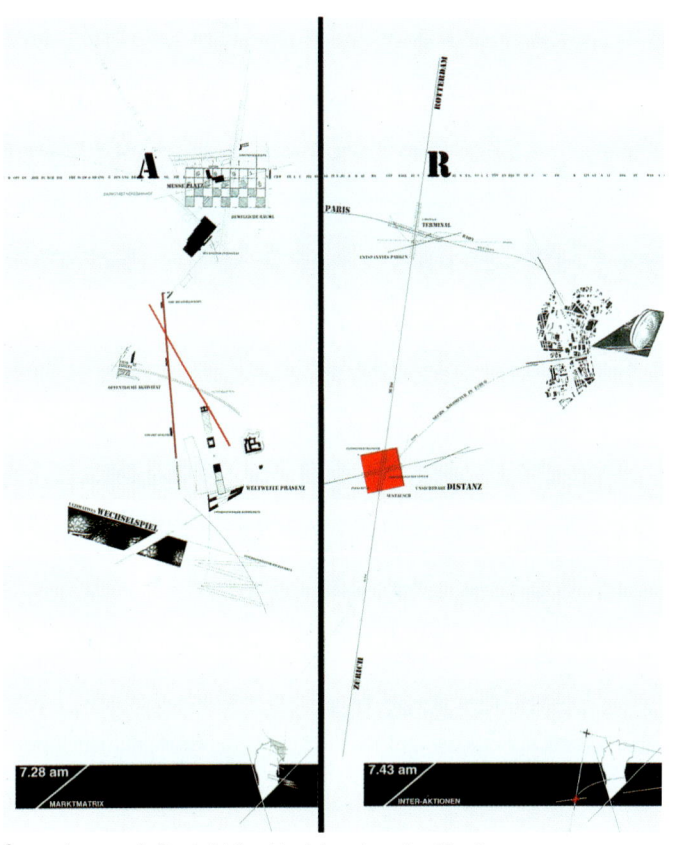

Szenarium nach Daniel Libeskind, Los Angeles/Berlin.

Modelle - Internationale Stadtausstellung - Weststadt Darmstadt" ist Stadtumbau und nicht Städtebau im Sinne von Stadterweiterung. Es geht um die „Zukunft des Städtischen". Dies bedeutet, daß die vorgeschlagene Internationale Stadtausstellung nicht als Städtebauausstellung und traditionelles Entwicklungsgebiet formuliert werden kann, sondern als ein Stadtentwicklungsprojekt, das sich als sozialen, ökonomischen, kulturellen und ökologischen Veränderungsprozeß begreift. Darmstadt wandelt sich, legt verdeckte Schichten frei, baut sich um, verdichtet sich, mischt die Funktionen städtischen Lebens und Arbeitens neu, bringt sich in die Metropolenentwicklung der Rhein-Main-Region wirksam ein, entwickelt Konzepte zur Wiedergewinnung des Städtischen und zur „nachhaltigen Stadtentwicklung".

Stadt der kurzen Wege mit lebendigem Gefüge

Die Darmstädter Modelle bilden in ihrem Anspruch, die Transformation der städtischen Lebenswelt exemplarisch zu behandeln, einen auf die gesellschaftliche Organisation des Städtischen gerichteten Beitrag der weltweiten Entwicklung. Ziel ist, die Weststadt, vielleicht nicht überall, aber doch in ihren wesentlichen Bereichen, zu einer Stadt der kurzen Wege zu machen, zu einem lebendigen, mit Wohnraum durchsetzten, urbanen Gefüge von vielfältigen, sich überschneidenden sozialen, wirtschaftlichen und kulturellen Aktivitäten.

Darmstädter

Darmstädter – berühmte Persönlichkeiten, die das Bild der Stadt geprägt haben

Dreieinhalb Jahrhunderte lang ist der Darmstädter im Bannkreis des Hofes aufgewachsen; ein meist gefügiger Untertan seiner gestrengen Herren, konservativ und ein gemütlicher Kleinbürger, spürbar südlich des Mains zu Hause, der die Stammestemperamente scheidet, und in einem notorischen Durchmarschgebiet deutscher Geschichte darin geübt, sein Feuer im Ofen zu lassen. Was wir heute den alten Heiner nennen, der damals freilich eher Schorsch, Louis oder Jean hieß, das war eben ein Zweifler mit wachem Interesse über seinen Kirchturm hinaus, hinter der eher müden Fassade ein Zuschauer und Kommentator aus Passion, ein Spaziergänger und Pokulierer mit nüchternem, knappem Witz, ein Biedermann mit Residenzbewußtsein – kein Akteur, sondern passiv von Natur, mehr kritisch als hervorbringend und sparsam mit den Gefühlen.

Und dennoch sind in dieser Stadt zu allen Zeiten immer wieder aus dem unheroischen Nährboden Geister erwachsen, von denen schöpferische Kraft, geistige Ordnung und aufrührerische Signale in die Zukunft ausgingen.

Georg Büchner

Nach der „klassischen Periode" in der zweiten Hälfte des achtzehnten Jahrhunderts mit Sturz, Lichtenberg und Merck das dramatische Genie Georg Büchner. Als dreiundzwanzigjähriger politischer Flüchtling starb er 1837 in Zürich, ein leidenschaftlicher Kämpfer gegen landesfürstliche Unterdrückung, Mitbegründer der geheimen „Gesellschaft der Menschenrechte" und Autor des Aufruhr schreienden „Hessischen Landboten", ein vielversprechender Naturwissenschaftler und – ein großer deutscher Dramatiker.

Justus von Liebig

Daneben der wissenschaftliche Revolutionär Justus von Liebig, der die Agrikulturchemie schuf, eine umwälzende Leistung gegen den Hunger der Welt. Einundzwanzigjährig übernahm er nach Studien in Paris 1824 den ersten deutschen Lehrstuhl für Chemie in Gießen, veröffentlichte 1840 die Ergebnisse seiner Forschung in dem Buch „Die Chemie in ihrer Anwendung auf Agrikultur und Physiologie" und rückte damit in die erste Reihe der bedeutenden Chemiker.

Ernst Elias Niebergall

Schließlich zur gleichen Zeit Ernst Elias Niebergall, der heute in der Literaturgeschichte angesiedelte Mundartdichter, der 1843 achtundzwanzigjährig starb, nachdem 1841 sein „Datterich" herausgekommen war, ein genialer Wurf gegen die Biedermeierei der Zeit und das klassische Portrait des Darmstädters; der „Datterich" gehört in Darmstadt zum Hausgebrauch, seit er 1862 im Bessunger Chausseehaus zum ersten Mal aufgeführt worden ist. 1925 übernahm die Hessische Spielgemeinschaft dieses Erbe.

Georg Gottfried Gervinus

Zu Darmstadts Söhnen gehört der politisch aktive „großdeutsche" Historiker Georg Gottfried Gervinus, Geschichtsprofessor unter den „Göttinger Sieben" und Mitglied der Nationalversammlung von 1848.

Ludwig Büchner

Europäischen Ruf erwarb sich auch Georgs Bruder, Ludwig Büchner, der 1854 in Tübingen sein Hauptwerk „Kraft und Stoff" veröffentlichte; man hat dies ungeheures Aufsehen erregende Buch die Bibel des Materialismus genannt.

Heinrich von Gagern

Der Politiker und Parteiführer Heinrich von Gagern zählte zu den großen Darmstädtern; 1848 wählte die deutsche Nationalversammlung diesen „ersten gesamtdeutschen Parlamentarier" zu ihrem ersten Präsidenten.

Carl Weyprecht

Auch der Polarforscher Carl Weyprecht gehört dazu, dessen Expedition sich von 1872 an länger als zwei Jahre durch das Nordeis kämpfte und der 1879 die Einrichtung internationaler Forschungsstationen an den Polen durchsetzte.

Stefan George

Stefan George, der Meister des Dichter-„Staats", der um die Jahrhundertwende eine wichtige Rolle im deutschen Geistesleben spielte, mit seinen

Justus von Liebig nach einem Stich von C. Barth

Darmstädter

Stefan George

*Ernst Elias Niebergall
Gemälde von W. Horst nach der Totenmaske*

Darmstädter Schulfreunden Karl Wolfskehl und Friedrich Gundolf. Der republikanische Kreis der „Dachstube", aus der 1919 die für die geistige Erneuerung Deutschlands kämpfende Zeitschrift „Tribunal" hervorging mit Kasimir Edschmid, Theo Haubach, Wilhelm Michel, Carlo Mierendorff, Hans Schiebelhuth und Fritz Usinger.

Darmstadts Hitler-Gegner

Schließlich gegen die Diktatur Hitlers, die Männer des Widerstandes, derer sich Darmstadt rühmen darf, der ehemalige hessische Innenminister Wilhelm Leuschner, die früheren Pressereferenten Dr. Theo Haubach und Dr. Carlo Mierendorff, der ehemalige Staatsrat Ludwig Schwamb, der ehemalige Stadtrat Georg Fröbe und General Carl Heinrich von Stülpnagel. Mierendorff starb 1943 bei einem Luftangriff auf Leipzig, seine Mitkämpfer wurden 1944 nach dem Scheitern des Aufstandes vom 20. Juli 1944 hingerichtet. Aber auch der SS-General Wolff, kein gehorsamer Scherge Hitlers, und SS-Standartenführer Koch kommen aus Darmstadt.

Die Darmstädterinnen

Da ihnen die Geschichtsschreibung einen Platz hinter der Bühne zugeordnet hatte, wurden die Verdienste der Frauen in der Vergangenheit wenig gewürdigt. Abgesehen davon, daß Darmstädterinnen schließlich die Mütter all jener Helden waren, auf die die Stadt stolz zurückblickt, nahmen doch einige ihr Schicksal selbst in die Hand, sie kämmten die Sitte gegen den Strich und wagten Öffentlichkeit. Diese war den repräsentierenden Damen des Adels in angemessener Form hilfreicher Wohltätigkeit zugestanden. Oder aber der „Großen" Landgräfin Caroline (1721 - 1774), die in Darmstadt Hof hielt für die Großen ihrer Zeit, zu deren Kreis der „Empfindsamen" Goethe, Merck, Herder und Wieland gehörten.

Eine dezent feministische Verbindung von Hof und Bürgerstube ging Großherzogin Alice (die Tochter der englischen Königin Viktoria) mit Luise Büchner (1821 - 1877) ein.

Luise Büchner

Die Schwester Georg Büchners forderte als streitbare Schriftstellerin und eine der frühesten Frauenrechtlerinnen überhaupt in ihren Schriften die Berufstätigkeit und damit die Unabhängigkeit der Frau. Darauf ging Großherzogin Alice, von England Fortschrittliches gewohnt, gern ein. Es wurden gemeinsam erwerbsfördernde Vereine gebildet, zum Beispiel der „Alice-Verein für Frauen-

Georg Gottfried Gervinus

Darmstädter

Die Schriftstellerin Gabriele Wohmann

Vera Röhm, Preisträgerin des Bundeskunstpreises 1997

bildung und Erwerb". Obgleich sie in der Verborgenheit familiärer Pflichten alterte, hörte Luise Büchner nie auf, sich für die Sache der Gleichstellung einzusetzen. Sie veröffentlichte Schriften über „Practische Versuche zur Lösung der Frauenfrage", „Über weibliche Berufsarten" oder „Weibliche Betrachtungen über ein weibliches Thema". Ihr Hauptwerk, von einem Darmstädter Buchhändler in einer Faksimile-Ausgabe wiederaufgelegt, „Die Frauen und ihr Beruf", wurde 1855 anonym herausgegeben, „niedergeschrieben von Frauenhand". Erst in den nächsten, erweiterten Auflagen bekannte sie sich mit ihrem Namen.

Louise Dittmar

In unmittelbarer Darmstädter Nähe rumorte eine andere Luise. Fast waren sie Nachbarinnen, die Gärten ihrer Elternhäuser grenzten aneinander, die Brüder besuchten dieselbe Schule, das Milieu war das gleiche freizügig-bürgerliche und ihre Ideen atmeten die verheißungsvolle Luft des Vormärz. Louise Dittmar (1807 - 1887) war die radikalere Luise, sie erarbeitete sich autodidaktisch philosophisches Wissen und kritisches Denken. 1849 schrieb sie ein grundsätzliches Werk über „Das Wesen der Ehe". Sie stritt für eine umfassende Veränderung der Gesellschaft, als deren notwendigen Teil sie die Emanzipation der Frauen mit einbezog. Sie gründete eine Zeitschrift „für Frauen und Männer" mit dem Namen „Soziale Reform", leider nur eine vorübergehende Erscheinung. Sie hielt Vorträge über Lessing und Feuerbach und erarbeitete sich einen hervorragenden Ruf, bis sie, äußerst bescheiden bei Verwandten in Darmstadt lebend, in Vergessenheit geriet. Erst in jüngster Gegenwart wurde sie „wiederentdeckt". Schon 35 Jahre nach ihrem Tod hätte sie sich darüber freuen können, daß Frauen nun ganz offiziell in der politischen

Luise Büchner

Darmstädter

Foto von den Dreharbeiten zur Fernsehserie „Diese Drombuschs" 1989 mit dem „Darmstädter Original" Günther Strack in einer der Hauptrollen. Autor und Regisseur war der bekannte Darmstädter Robert Stromberger.

Öffentlichkeit auftreten konnten. Die ersten zwölf weiblichen Abgeordneten zogen am 13.2.1919 ins Hessische Parlament des Volksstaates Hessen in Darmstadt. Karoline Balser (DDP), Elisabeth Hattemer (Zentrum), Anna Rauck, Else Bierau (DVP) und Lily Pringsheim (SPD) sind die Darmstädterinnen, die bis 1933 ihre Parteien vertraten.

Auch hier haben sich die Zeiten geändert, ein bißchen jedenfalls. Im Darmstädter Stadtparlament waren 1994 von 71 Abgeordneten 26 Frauen. Cornelia Diekmann (SPD) als 1. Kämmerin und Daniela Wagner (Die Grünen) als Dezernentin, Eva Ludwig, Karin Wolff (CDU) und Ruth Wagner (FDP) als Landtagsabgeordnete zeigen, daß Frauen aus Darmstadt ihre politischen Auffassungen aktiv vertreten.

Charlotte Heidenreich von Siebold

Noch ein Blick zweihundert Jahre zurück: Die beiden ersten deutschen Frauenärztinnen waren Darmstädterinnen: Charlotte Heidenreich von Siebold und ihre Mutter Regina Josepha. Nach einem strengen Privat-Examen, das der Großherzog in Darmstadt bewilligte, erhielt Regina Josepha von Siebold die Erlaubnis, als Ärztin für Geburtshilfe zu arbeiten. Sie starb nach einem mutigen Leben 1849 im Alter von 77 Jahren in Darmstadt. Ihre Tochter Charlotte setzte das Erbe ihrer Mutter fort. 1817 promovierte sie an der Universität Gießen mit einer Arbeit „Über die Schwangerschaft außerhalb der Gebärmutter und über eine Bauchhöhlenschwangerschaft insbesondere." Die Ärztin und Geburtshelferin entband viele Frauen, Bäuerinnen und Bürgerinnen aus Darmstadt und Umgebung – und 1819 in England sogar die Herzogin von Kent, Mutter der späteren Königin Viktoria.

Was ihren Beitrag in Literatur und Kunst angeht, so gibt es über die Darmstädterin nicht wenig zu berichten; mehr müßte noch ans Tageslicht gebracht werden, eine Herausforderung an die heutigen Darmstädterinnen.

Einige Namen seien hier stellvertretend genannt: die Elisabeth-Langgässer-Gesellschaft hütet in Darmstadt das literarische Erbe dieser Schriftstellerin. Auch die große Dichterin Ilse Langner, die Lyrikerin Paula Ludwig, die in Darmstadt starb, gehören zu den Frauen dieser Stadt. Gabriele Wohmann, eine der bedeutendsten Schiftstellerinnen der Gegenwart, arbeitet und lebt in Darmstadt.

Die Malerinnen Barbara Bredow, Annegret Soltau und Franca Weiss, sowie die Künstlerin Vera Röhm sollen stellvertretend für die anderen Künstlerinnen genannt werden.

Frauen als Komponistinnen sind selten, und gerade deswegen hat die Darmstädter Komponistin für zeitgenössische Musik, Barbara Heller, das Archiv „Internationaler Arbeitskreis Frau und Musik" mitbegründet, in dem die mühsame Arbeit des Zusammentragens von Quellen deutscher Komponistinnen vorangetrieben wird. ■

Inserentenverzeichnis

BOS GmbH
Schepp Allee 47
64295 Darmstadt
Telefon (06151) 3993-0
Telefax (06151) 3993-10

Burnus GmbH
Berliner Allee 6
64293 Darmstadt
Telefon (06151) 873-5
Telefax (06151) 873-800

CA Computer Associates GmbH
Marienburger Straße 35
64297 Darmstadt
Telefon (06151) 949-0
Telefax (06151) 949-100

Carl Schenk AG
Landwehrstraße 55
64293 Darmstadt
Telefon (06151) 32-0
Telefax (06151) 32-1100

CONTEC GmbH
Pfungstädter Straße 35-37
64297 Darmstadt
Telefon (06151) 94750
Telefax (06151) 54070

Creditreform Darmstadt Voss KG
Rheinstraße 103
64295 Darmstadt
Telefon (06151) 8750-0
Telefax (06151) 8750-10

debis Systemhaus
Goebelstraße 1-3
64293 Darmstadt
Telefon (06151) 820-0
Telefax (06151) 820-111

Deutsche Telekom AG
Am Kavalleriesand 3
64295 Darmstadt
Telefon (06151) 83-0
Telefax (06151) 894805

digitaltype GmbH
Riedstraße 8
64295 Darmstadt
Telefon (06151) 310112
Telefax (06151) 310120

ESOC
Robert-Bosch-Straße 5
64295 Darmstadt
Telefon (06151) 90-0
Telefax (06151) 90-2961

EUMETSAT
Am Kavalleriesand 31
64295 Darmstadt
Telefon (06151) 807-0
Telefax (06151) 807-555

FILA Deutschland GmbH
Borsigstraße 11
64291 Darmstadt
Telefon (06151) 3503-0
Telefax (06151) 3503-25

Frotscher Druck GmbH
Riedstraße 8
64295 Darmstadt
Telefon (06151) 3906-0
Telefax (06151) 3906-30

GSI GmbH
Planckstraße 1
64291 Darmstadt
Telefon (06159) 71-0
Telefax (06159) 71-2991

Goldwell GmbH
Zerninstraße 10-18
64297 Darmstadt
Telefon (06151) 502-0
Telefax (06151) 502-485

Inserentenverzeichnis

Livingston Electronic Services GmbH
Borsigstraße 11
64291 Darmstadt
Telefon (06151) 9344-0
Telefax (06151) 9344-99

Mahr & Müller GmbH
Heidelberger Landstraße 190
64297 Darmstadt
Telefon (06151) 9459-0
Telefax (06151) 9459-20

MEDIA TEAM GmbH
Eichbergstraße 1-3
64285 Darmstadt
Telefon (06151) 1770-0
Telefax (06151) 1770-10

Merck KGaA
Frankfurter Straße 250
64293 Darmstadt
Telefon (06151) 72-0
Telefax (06151) 72-2212

Profi Engineering Systems GmbH
Otto-Röhm-Straße 26
64293 Darmstadt
Telefon (06151) 8290-0
Telefax (06151) 8290-16

Röhm GmbH
Kirschenallee
64293 Darmstadt
Telefon (06151) 18-0
Telefax (06151) 18-02

Software AG
Uhlandstraße 12
64297 Darmstadt
Telefon (06151) 92-0
Telefax (06151) 92-1191

Stadt- und Kreissparkasse Darmstadt
Rheinstraße 10-12
64283 Darmstadt
Telefon (06151) 2816-0
Telefax (06151) 2816-404

Wella AG
Berliner Allee 65
64274 Darmstadt
Telefon (06151) 34-0
Telefax (06151) 34-3256

Wissenschaftliche Buchgesellschaft
Hindenburgstraße 40
64295 Darmstadt
Telefon (06151) 3308-0
Telefax (06151) 314128

Impressum

Wirtschaftsstandort Darmstadt

Verlag	MEDIA TEAM Gesellschaft für Kommunikation mbH
	Eichbergstraße 1-3 in D-64285 Darmstadt
	Telefon 06151-1770-0
	Telefax 06151-1770-10
	email media.team@t-online.de
Herausgeber	MEDIA TEAM GmbH
	in Zusammenarbeit mit dem Magistrat der Stadt Darmstadt - Amt für Wirtschaftsförderung
Idee & Konzeption	© Christian Kirk
Realisation	Dieses Projekt wurde realisiert unter Mitarbeit der Autoren Lothar Klemm, Peter Benz, Werner Vauth, Dr. Volker Merx, Klaus Gruber, Dr. Jürgen Schwappach, Horst Kreutzberger, Prof. Dr.-Ing. Johann-Dietrich Wörner, Prof. Dr. Hans J. Specht, Dr. jur. utr. Helmut Zeitträger, Dr. Volker Thiem, Herwig Laue, Prof. Dr.-Ing. Dr. h.c. Dr. E.h. José Encarnação, Dr.-Ing. Wolfgang Felger, Prof. Dr. Heinz Thielmann, Prof. Dr. Eckart Raubold, Dr. Peter Engels, Dr. Klaus Wolbert, Dr. Uwe Wullkopf, Dr. Klaus-Dieter Jung, Prof. Bernd Meurer, Dieter Krage, sowie in der Organisation Ulrike Bender, Ulrich Mathias, Marion Trachsel, Steffen Weber
Bildnachweis	Fotodesign Mai & Riedel (auch 380°-Fotografie Inserentenverzeichnis), René Antonoff, Tony Stone Bilderwelten, Verkehrsamt Stadt Darmstadt, Staatstheater Darmstadt, Presseamt Stadt Darmstadt, Jürgen Schmidt, Darmstädter Echo, Autoren der Artikel, porträtierte Unternehmen
Litho & Belichtung	digitaltype GmbH Darmstadt
Druck	Frotscher Druck Darmstadt auf 100% chlorfreiem Papier, geliefert von Rhein/Main Papier
ISBN-Nr.	3-932845-02-1, Ausgabe 1997